KB214356

나무가 우거지면 새가 날아든다

## 나무가 우거지면 새가 날아든다

초판 1쇄 발행일 ‖ 2014년 8월 21일

엮은이 ‖ 건강한 목회 연구소

펴낸이 ‖ 이순임

편집 총괄 ‖ 유영일

펴낸곳 ‖ 올리브나무
　　　　출판등록 396-2002-000042호
　　　　경기도 고양시 일산동구 정발산로 82번길 10 705동 101호
　　　　Tel 031-904-9152, 손전화 010-7755-2261
　　　　이메일 yoyoyi91@naver.com

ⓒ 건강한 목회 연구소, 2014

값 15,000원

ISBN 978-89-93620-38-2　03230

"건강한 목회 이야기"

# 나무가 우거지면 새가 날아든다

| 건강한 목회 연구소 편 |

올리브나무

# 책을 내는 작은 감회

**류자형** 목사

건강한 목회 연구소 이사장

## 책을 낸다는 것은 두려운 일입니다.

말은 쉬이 사라지지만 글은 영원히 남기 때문입니다. 말은 안했다고 잡아뗄 수도 있겠지만 글은 더하지도 빼지도 못하고 시인하지 않을 수 없기 때문입니다.

여기 작은 책자 하나를 출판합니다. "건강한 목회 연구소"에 속한 이사 목사님들의 옥고를 실었습니다. 모두가 다 겸손히 사양하다가 쓴 글들입니다. 두려움을 가지고 낸 글들입니다. 더구나 자기의 목회 이야기를 하는 글들입니다. 그러기에 더욱 낮아져 부끄러움을 감수하고 낸 용기 있는 글들입니다.

어떤 목사님도 내가 한 목회가 정답이라고 말할 수 없습니다. 그러나 최선을 다하여 목회의 길을 가고 있는 목사님들의 경험을 털어놓음으로써 후배 목사님들에게 작은 조언을 드릴 수 있기를 바라는 마음에서 출판하는 것입니다.

"건강한 목회 연구소"는 금년으로 7기생을 모집하여 훈련하게 되었습니다. "성공한 목회"가 아니라 "건강한 목회"가 이 시대의 절실한 요구임을 공감하는 목사님들이 뜻을 같이하여 만든 모임이 건목연(健牧研)입니다. 여기를 거쳐간 분들이 지금까지 80여 명입니다. 모여서 함께 목회의 경험을 나누며 공감하고 아파하고 고민하던 시간들이 머릿속에 주마등같이 지나갑니다.

언제 어디에서나 완전은 없지만 완전을 향하여 몸부림치고 나아가는 모습들이 실로 아름다운 것이 아니겠습니까? 그런 바람을 가지고 마음을 모았습니다. 이 책을 내기 위해 노고를 아끼지 않으신 박창현 소장님과 스태프 여러분에게 감사드립니다.

# 건강한 목회, 건강한 교회를 위한
# 작은 공모를 세상에 드러내면서

박창현 교수
건강한 목회 연구소 소장

**8년간의 작업을 책으로 엮으려고 하니 두렵다는 생각이**
앞선다. 그러나 분명한 것은, 우리에게는 감추인 것이 드러나지 않음이
없듯, 이렇게 내놓아야 세상과 함께 공유하며 서로의 소통이 시작된다는
점이다. 내가 지향해온 것이고 또 나와 함께 해온 분들의 건강한 교회에
대한 이해와 목회에 적용한 모습들을 여기 숨김없이 드러낸다. 건강한
교회를 말로 하는 것이 아니라 몸으로 해온 것을 그려낸 것이다. "나는
이렇게 해서 지금의 모습이다!"라는 것을 드러내는 것이다.

나는 선교신학자로 한국교회가 나아가야 할 복음적인 선교는
우리가 세상에 말로 해야 하는 것이 아니라 오늘 우리들의 교회의

순간의 모습을 그대로 세상에 드러냄을 통하여 이루어진다고 생각을 하고, 그렇기 위해서는 우리의 과거의 잘못된 교회와 선교의 자화상은 우리가 이것을 극복하고 다시 (잘) 드러냄을 통해서만 이뤄진다고 확신한다. 왜냐하면 지금 한국교회에 쏟아지는 여러 가지 질책과 비난은 그동안 한국교회가 잘못 살아온 결과로 사람들 속에 자연스럽게 형성되어진 이미지이기 때문이다. 이제 그 잘못된 이미지는 말로써가 아니라 우리의 달라진 모습으로 새로운 이미지를 형성할 수 있을 때에만 극복 가능하다고 본다. 1885년 한국교회에 처음 복음이 전해지고 난 지 20년이 지난 시점에서 한국교회는 "대각성운동"(1903-1907년)이라는 사건을 일으켰다. 원산과 평양을 중심으로 일어난 거국적인 이 운동은 하디 선교사로부터 시작되었다. 5년간의 각고의 노력에도 불구하고 실패라고 할 수밖에 없는 과거를 돌아보고 조선인들 앞에서 스스로 회개하고 삶의 대변화를 모색했던 한 선교사로부터 시작되었음을 주목할 필요가 있다.

세월호의 참사를 통하여 그간 잘못 목표점을 찍고 가고 있는 한국 사회의 모습을 적나라하게 보여준 하나님은, 그러한 자본주의 신자유주의의 선봉에 서서 부끄러움 없이 질주하는 한국교회, 일반 사회의 성공방식을 비판 없이 똑같이 재현하려는 한국교회에 각성을 요구하시고 계신다. 교회라는 이름, 신앙이라는 이름으로 더 많은 숫자의 교인과 더 많은 헌금액수, 더 크고 아름다운 교회 건물을 추구하는 한국교회가 세상의 기업과 같은 목표점을 찍고 같은 방법으로 성취하려는 현실에 하나님께서는 교회가 먼저 회개하고 돌아오기를 촉구하고 계신다. 두세 사람이 모이는 곳이라도 주님이 함께하시면 하나님의 은혜와 삶의 행복을 느낄 수 있는 교회여야 하지만, 교회와 목회자들은 현실의 세상 법칙과 목표에 비추어 교회의 건강을 측정하는 데 익숙해져 있다. 예수, 그분은 신앙적으로는 동정녀의 자식이었지만 세상적으로는 홀어머니의 자식이라는 비난을 받았고, 그러나 그러한 비난과 손가락질을 무릅쓰고 가난하고 억눌리고 병들고 소외되고 귀신들린 집단으로 낙인찍힌, 부모 없이 떠도는 어린이를 가까이 오게 하여 축복하시고, 소외된 여인들의 한을 함께 품어 해결하는 데 관심하시고, 천대받던 부류의 세리와 과부를 가까이 하시면서도 가장 행복한 삶을 사셨다. 만일 교회와 목회가 그러한 예수와 그분이 임명한 제자들, 그리고 그분이 세운 교회와 신학에 근거한다면, 교회와 목회는 분명하게 그분을 닮은 모습으로 살아가는 것이 드러나야 한다. 그것이 바로 예수로부터 흘러나오는 영성이고 건강성이라고 확신한다.

3000억의 교회를 짓고, 호화스러운 문화 시설과 고급 문화프로그램으로 주변의 작은 교회들의 씨를 말리고도 이를 선교라고 우겨대는 현실, 학력과 학위를 모두 위조를 한 목회자가 "사과" 한 마디 한 것으로 모든 문제가 해결되었다고 보는 현실, 또 이런 목회자를 싸고도는 도덕 불감증의 사람들이 자신들을 그리스도인이라고 착각하고 사는 현실, 예배 드리는 교인들의 숫자보다도 훨씬 자리가 많은 비어 있는 큰 교회를, 또 자기 교회가 감당할 수 있는 규모보다도 훨씬 더 많은 돈을 들여 무리하게 큰 교회를 지어놓고 그래서 헌금의 대부분을 은행이자로 지불하면서도 개인적으로는 휴양지에 고급승용차를 몰고 다니고 해외 나들이를 번질나게 다니면서도 부끄러워할 줄 모르는 파렴치한 목사들이 줄줄이 교회의 모습으로 보여지는 현실…. 이제 한국교회는 교회와 목회자의 다른 모습을 세상에 다시 잘 드러내야 한다는 절박함이 나에게는 있어왔다. 이런 의도를 가지고 연구소 일을 해오는 동안, 한국교회의 실상은 신문과 TV에 문제아로 등장하는 목사들 말고도 정말 모든 사람들이 함께 공유하면 좋을 건강하게 목회하는 목회자들이 많이 있음을 발견하는 기쁨이 있었다. 마치 나무가 우거지면 새가 날아들듯 건강한 목회자가 사역하는 곳에 건강한 성도들이 모여드는 것을 보게 되었다. 건강한 목회를 말로써가 아니라 몸으로 지켜온 건강한 목사들과 함께 "건강한 교회와 전문목회"라는 목표점을 찍고 그들의 다른 목회 이야기를 진솔하게 나누어 왔고, 이 책은 바로 그러한 8년 동안의 작은 결실이다.

나는 "목회자는 사명이 있어야 하지만 그렇다고 사명이 자동적으로 건강한 목회자를 만들어 주지 않는다"고 확신한다. 그렇기에 목회자는 끊임없는 자기개발을 위해 노력해야 한다. 이를 위해서는 교인들과의 만남만이 아니라, 같은 목회를 하는 목회자들, 또 목회자들에 대한 꾸준한 연구를 하는 신학자들과의 만남, 또 교회와 목회자를 바라보는 세상과의 만남이 필수적이다. 이러한 자기개발과 자기훈련을 게을리 하지 않는 목회자들의 자기 목회 이야기를 여기에 담아 한국교회의 건강한 모습을 드러내고자 하는 것이다.

여기에 실린 글들은 신학적인 글이 아니다. 목회자들의 지나온, 그리고 지금도 실천하고 있는 "자기 목회 현장의 이야기"를 진솔하게 담은 글들이다. 이 글들은 그런 의미에서 신학자들에 의하여 신학화 되어질 수는 있지만, 섣부르게 신학적으로만 판단을 하는 것은 조심하여야 할 것이다. 본인은 여기에 쓰여진 글들을 하나하나 읽으면서 어떤 표현이나 개념들은 신학적 수정을 가하고 싶은 부분도 적지 않았었다. 만약 그렇게 했다면 그분들은 분명하게 자기들의 글을 수정하여 올바른 신학적 입장을 표현할 수 있었을 것이다. 하지만 나는 그렇게 하지 않았다. 그럴 경우 이 책의 성격이 크게 바뀌게 될 것이기 때문이다. 이 책은 현장 전문가들에게 신학적 표현의 글을, 신학자들의 틀 안에서 쏟아내라는 주문에 의해 만들어진 것이 결코 아닌 것이다.

10여 년 전에 만났던 이 글을 쓴 목사님들의 대부분은, 지금보다 "작은 교회"의 목회자들이었다. 그러니 그때부터 지금까지 대부분 건강한 목회를 하겠다고 애쓰면서 성장한 교회들이라는 표현이 더 적절할 것이다. 건강은 생각만 한다고 자연스럽게 이뤄지는 것이 아니다. 다만 교회의 성장을 꿈꾸면서도 "건강한" 교회의 성장을 생각한다는 것은 분명 다른 고민을 하고 삶을 살아가는 일임을 경험하게 되었다. 대부분의 목사님들께서 농담처럼 하시는 말씀이 "우리가 함께 일해 가는 '건강한 목회 연구소' 때문에 자신의 교회가 커지는 것에 눈치가 보이신다"는 말씀을 하신다. 나는 허리가 이상이 생긴 후 거의 매일 수영을 한다. 그러면서 수영을 할 때마다 몸무게와 혈압과 맥박을 측정한다. 나의 몸무게는 수영을 하기 시작한 이래로 한 번도 그 몸무게를 넘어가 본 적이 없다. 그렇다고 감량을 쉽게 달성하는 것은 아니어서, 항상 무엇을 먹고 무슨 운동을 하는가에 관심을 갖고 산다. 건강한 교회를 생각하며 사는 목회자들의 삶도 어쩌면 그런 것과 비교될 수 있을지도 모른다. 건강한 교회, 건강한 목회를 생각한다고 꼭 건강한 교회나 목회자가 되는 것은 아니지만, 끊임없이 그것을 목표로 살아갈 때 분명하게 다른 모습으로 드러나게 될 것이기 때문이다.

10

한 가지 바람이 있다면, 이 책을 읽는 교인들과 목회자들은 이 모든 것에 영성을 더하여 읽기를 부탁드린다. 영적인 것은 영적으로 분별한다. 교회는 세상의 잘 나가는 기업이 아니라 사람들의 영혼을 위한 봉사를 하는 곳이다. 베드로는 이것을 "너희가 회개하여 각각 예수 그리스도의 이름으로 세례를 받고 죄 사함을 받으라 그리하면 성령의 선물을 받으리니"(행 2:38) 라는 말로 표현을 하였는데, 교회의 본질, 교회의 존재 이유가 여기에 잘 나타나 있다. 건강한 교회는 교회 안으로 사람을 불러 모아 "세례"식만 거행하는 것으로 만족하면 안 되고, "성령"을 받는 일까지를 충실히 해내야 한다. 이렇게 되어질 때 하나님의 교회와 목회의 사명은 자기 교회 안으로 사람을 불러들여서 자기들끼리만 즐기는 것으로 이해하지 않고 "성령"을 받아 전 세계로 흩어져야 하는 공동체의 사명을 받은 것으로 올바로 이해하게 된다. "오직 성령이 너희에게 임하시면 너희가 권능을 받고 예루살렘과 온 유대와 사마리아와 땅 끝까지 이르러 내 증인이 되리라 하시니라" (행 1:8).

부족하지만 이 책이 나오도록 허락해 주신 주님께 감사드리고, 특별히 8월 18-21일 이 책을 들고 함께 "제7기 목회전문학교"에서 3박4일간 제주도에서 씨름할 목회 초년병들을 만날 일로 가슴이 들뜨게 된다.

처음 건강한 목회 연구소를 만들 때, 나의 고민을 현실로 만들게 도와준 친구 이현식 목사(총무이사, 한마음-진관), 그리고 연구소 초대 이사장으로 모시게 되어 지금까지 연구소가 아이디어만 가지면 무슨 일이든 가능하도록 물심양면 도와주신 류자형 목사님(강서제일)은

11

잊을 수가 없다. 그리고 연구소를 통하여 평생 주 안에서 친구가 되어주신 현재의 이사님들과 섬기는 교회 (김광년-석관제일-봉천-신내, 김홍선-안산명성, 김형석-안성제일, 박정훈-고촌, 손응석-기쁜, 장병용-등불, 정연수-효성중앙, 최범선-성환-산곡-용두동, 황대성-대소원), 이전에 전문 이사(이광호-영생-도봉, 김종복-연수제일-하나비전, 송규의-약대, 백용현-대동)로, 또 현재 후원이사로서 도와주신 (이광호-영생-도봉, 유영설-문래동, 최형근-한마음, 임용덕-화도, 부경환-철산-오산, 임용덕-화도, 조성민-동성, 김래성-충무, 이광섭-전농, 황은경-농촌목회연구소) 분들, 그 외에 목회 전문학교 6기생들 모집과 지원에 전적으로 협력해 준 충북연회 안병수 감독과 최천호 총무, 행사마다 관심을 가지고 도움을 주신 태동화 선교국 총무대행 목사님께도 감사를 드린다. 그리고 무엇보다도 바쁜 일정 속에 연구소 일로 동분서주하는 부족한 사람을 믿고 기도로 도와준 "내 짝꿍"에게 "고마워"라는 말을 전하고 싶다. 마지막으로 다 이름으로 담지 못한 한 분 한 분에게 죄송한 마음과 감사한 마음을 전한다.

# 차 림 표

교인들을 행복하고 기쁘게 하고, 지역이 함께 살 만한 세상으로 만들면서, 하나님으로부터 오는 소명을 확신하며 이 땅에서 섬기는 종으로 살려는 목회자의 자세에서 건강한 교회가 나오게 된다. 교회의 건강은 그 교회 교인들이 사는 사회의 건강과 무관할 수 없고, "얼마나 많은 교회가 얼마나 많은 교인을 가지고 있는가?"가 교회의 자랑일 수 없다.

무엇을 바라보고, 무엇을 추구하고, 무엇을 위해 목회를 하고 있는가? 돈과 명예, 지위, 쾌락을 바라보고 추구하는가? 우리는 다시 기본으로 돌아가야 한다. …무엇보다도 스스로 "주님을 사랑하고 있는가?"를 물으라! '주님을 사랑하는 것'이 당신의 모든 일에 동기가 되고 목적이 되고 있다면, 그리고 이것만 확실하다면 아직 당신은 목사의 자격이 있다.

다른 사람들과 마찬가지로 낙심할 상황에서 낙심하면 아무
것도 이룰 수 없다. 예수님이 자주 쓰셨던 말씀은 "네 믿음대
로 되리라"다. 낙심하면 낙심대로 된다. 능력의 하나님에
대한 믿음을 가지고 개척의 어려움을 이겨 나가야 한다.

하나님의 뜻을 자꾸 물어가다 보면 응답이 빨라지게 된다.
그러다보면 하나님의 뜻을 찾아가는 목회가 무엇인지, 하나
님이 기뻐하시는 목회가 무엇인지 경험으로 얻어지게 된다.
이것은 책을 읽어서 얻어지는 것이 아니다. 하나님 앞에서
단독자로 서는 결단에서만이 얻을 수 있다.

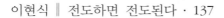

아무리 힘든 상황이라 할지라도 목회자의 마음이 긍정적이
고 확신에 차 있다면 그 교회는 반드시 부흥한다. 하지만
좋은 시설과 인재가 있다고 할지라도 전도에 대해서 도전적
이지 못하다면 결과는 반대일 것이다. '전도하면 반드시
전도된다'는 마음을 버리지 말 것을 조언하고 싶다.

모든 그리움은 종당에 가서 하나님을 향한 그리움으로 만난다. 이것은 어떤 고난도 이겨내게 하는 위대한 힘을 지니고 있다. 이 '그리움'이 나의 외로움을 견뎌내게 해 주었고, 척박한 목회현장에서 그나마 뿌리를 내릴 수 있는 큰 힘이 되었다.

건강한 교회는 위로는 모든 몸의 지체들이 교회의 머리이신 그리스도에 연합해야 한다. 아래로는 모든 지체들은 자기 역할을 감당하고 서로 연결되어 영양분을 주고받는 소통과 연합의 관계를 이루어야 한다. 한 몸 공동체로서 이러한 관계를 지속적으로 유지해 나갈 때에야 비로소 진정으로 성장이 이루어지는 것이다.

나는 시간만 나면 교인들에게로 다가간다. 어디서든 눈에 보이면 내가 먼저 다가가고, 눈에 보이지 않으면 기도하는 중에 다가가고, 자투리 시간이 나면 카카오톡 등등 스마트폰을 통해서 다가간다. 가까이 다가가면 그들의 삶이 보이고, 애환이 보이고, 기도의 제목들이 보인다.

## 시작에 앞서

천 년의 어둠을 물리치는 데에

천 년의 세월이 필요한 것은 아닙니다.

빛이 비추이면 켜켜이 들어앉았던 어둠도

한 순간에 사라집니다. 우리 안에 사랑의 빛이 있으면

무엇이 우리를 대적할 수 있겠습니까?

사랑의 빛이야말로

빛의 자녀가 품어야 할 필요충분 조건입니다.

# 이 정도면 건강한 교회

-목회자(평택 기쁜 감리교회, 손웅석 목사)를 중심으로 본
교회의 건강성1)


**박창현**

(감리교신학대학교 교수, 건강한목회 연구소 소장)


## 1. 건강한 교회를 말하는 근거들

교회론에 입각하여 교회의 건강성을 이야기할 때에는, 다음과
같은 세 가지 방법2), 즉 성경적, 역사-전통적, 그리고 (현실의 상황을

---

1) 필자는 그동안 건강한 교회들에 대한 아래와 같은 글들을 목회자 중심으로 꾸준히
   발표한 바 있다. 이 글은 2007년 12월에 감리교의 건강한 교회 모델을 제시하고자
   발간하였던 백서 (『감리교회, 성숙과 부흥을 위한 백서』, 장단기발전위원회 편,
   서울: 기독교대한감리회 2007) 와 2008년 6월 15일 건강한 교회 연구소와 아현감리
   교회가 공동으로 주최한 스크랜턴 포럼 "건강한 교회 만들기"에서 본인이 발표한
   것, 또 이를 종합 정리하여 이론을 세우고 구체적인 사례, 즉 평택 기쁜교회
   손웅석 목사를 깊이 다룬 것 (「신학과 세계」 66호) 을 수정 보완하여 정리한
   것임을 밝혀둔다.
2) 비교: 이러한 세 가지의 교회론에 대한 연구는 선교신학의 기본틀로서 준더마이어
   (Theo Sundermeier, *Konvivenz und Differenz*, Verlag der Ev.-Luth. Mission

감안한) 상황적인 근거들에 비추어 제한적으로만 논할 수 있다.

1) 첫째, 성경적 건강이란, 성경의 본문에 근거하여 교회의 건강성을 말하는 것으로, 성경 전체에서 추론되는 건강한 교회의 모델과 원리를 찾는 것을 말한다. 이는 비록 성경 본문에 대한 서로 다른 해석이 있다는 것을 염두에 둔다고 하더라도 전체 성경을 아우르는 하나의 통전적인 입장이 있다는 것을 전제하고 그것을 절대적 기준으로 이해하는 것을 말한다.

2) 두 번째, 교회의 역사와 신학의 전통적 근거들에 입각한 건강이란, 지나온 교회의 역사적 현실에 근거한 구체적 경험의 종합과 이것으로부터 규정되어진 신학의 전통에 따라 어떠한 교회가 건강한 교회인가를 살펴보는 것이다. 이는 철저한 역사와 전통에 기인하기에 대부분이 교리 등으로 수용되어 현실 교회에 일반적으로 적용 가능성이 수월하기는 하지만, 너무 적극적으로 한 시대의 역사적 상황과 그로 인한 결과만이 반영되었을 경우, 성경에 근거한 원리보다는 상황에 따라서 달라지는 경우로 인하여 그 절대적 가치가 떨어진다 하겠다. 성경에 근거한 교회의 건강과 이것이 구체적 역사

---

Erlangen 1995, 25-26) 에게서는 다음과 같이 드러난다. 1) 성서 2) 선교신학과 신학의 전통 3) 제3세계에서 일어나는 에큐메니칼 논쟁 4) 선교가 진행되어질 세계의 상황과 특별한 지역의 상황. 그런가 하면 교회행정학에 입각한 현대교회가 통과하여 점검하여야 할 3가지 렌즈로서 진 게츠 (Gene A. Getz, *Sharpening the Focus of the Church*, Wheaton: Victor Books, 1989)는 다음과 같이 소개한다. 1) 성경의 렌즈 2) 역사의 렌즈 3) 문화의 렌즈 이러한 것들과 유사하게 신학함에 있어서 필히 염두에 두어야 할 세 가지 중요한 표준점으로 정리할 수 있다면, 이것들은 교회론을 이야기하는 데 있어서도 중요한 요인이라 생각한다.

적 상황에 따라서 적절하게 적용된 교회의 건강은 역사 속에서 교회의 전통이 되어 다음 세대에 전승되고, 다시 이 전통은 성경과 함께 새로운 상황에서 교회의 건강성을 위한 귀중한 잣대가 되는 것이다.

3) 마지막 세 번째로 (현실의 상황을 감안한) 상황적 건강이라 함은 교회와 교인들이 처해진 상황에 따라 달라질 수밖에 없는 교회의 건강에 대한 것으로, 성경의 원리와 전통의 원리의 계속적 연관성과 함께 현실에 맞추어 다시 변화해야 하는 건강한 교회의 근거를 정당화시켜 주거나, 교회의 불변하는 원칙을 성경과 전통으로부터 확인하고 변화의 한계를 확인하여 준다. 왜냐하면 선교는 인간의 구체적 상황에 대한 응답이고 여기서 생겨나는 사명의 수행이기 때문에 그렇다.

그러므로 건강한 교회에 대한 위의 세 가지의 교회론에 입각한 정의는, 이 모든 것들이 순서적으로가 아니라 세 가지가 통합적으로 상호 연관을 갖고 보완적으로 이루어져야 함을 의미한다. 즉 성서적으로 건강한 교회론은 지난 역사 속에서 인증되어야 하고, 이는 다시 변화된 인간의 상황에 유효한 답을 줄 수 있어야 한다. 그런가 하면 역사 속에서 진행된 선교적 행위로서의 건강한 교회론은 성서적 동의를 얻어야 하고, 현재와 미래를 위하여도 유효함을 인정받아야 한다. 또 현실의 교회에 의하여 새롭게 시도되는 건강한 선교적 교회론은 성서적이어야 하고, 또 과거 교회 역사의 지혜와 대화를 하여야 한다.

이러한 이해를 근거로 하여 교회의 건강에 대한 연구는 다음의 세 가지 관점을 중요시하여야 한다: 1) 성경에서 건강한 교회에 대한 틀 (구약의 이스라엘과 하나님을 따르던 회중, 무리들, 신약의 복음서의 예수에게로부터 근원이 되는 교회, 또 사도행전과 서신들에 등장하는 예수의 제자들과 바울 등에게서 볼 수 있는 건강한 교회!)을 찾는다.[3] 2) 교회의 역사 속에서 모범적인 개교회나 시대별 또는 유형별 교회를 찾아 (초대교회, 경건주의, 로마가톨릭, 동방정교회, 개신교회 웨슬리 등은 어떠한 건강한 교회를 이루었는가?) 이들이 어떠한 모습으로 건강한 교회를 이루었는가를 밝히고, 이를 성서와의 관계에서 검증하여 건강한 교회에 대한 이론(역사신학, 조직신학, 실천신학이 말하는 건강한 교회론)을 정립한다. 3) 이러한 연구 결과로서 얻어진 건강한 교회에 대한 원리가 어떻게 다른 시대적 조건과 상황 (서로 다른 시대와 나라들에 존재하는 교회들, 지난

---

3) 자연적 교회성장의 이론을 발전시킨 크리스천 슈바르츠 (Christian A. Schwarz, *Die natuerliche Gemeindeentwicklung*, C&P / Oncken, 2000) 는 자신의 이론을 성경의 구절들과 단어에 대한 해석을 자연과학과 접목시키고 있지만 실제로 32개국 1,000개교회 420만 명을 대상으로 하는 설문조사를 분석한 결과로, 이론을 정립하기에는 엄밀한 의미에서 성서적이라기보다는 상황에 대한 분석으로서 성장하는 건강한 교회가 가져야 할 "8가지의 기본 요소" (Acht Qualitaetsmerkmale)를 조직신학적으로 정리한 것이라는 평가가 맞을 것이다. 그런가 하면 폴 미니어 (Paul Minear)는 신약성서 속에서 96개에 달하는 교회의 모습을 정리한다. 물론 이러한 것이 모두 건강한 교회론을 지지하지는 않는다고 할지라도 그는 성서 속에 얼마나 풍부한 교회에 대한 이미지가 존재하는가를 밝히는 데에 기여하고 있다. Paul Minear, *Images of the Church in the New Testament* (Philadelphia: Westminster, 1960).

과거의 한국 교회의 현장에서의 건강한 교회에 대한 오늘날의 입장 정리 등)에서 효과를 나타내는가? 를 살펴보고, 오늘날의 건강한 교회를 위한 틀을 마련하고, 특별히 급격하게 변화하는 시대에 미래에도 생존 가능한 교회의 건강을 제시한다.[4]

본 글은 오늘날 이 사회에서 문제를 제기하는 교회의 "건강치 못함"이라는 비판의 관점을 유념하고, 이에 대하여 한국의 대부분의 교회와 교인들이 생각해 볼 수 있는 교회의 건강성이란 과연 어떤 것인가? 에 대한 이야기를 하고자 한다. [5] 이것은 현실의 상황에서

---

4) 참조: 최상태, 『21세기 신교회론, 이것이 가정교회다』(서울: 국제제자훈련원, 2009).

5) 릭 워렌은 미국 교회의 장기간에 걸친 성장을 주도해 온 사람 가운데 한 사람으로서 미국 교회의 문제를 "21세기 교회의 핵심과제는 교회의 성장이 아닌 교회의 건강"이라는 말로 표현하여 미국 교회 역시 건강치 못한 교회들의 문제로 어려워함을 드러내고 있다. Rick Warren, *The Purpose-Driven Church* (Grand Rapids: Zondervan Publishing House, 1995), 17. 이처럼 미국 교회의 건강에 대하여는 수많은 노력들이 제기되어오고 있으나, 한국 교회의 건강이라는 말은 아직 정착되지 못한, 그러나 한국 교회가 총체적으로 고민하는 문제이기도 하다.   미국 교회의 건강에 대한 관점은 다음을 참조하라: 피터 왜그너/ 홍용표 역, 『건강한 교회성장을 방해하는 9가지 요인들』(서울: 서로사랑 1997). 왜그너는 과거 자신의 가르침이 교회성장의 "기술적인 측면"에 너무 치우쳐 있었음을 자인하며 그러한 잘못을 극복하기 위하여 현재는 "영적 측면"에 집중하고 있다고 하면서, 미국교회의 9가지 흔한 질병과 그 원인을 지적하며 교회의 건강을 논한다: 1) 민족색 또는 지방색 질병: 우리는 우리의 교회를 옮겨야 하는가? 2) 도시공동화로 인한 유령마을 질병: 모든 사람들이 떠나고 있다. 3) 지역사회 구성원에 대한 식별 부족에서 오는 사람들에 대한 소경병: 왜 그들은 우리와 같지 않는가? 4) 극단적인 협력주의병: 협력은 언제 복음을 방해하는가? 5) 친교병: 우리는 영적 배꼽 응시자들인가? 6) 사회적인 교살: 시설의 비좁음. 7) 침체된 영적 발달장애병: 우리는 우리 나이 값을 해야 한다. 8) 요한 증후군: 왜 뜨거운

교회가 미지근해지는가? 9) 성령저조병: 오소서 성령이여. 교회의 본질의 핵심은 성경적으로 바른 가르침을 신봉하고 실천하는 데 있다고 본 마크 데버 (Mark Dever, Nine Marks of a Healthy Church, Good News Pub., 2004)는 건강한 교회란 곧 성경적인 교회라는 관점에서 "건강이란 온전함, 완전함, 옳음, 진실 등과 같은 개념을 표현하기에 매우 좋은 이미지"라고 주장하며, 건강한 교회의 9가지 특징을 1) 강해설교, 2) 성경적 신학, 3) 복음, 4) 회심에 관한 성경적 이해, 5) 전도에 관한 성경적 이해, 6) 교회 회원에 관한 성경적 이해, 7) 성경적 교회 권징, 8) 제자도와 (영적) 성장에 관한 관심, 9) 성경적 교회 지도력으로 설명하고 있다. 그 외 미국교회의 건강에 대한 화두는 다음을 참고하라: Allan Taylor, *Sunday School in Hd: Sharpening the Focus on What Makes Your Church Healthy* (B & H Pub Group, 2009); Ian S. Markham, *Liturgical Life Principles : How Episcopal Worship Can Lead to Healthy and Authentic Living* (Church Pub Inc, 2009); Tom Ehrich, *Church Wellness : A Best Practices Guide to Nurturing Healthy Congregations* (Church Pub Inc 2008); Gene Getz, *The Measure of a Healthy Church : How God Defines Greatness in a Church* (Moody Pub., 2007); Dennis Bickers, *The Healthy Small Church : Diagnosis And Treatment for the Big Issues* (Nazarene Pub House, 2006). 이와는 대조적으로 한국교회의 건강에 대하여는 위의 미국 교회의 건강을 다룬 책들을 번역하거나 자신의 교회의 성장을 건강한 교회로 홍보하는 자기주장 수준, 또는 성경공부나 교육용을 넘어서지 못하고 있는 형편이다. 예를 들면 이동원 (『우리가 사모하는 건강한 교회』, 두란노, 2006)은 신약성서의 아시아의 7개 교회를 중심으로 설교식의 건강한 교회를 이야기하고, 자연적 교회 성장에 관심이 많은 정진우(『건강한 교회를 만드는 새가족반』, NCD, 2003)이라는 책에서 새신자 교육을 통해서 성장을 위한 전략을 건강한 교회로 소개한다. 그 외에 심수명, 『상담목회 : 건강한 교회를 만드는』 (다세움, 2008); 김성진, 『건강한 교회 Project 30』 (목회전략컨설팅연구소, 2006); 김덕수, 『건강한 목회를 통해 세워가는 건강한 교회』 (대서, 2008); 김승년, 『건강한 교회 이렇게 만든다』 (예영커뮤니케이션, 2004); 옥한흠 김종천 외, 『건강한 교회를 세워 가는 리더십 혁명: 흔들림 없는 지도력의 비결』 (서울: 국제제자훈련원(DMI), 2000); 배종석, 양혁승, 류지성 공저, 『건강한 교회, 이렇게 세운다: 경영학자 3인이 쓴 건강한 교회 조직 만들기』 (IVP, 2008) 등이 있다.

제기되는 교회의 건강, 다른 측면에서 말하자면 오늘날 이 사회에서 교회의 병든 모습이라고 회자되는 이야기들[6] 속에서 어느 정도면 과연 우리가 교회와 교인이 그럼에도 불구하고 스스로를 "건강 하다고 이야기할 수 있을까?"에 관심을 가져야만 가능한 일이다. 교회의 건강을 이야기하기 위해 본인은 지난 수년간 건강한 목회 연구소가 관심을 갖고 지켜보았던 몇몇의 건강하다고 평가되는 교회의 목회자들이 자기 목회를 스스로를 비판적으로 돌아보는 이야기들을 분석하여, 그 가운데 '평택 기쁜교회'를 중점적으로 분석하여 건강한 교회의 표준을 제시해 보고자 한다.

## 2. "이 정도면 건강한 교회": 모델을 통한 연구방식

만일 우리가 구체적인 상황 속에서 한 교회가 어떠한 모습의 건강을 유지하고 있는가를 이야기하고자 한다면, 오늘날 우리가 이야기할 수 있는 보편적이고 일반적인 교회의 건강성이란 무엇인가

---

6) 한국 교회의 문제에 대하여는 그간 연구하여 온 본인의 졸고를 참고하라: 박창현, "한국 개신교회의 위기에 대한 징후들과 위기 극복을 위한 선교적 제언" – 2005년 11월 1일을 기준으로 한 인구 주택 총 조사 보고서를 중심으로, 「신학과 세계」 56호 (서울: 감리교신학대학교, 2006년 여름호), 223-249; 박창현, "선교 포기"의 위기를 극복하기 위한 "다시 드러냄의 선교," 「신학과 세계」 59호, 2007년 6월 여름호 (서울: 감리교신학대학교), 185-213; 그 외 참고 이원규, 『한국교회 어디로 가고 있나?』 (대한기독교서회, 2004); 이원규, 『기독교의 위기와 희망 –종교사회학적 관점』 (대한기독교서회, 2003); 권성수, 양창삼, 이만열 공저, 『3인의 석학이 풀어 본 교회성장 이야기』 (기독신문사, 1997).

가 바탕개념으로 깔려 있어야 한다. "건강한 교회"란 건강이라는 개념이 그렇듯이, 지극히 상대적인 개념이다. 우리는 단지 한 교회가 어떤 특정한 상황에서 다른 교회와의 비교를 통해 얼마나 더 건강할까? 를 이야기할 수 있어도, 또 어떠한 상황에 있어서 어느 정도가 되면 일반적으로 전체 교회 속에서 상대적으로 건강하다고 할 수 있는지는 말할 수 있어도, 모든 시대와 모든 상황 속에서 모든 사람들이 전적으로 수긍할 만한 보편적이고, 절대적 가치로서의 건강한 교회에 대한 규정을 말한다는 것은 사실상 불가능하다고 할 수 있다.[7]

---

7) 예를 들어보자! 교인 증가 숫자가 건강의 척도가 될 수 있을까? 한 교회에 1,500명의 성도가 있다면 건강한 교회일까? 그런데 그 교회가 120년의 역사를 가졌다면? 한 교회가 40년이 되었는데 교인 600명이라면? 그런데 교회가 어느 정도 성장하면 분립 개척을 하여 개척교회에 자기 교인들을 파송하고 모든 재정을 부담하여 그간 10개의 교회를 개척하였다면? 한 교회에 만 명의 교인이 있는데 그들 중 40% 이상이 다른 교회로부터 수편이동해 온 이동교회 신자들이라면?
그렇다면 교회의 건축 규모나 예산이 건강의 척도일까? 만일 교인들이 목사의 말에 따라 불가능해 보이는 건축이나 해외 선교, 그리고 거대한 행사 등을 일사불란하게 이루어낸다면 과연 이런 교회는 어떻게 볼 것인가?
목사의 권위가 있고, 지도력이 있고, 교인이 많고, 경제적으로 풍부하고, 교회 내 부대시설이 잘 갖추어져 있고, 열심으로 모여서 공동체를 이루고 있어 교회 성장의 좋은 모델들로 여겨지고 있는 대부분의 초대형 교회들! 그러나 다른 면에서 이러한 교회의 담임목사가 이런저런 일로 여자 문제와 돈 문제로 일반 법정에서 유죄 판결을 받고, 자기의 자리를 자식에게 세습하여, 세간에 교회의 비판이 있을 때마다 문제가 있는 목사로 자주 소개가 된다면, 과연 이러한 교회는 건강하다고 할 수 있을까?
그런가 하면 앞에서 말한 유형의 사회적 비난을 받는 목사 한 사람 때문에 그 교회 전체를 건강치 못하다고 결론을 내려야 하나? 이런 문제는 정말 난감하지 않을 수 없다.
교회의 건강과 교인들의 건강관계는 어떤가? 시무하던 담임목사가 병들어 죽자,

이런 면에서 교회성장보다는 교회의 건강성에 대한 관심을 가지고 발전시킨 크리스천 슈바르츠(Christian A. Schwarz)[8]의 "자연적 교회 성장이론"이나, 스티븐 A. 매키아의 "뉴잉글랜드 그룹"[9]은 중소형 교회의 건강에 초점을 맞추어서 "건강한 교회상"에 대한 답을 시도했지만 안타깝게도 보편적이고 절대적 가치로서의 건강한 교회에 대한 원칙[10]으로서의 규정을 시도하여, 획일적인 교회 성장의 이론을 벗어나지 못하고 있다고 보여진다. 그런 면에서 본 연구는 특정한 상황에서 건강한 성장을 이뤄내고 있는 한 교회를 모델로 삼는 연구 방식을 취하고자 한다.

모델을 통한 연구 방식은 크리스천 슈바르츠가 이야기한 것처럼

---

교인들이 사모에게 그 아픔이 다 가시기도 전에 다음에 취임해오는 목사를 위해 방을 빼라고 한다면? 신학생이 병이 들면 교회 사역에서 쫓겨나고, 장애를 가진 수련목회자들, 심지어는 여성 목회자들까지도 사역지를 구하지 못하게 하는 교회의 현실은 건강한가?
우리가 한 교회의 건강을 다음 중 어느 한 가지를 들어서나 또는 여러 가지 요인들을 복합적이고 종합적으로 판단하고 평가하여 말하는 것은, 이처럼 쉬운 일이 아니다. 교인 수, 새신자 증가 상황, 예산 규모, 교인 구성비, 교회 건물과 공간, 지역사회 기여도, 해외 선교, 카리스마 있는 목회자 개인에 대한 평가 등등은 건강한 교회의 절대적 기준을 제공할 수 없다.

8) Christian A. Schwarz, 앞의 책.

9) 스티븐 A. 매키아 / 김일우 역, 『건강한 교회를 만드는 10가지 비결』(아가페출판사, 2000).

10) 이러한 염려 때문에 크리스천 슈바르츠는 서론에서 원리와 모델을 분리하여 자신의 연구가 모델이 아니라 수많은 교회들 가운데 공통분모로서의 교회 성장 원리를 추구한 것이라고 있다. 하지만 그 결과는 모든 교회에 적용하기에는 무리가 있는 모델, 굳이 다른 모델과 비교하자면 좀 적용이 다른 모델에 비하여 폭넓은 원리를 적용하고 있다고 판단되어진다.

모든 교회에 적용하기에는 분명 한계가 있지만,[11] 다음과 같은 이유에서 모델로서의 유효함을 인정하여야 한다. 즉, 모델은 유비와 동의어다.[12] 그런 의미에서 여기에서는, 램시 (L. T. Ramcey)가 주장하는 모델의 개념, 즉 "만일 그것들이 없었더라면 아무런 관계도 없는 것으로 여겨졌을 여러 사실들을 하나로 결합시켜 주며, 또 나중에 실험에 의해 입증될 결과들을 미리 제공한다".[13]라는 의미를 적극 수용하기로 한다. 물리학자가 자신이 직접 경험할 수 없는 어떤 것을 연구하기 위해 흔히들 좀 더 친숙하고, 그러면서도 그에게 연구를 위한 준거점들 (reference points)을 제공해 줄 수 있을 만큼 유사한 어떤 사물을 버팀목으로 이용하게 되는 것처럼, 건강한 교회의 연구를 위해서도 현존하는 교회의 모델을 통하여 그만큼의 건강성을 논할 수 있으리라는 가설을 가지고 연구를 하려고 한다. 이는 커슨스 (Ewert Coursins)가 경고한 신학의 모델을 통한 작업의 위험성, 즉 "실천적인 면에서 폐해를 낳은 모델은 이론적인 면에서조차 잘못된 모델일 것이다"[14] 에 주의한다면 성공한 모델의 좋은 결과를 제시할 수 있을 것이다.

그렇다면 어떠한 교회가 상황에 근거한 건강한 교회의 모델이 될 수 있을까? 특히 요즘처럼 교회의 건강을 이야기하면서 병든 교회의 모습이 마치 전체교회의 양상으로 보여지고 있는 상황에서,

---

11) Christian A. Schwarz, 앞의 책, 16-17.
12) 에버리 덜레스 (김기철), 『교회의 모델』(한국기독교연구소, 2003), 25.
13) 재인용: 앞의 책, 같은 곳.
14) 앞의 책, 31.

어떻게 교회의 건강을 말할 수 있을까? 그러나 "병들었다"는 말은 "더 이상 건강치가 못하다"는 말의 다른 표현인 것을 감안할 때, "한국 교회가 병들었다"고 표현한다는 것은 그렇지 않은 "어떤 상태"를 전제하는 것이고, 바로 이런 면에서 건강한 교회는 "어떤 상태"인지를 이야기할 수 있을 것이다. 그러므로 본인은 여기에서 건강한 교회는 "어떤 상태"인가에 대한 답을 그동안 본 연구소가 분석하였던 교회들의 구체적인 현장 사례들을 통하여 "이런 교회"의 "이런 상태"가 건강하다, 또는 다른 교회와 비교하여 "이 정도면" 건강하다고 말할 수 있다고 밝히는 선에서 의견을 제시하려고 한다. 다시 말하자면, 일반적으로 교회 성장학자들이 그러듯이, 성장하는 교회와 건강한 교회의 기본을 열거하고 그것에 따라 교회를 평가하는 방식은 적용하지 않겠다는 것이다. 그럴 수밖에 없는 이유를 분명하게 다시 말하자면 "교회의 건강이란 구체적인 상황 속에서 몇 가지 요인들을 다른 교회와의 비교를 통하여서만 언급할 수 있기 때문이다."

다시 한 번 강조하자면, 우리는 교회의 건강에 대해서는 구체적인 상황 속에서 진단할 수밖에 없다. 예를 들어보자. 예수 당시 90% 이상의 사람들이 절대적 빈곤에서 허덕이던 갈릴리 사람들을 섬기던 공동체의 건강과 로마의 식민치하에서조차 특권을 가지고 특별한 대접을 받았던 예루살렘의 번화한 도시에서 이루어가는 공동체의 건강, 그리고 번영과 평화의 상징이었던 헬라의 도시들에서 사역하는 교회와 그들의 건강성은 각각 다를 수밖에 없다. 일제 강점기에 친일 행위를 하면서도 교인들이 늘어나서 칭송을 받았던 교회를 건강하다고 말할 수 있는 것인지? 아버지가 대형교회 목사로서 자식에게 교회를 양도한 (세습!) 교회에서 목회를 성실하게 하면서 성장하는 교회의 건강성은 과연 어떻게 평가를 해야 할까? 하루하루 노동을 하여야 먹고 사는 가난한 사람들의 공동체를 섬기면서 교인들이 주일 예배의 참석이 어려운 공동체가 오랫동안 어느 정도 이상의 수적 성장이 일어나지 않아 왔다면 이러한 교회의 건강은 어떻게 진단을 내려야 할까? 장애인들이 많은 지역에서 장애인 교회를 이루어가는 교회와, 장애인이 몇 명밖에 되지 않는 교회의 건강성은 다를 수밖에 없다. 교회의 건강성의 재는 잣대는 절대로 천편일률적일 수가 없다. 한 교회가 병들었다고 할 수밖에 없는 온갖 불의와 폭력의 환경을 끝까지 감당하면서 마침내 건강한 교회를 만들어냈다면, 한 사람의 건강이 좋을 때도 있고 병들 때도 있는 것처럼, 지나간 교회의 건강치 못한 역사를 부인할 수는 없다 하더라도 지금의 구체적인 환경 속에서 이루어지고 있는 건강만은 인정을 해야 할 것이다. 그러므로 우리가 한 교회의 건강성이나 전체 교회의 역사를 종합적으로 진단하여 건강 여부를 평가하는 것도 쉬운 일이 아니다. 우리는 어떤 상황 속에서 어떤 시기에, 또 어떤 요인들에서만의 건강을 이야기할 수 있을 뿐이고, 또 그런 것들을 종합하여 한 교회의 건강 정도를 항상 상대적으로, 즉 "어떤 한 교회"의 "어떤 한 건강"으로 "이 정도면 건강"한 상태에 관하여만 언급할 수밖에 없는 것이다. 이런 앞서 열거한 이유들 때문에 건강한 교회에 대한 연구는 이 책에 소개된 10개의 누가 봐도 건강한 교회들[15] 가운데 대표적인 한 교회를  선정하였다. 여기서는 그 가운데 한 교회, 평택 기쁜교회의

건강을 교회가 처한 구체적인 사역의 현장에서 "이런 정도의 건강"이
어떤 것인가? 를 개괄적으로 설명해 보기로 하자.


### 3. "이런 교회"의 "이런 건강": 건강한 교회의 모델로서 평택 기쁜 감리교회 (인격적인 목회자의 개척과 성장을 통한 "건강한 교회"의 모습)

　　본인은 여기서 평택 기쁜 감리교회("어떤 교회")의 "어떤 건강"
에 대하여 이야기할 것이다. 그런데 먼저 교회의 건강을 이야기하는
데 있어서 일반적으로 범할 수 있는 "모델"과 "원리"의 혼동에 대해
분명한 정리가 필요하다고 본다. 건강한 한 교회를 분석하여 얻은
결과로서의 "건강한 교회"는 모든 교회가 이렇게 하면 건강해진다는
원리가 될 수 없고, 다만 이 한 교회는 "이렇게 하여" "이렇게 건강한
성장을 했다"는 하나의 원리를 나타내는, 그 교회만의 전형적인
"모델"을 가리켜 보여준다고 할 수 있다. 그러나 "원리"라는 것은
이러한 건강한 교회의 모델들을 여럿 연구하였을 때, 종합적이고
공통적으로 얻어지는 결과로서, 교회의 건강은 대체로 "이렇게 하면"
"이렇게 이루어질 수 있다"고 말할 수 있는 경우에 해당된다. 그러므로
본 연구는 건강한 교회의 원리가 아닌, 단 한 교회의 건강한 모델을
통한 건강한 교회가 될 가능성에 대한 개별적인 한 모델을 먼저

---

15) 여기에 소개된 10개의 교회는 누군가가 건강성에 문제를 제기한 교회, 특히
　　신문이나 방송, 또는 법적인 판결을 받은 교회는 제외한 사례들이다.

제시하고자 함을 다시 한 번 밝혀둔다.

## A. 평택 기쁜 교회의 상황

기쁜교회는 손웅석 목사가 88년 10월 말, 85년 개척한 전임자가 유학을 가게 된 빈자리를 대신하여, 거의 교인 한 명 없이 지하 18평에서 시작한 교회로, 2014년 7월 현재 약 800명의 교인들이 주일 예배를 드리고 있다. 이 교회는 그동안 세 번의 건축을 하였는데, 2004년 세 번째 지은 교회16)는 일반 다른 건축물과 경쟁을 하여 평택시로부터 '아름답고 친환경적이라는' 이유로 건축상을 받았다. 지역 어린이 도서관을 최고의 설비로 개관하였고, 지하와 지상 1층뿐인 교회 본당 건물임에도 불구하고 장애우들이 불편 없이 이동할 수 있도록 엘리베이터를 만들어 세심한 배려를 하고, 지역에 갑자기 많아진 외국인 노동자들을 섬기기 위해 인도네시아인 선교사를 전액 교회가 지원하여 국내에서의 "해외 선교"를 적극적으로 시작하였다. 비기독교 가정에서 신학을 하고, 의지할 인맥도 경제적 여유도 없이 열 달 동안 뛰어다니며 시도했지만 개척이 좌절되었던 손목사가, 우연한 기회에 교인 한 명 없는, 개척이나 마찬가지로 암담한 현실에서 선교에 대한 열정 하나만 가지고 시작한 교회가, 목숨을 건 성실한 목회를 통하여 오늘과 같이 건강한 목회자와 모범적인 교회로 성장하

---

16) 2014년 교육관 완공은, 교육관만 첨가로 지은 것이기에 제외하였다. 참조: 손웅석 목사의 글!

였다는 것은, 비슷한 처지에서 목회의 길을 가려는 사람들에게 좋은 사례가 되어줄 것이다.

## B. 기쁜교회 손목사의 목회 사역 그려보기

그럼 손웅석 목사와 함께 전해지는 그의 인격적 목회가 드러나는 몇 가지 이야깃거리를 소개해 보자.

손목사는 개척 초기, 사람이 오지 않아 할 일이 없을 때, 밤 12시부터 기도를 시작하여 새벽 기도가 끝나는 시간까지 밤 새워 작정 기도를 하였는데, 그 기간이 손목사에게는 주님과 깊은 영적인 체험을 하게 되는 계기가 되었고, 그때 자신이 체험한 영적인 환상에 따라 첫 교인을 만나게 되었다. 결국 그 한 사람으로 인하여 두 가정이 더 교회에 오자, 그들에게 일년 동안만 함께 성경공부를 해보자, 그러면 하나님 만나게 해주겠다, 그러니 기회를 달라고 제안을 하고, 겨우 동의를 얻어내기에 이른다. 그 사람들과 매일 모여서 저녁밥을 같이 먹고 한번에 4시간씩 성경공부를 일년간 하게 되었는데, 그들이 일년 만에 영적인 체험을 하게 되면서 손목사의 목회 가능성이 열리게 된다.

한창 교회가 부흥하던 시절, 교회가 수적 성장을 이룩할 절호의 기회가 온다. 교회 앞에 대단위 아파트촌이 들어선 것이다. 주일 예배가 새로운 신자로 넘쳐나기 시작할 때, 손목사는 교인들에게 "전도 중지"를 설교 시간에 권고하였다. 아파트 상가에 40-50개의 개척 교회가 한꺼번에 들어와, 다들 생존을 위해 목숨을 걸고 전도 중인데, 건물을 가지고 모든 것을 다 갖춘 자기 교회가 그 경쟁에 뛰어들어서는 안 된다는 것이다. 그분들도 다 예수를 전하는 분들인데… 결국 교회는 노방전도를 그만두고 아파트 단지 안에 화단을 가꾸는 봉사로 선교를 대신하였다고 한다.

손목사는 기회가 있을 때마다 후배들에게 교회 유치원은 절대 하지 말라고 말한다. 교회가 사회에 봉사를 하게 되면 다른 곳보다 더 싼 가격에 가장 질 좋은 유치원을 만들어야 하는데, 작은 교회에게는 경제적으로나 시간적으로 너무 부담이 많다는 것이다. 손목사 스스로도 유치원을 하면서, 목사가 하루 종일 유치원 차 운전만 하고 원생들 먹이느라 자기는 굶어 죽을 뻔했다고 한다. 손목사의 헌신적인 유치원 봉사와 관리는 그 지역에서 소문난 유치원이 되게 하였고, 그것이 곧바로 교회의 좋은 이미지를 만들어 선교에 도움이 되었다고 한다.

손목사의 남다른 목회 행보는 교회를 건축하는 과정에서도 나타났다. 교회는 하나님의 축복을 받은 인간들이 머무는 곳이기에 다른 건물들보다도 사람이 들어가서 편안하고 행복하고 기쁨을 누리는 장소가 되어야 한다는 철학을 가지고 있다. 그는 하나님과 인간, 그리고 대지(자연)가 조화를 이룬 쉼과 편안함이 있는 건물을 짓기로 하였다. 손목사는 돈이 없어 경제적으로 싸게만 지으려는 통상적인 교회건축과, 예배 위주로만 생각하여 교회를 짓는 문제를 지적한다. 그래서 그는 이러한 문제와 앞에서 언급한 자신의 신학적 취지를 살리기 위해 교회 건축을 아예 경험해보지 못한 건축사에게 창의성을 살리는 건축을 의뢰하기에 이른다. 그러한 의미에서 손목사는 의도적으로 성장 지향적으로 교회를 짓지 않았고, 두 번의 건축을 통하여 아쉽게 느낀 것을 실천에 옮겨 교인들이 경제적 부담을 최소화할 수 있는 시점을 기다려서 큰 무리 없이 교회를 짓기로 하였단다.

이렇게 목회에 있어서 신학에 근거한 실천을 중시한 손목사는 자기 교회만의 성장이 아닌 지역 교회 하나님의 교회의 성장에 초점을 맞추고자 하였다. 다른 교회에 다니던 교인이 와서 등록하기를 원하면, 손목사는 그 교인이 다니던 교회의 목회자에게 연락을 하여 잘 타일러서 모셔가라고 하기 일쑤였다. 손목사는 지금도, 자기 교인이 이사를 가면 10분 이상 걸리는 거리에서는 그 지역의 교회에 다니라고 권고를 한단다.[17] 지난번에 이 교회를 방문한 학생들의 표현을 따르자면, "주중인데도 교회에 사람이 많고 여기저기 모여서 기도하는 모습이 살아있는 교회의 모습"이라고 하였다.

## C. 기쁜교회 성장의 요인으로서의 건강성

기쁜교회의 건강한 성장이 재개발로 인한 인구 이동 때문에 가능해졌다고 볼 수도 있겠지만, 같은 환경에서도 그렇지 못한 교회

---

17) 교회를 방문했을 때 한 성도가 전하는 이야기는 이러한 권고의 진실성을 가늠하게 한다: 그뿐만 아니라 좀 떨어져서 이 교회를 다니는 성도들은 매주일 교회에 10분 안에 도착하기 위하여 평소 때보다 가스 페달을 막 밟고 그렇게 하여 목사님의 말씀을 따르려고 한다는 것이다.

들이 있는 것을 감안한다면, 우리는 왜, 어떤 이유로 이 교회가 오늘까지 건강한 성장을 이룰 수 있었는가를 한번 구체적으로 간략하게나마 정리해 볼 필요가 있다.

1) 손웅석 목사는 영적 체험을 중요시하는 건강한 종교성을 가지고 있다. 종교는 초월자에 대한 자기 체험에서 시작되고 그것을 다른 사람에게 얼마나 믿을 만하게 제의(비슷하거나 같은 체험이 반복적으로 일어나는 장소와 방식)와 교리, 그리고 윤리적인 삶을 통하여 이해시키는가에 달려 있다고 볼 때,[18] 그가 소개하는 개척 초기 마귀의 환상이나 교회 건축 당시 기도 응답으로서 보게 된 환상, 그리고 목회는 "성령의 음성에 예민하게 반응하는 것"이라는 그 자신의 말이 손목사가 영적인 체험을 얼마나 중요시하는지를 잘 드러내준다고 하겠다. 그는, 건강한 교회의 성장은 인위적인 것이 아니라 하나님의 은혜라는 신학적 건강함을 늘 지니고 살아간다. 처음 교인을 만나서 성경공부를 하게 됨으로써 교회가 닻을 올리고 출범하게 되었다는 이야기나 중요한 시기에 선택을 내려야 할 때마다 기도와 응답을 통해 해법을 찾았다는 것은, 그가 철저하게 종교적인 근본 구도 안에서 자신의 사역의 방향을 정하고 행하였음을 보여준다. 손목사의 이러한 시도는, 교인들이 실존적으로 접촉하고 있는 정신적 실재와 동일한 구조(isomorphism)를 이루지 못하였다면 결코 성과

---

18) Theo Sundermeier, Religion, Religionen, in: *Lexikon missionstheologischer Grundbegriffe* / hrsg. von Karl Müller und Theo Sundermeier, Berlin : Reimer, 1987, 411-422, 특히 411-412.

를 거두지 못하였을 것이나,[19] 손목사는 교인들과 종교적 심성의 눈높이를 맞춘 건강함을 발휘해 왔다고 볼 수 있다. 에버리 덜리스는 이와 같은 현상을 미국의 가톨릭교회가 붕괴되는 현상과 결부하여, 전통적인 (가톨릭)교회가 와해 직전에 있을 때에 그리스도의 복음을 최고의 법전으로 받아들인 교회들은 건강하게 성장하는 시기였다는 평가를 통하여, 교회 성장은 개방적이며 하나님의 신비를 받아들인 교회들의 종교성에 근거해 있다고 진단한 바 있다. 손목사의 교회 성장은 애버리 덜리스의 진단을 현실에서 보여준 적절한 사례가 아닐 수 없다.[20] 다른 말로 표현하자면, 그는 교회에서 영적 지도자로서의 자격을 인정받은 건강성을 담지하고 있다고 할 수 있을 것이다.[21]

　　2) 손목사는 교인들에게 본질적인 면에서 기쁨을 주는 목사로서, 스스로 자신의 사역을 성스러운 일로, 세상과 비교할 때 분명하게 구별되는 최고의 봉사와 섬김이라고 보는, 자의식으로서의 건강성을 갖추고 있다. 이는 그가 교인들에게 권위를 내세우지 않고 교인을 섬기며 최고로 여기는 그의 목회적 삶의 모본을 통하여 스스로 교회를 섬기게 하는 봉사자를 만들어내는 것과도 일치한다. 그는 교회에서 하는 것은 세상과 차별화가 되어야 한다고 생각한다. 최고가 아니면 세상이 하게 하고 교회가 하면 최고가 되어야 한다는

---

19) 에버리 덜레스, 22.

20) 앞의 책, 15; 53-70.

21) 21세기의 교회 지도력의 가장 중요한 요인으로 영적 지도력(리더십)은 모든 성장학자들이 인정하는 것이다. 참조: 데니스 비커스/ 조계광 역, 『건강한 작은 교회 : 작은 교회를 강하게 하는 13가지 조언』(생명의말씀사 2009), 128.

것이다. 이는 곧 교인에 대한 서비스 정신이요 섬김의 정신이다. 교회의 이름이 설명하듯이 사람들이 교회에 와서 기뻐하는 교회를 만들자는 것이고, 이 일을 위해 목회자가 봉사를 해야 하는데, 목사가 기쁘지 않은 교회는 교인들도 기뻐하지 않는다. 교인들은 죽도록 일하기 위해 교회에 오는 것이 아니다. 쉼을 얻으려고, 목사로부터 위로를 받고자 교회에 온다. 교인들이 교회의 봉사를 기쁨으로 하게 하기 위해서는 어떤 일이든 교인들이 하고 싶어 할 때까지, 교인들이 자원해서 하자고 할 때까지 기다려 주어야 한다. 손목사는 자기가 먼저 하자고 나서는 경우가 거의 없다. 각자의 은사에 따라 준비가 된 교인들이 신바람이 나서 봉사를 해야 교회가 행복하다는 것이다. 손목사는 이런 교인들에 대하여 목사가 해야 하는 최고의 섬김은 "준비된 설교"라는 것을 잘 안다. 설교를 통하여 교회와 사역에 대한 감동을 교인들에게 전하여 동의를 얻어내고자 한다. 그래서 그는 마치 주부가 따뜻한 밥, 맛있는 밥을 사랑하는 가족에게 정성스 럽게 대접하듯, 그런 마음으로 설교를 준비한단다. 결국 그런 밥을 먹은 교인들이 신바람 나서 교회 일을 하게 된다는 것이다. 이 일을 위해 자신이 감동 받아서 설교하는 설교가 될 때까지, 밤을 새워서라 도 준비를 하기에, 새벽기도 시간 15분 설교를 위해 밤을 지새우며 준비할 때도 있다고 한다.

3) 손목사는 교인들에 대한 지속적이며 연계적인 교육을 통하여 장기 목회에 준비가 된 목회자이다. 올해로 27년째를 맞이하는 그는 평생 목회를 준비하고 있다. 적지 않은 수의 한국 교회 목사들이

어느 정도 성장을 이룬 후 그것을 계기로 다른 교회로 옮겨가는 것과는 대조적이다. 이것이 가능한 것은, 그가 끊임없이 자기계발을 통한 발전을 이루고 또 그 결과로 교인들에게 새로운 비전을 제시할 수 있기 때문이다. 밤을 새우며 몇 안 되는 교인들과 함께 하였던 성경 공부가 크로스웨이 성경 공부가 되었고, 그 후에는 "사랑의 교회 제자훈련"이 계속적인 성경공부를 가능하게 만들었다고 한다. 손목사는 비전문가로서 목회자가 성경공부 교안을 만드느라 고생하지 말고 이미 현장에서 인정받은 교재를 자기 교회와 교인들에게 맞추어 편집, 수정 보완하는 것이 훌륭한 선택이라고 한다. 그의 말에 따르면, 교인들의 눈높이와 성장에 따라 계속적이며 연계적인 교육이 가능한 것이 건강한 교회의 원인이라고 판단된다. 개척 초기부터 지금까지 한 번에 3-4시간씩 제자 교육을 하는 기쁜 교회의 전통은, 교회를 이루는 봉사자들에게 담임목사와 한 가지 생각을 가지고 봉사를 하게 하는 중요한 이유일 것이다.

4) 교회에 대한 좋은 입소문이 많은 것에서 볼 수 있듯이 교인들이 자부심을 가지고 행복해하는 교회를 이루어간다. 이것은 곧, 손목사에게는 교인들의 문화적인 정서를 잘 이해하고 그들과 소통할 줄 아는 능력이 있다는 것을 잘 보여준다. "전도 중지"는 무분별한 전도를 통하여 염증을 느끼는 사회의 정서를 바로 읽고 그들의 눈높이에서 전도를 새로운 차원으로 격상하여 강조한 이야기가 될 것이다. 이러한 사실은, 그 교회 직분자가 되기 위해서는 일년에 한 명 이상 전도해야만 한다는 분명한 원칙을 고수하고 있다는

것을 통하여 서로 확인할 수가 있다. 아직도 주일 오후 예배 등에 담임목사가 기타 치며 찬양을 인도하고, 부목사가 설교를 한다는 것은 권위에 목숨을 건 목사들의 폐단을 극복하고 포스트모던 시대의 새로운 지도자상의 신선함을 선사해 준다. 또 손목사의 찬양 인도는 젊은 찬양 인도자들의 빠른 박자와 어려운 가사들을 따라가지 못하는 같은 나이 또래의 장년들이 함께 찬양에 자연스럽게 참여하게 하는 결과를 가져온다. "우리 교회에 가면 잔디와 나무 그늘이 있어 고기를 구워 먹으면서 쉼을 얻을 수 있다"고 말하며 웃음 짓는 교인의 미소에서, 우리는 교인들의 문화 수준에 맞추어 함께 즐기는 기쁜교회의 건강한 아름다움을 느끼게 된다.

5) 손목사는 무슨 일이든 최선을 다하고 한번 시작하면 끝까지 하는 성실함이 있다. 그는 자신의 연약함을 강점으로 사용할 줄 알아, 약자들에게 힘과 용기를 주는 목회를 한다. 손목사는 겉으로 보기에 나약해 보이는 사람이다. 자신은 그런 겉모습 덕택에 교인들의 동정을 받을 수 있어서 목회에 도움이 된다고 입버릇처럼 말하곤 한다. 하지만 그는 그러한 약점을 오히려 장점으로 이용할 줄 안다. 그는 비슷한 처지에 있는 사람들에게 신앙의 이름으로 무분별한 시도를 하는 것을 억제하게 하고, 건강한 이성으로 신앙의 가능성을 보여준다. 그는 교인들에게 최상의 서비스를 제공하기 위하여 항상 쉼을 갖고, 될 수 있으면 외부 모임을 사양하고 교회에서 머문다고 한다. 휴가 기간도 교회에 머물면서 쉰다. 손목사는 그러나 자기의 목회와 교인들을 위한 중요한 일에는 최선을 다하는 아주 신실한

사람이다. 그는 건축을 제대로 하기 위해 관련 도서를 섭렵할 정도이지만, 자기가 안 해도 되고, 자기가 못 해도 되는 일은 절대로 뛰어들지 않는다. 손목사는, 일에 있어 선택과 집중을 중요시한다.

⑥ 손목사는 올바름과 정도를 지킨다. 그는 목회 초기에 기쁜교회 임원공천을 위한 내규를 만들어서 오늘까지 그것을 지키고 있다. 때로는 그 근거에 의하여 아직까지도 장로를 세우지 못하는 안타까움도 있지만, 한번 지키기로 한 원칙이기에 괴로워도 지켜 나간다. 예를 들어 그 해 전도한 사람이 없으면 과락이 되고 그러면 누구도 장로가 될 수 없다. 손목사는 "목회는 기준이 분명해야 하고 교인들과 함께 지키기로 한 분명한 기준은 어떤 일이 있어도 목사가 먼저 지켜야 한다"고 강조한다. 그리고 이러한 규칙에 의하여 직분자가 선출되어야 하나님의 일이 잘못되지 않는다고 한다. 대부분의 교회들이 연말 당회 때가 가까워오면 직분자를 세우는 기준이 분명하지 않은 것이 화근이 되어 잠 못 이루는 밤이 많은 것을 생각한다면, 건강한 규칙을 심사숙고하여 만들고 그렇게 만들어진 법을 철저하게 지키면서 얻어지는 교훈을 깊이 생각해 보아야 한다.

이상에서처럼 손목사의 건강한 성장에는 분명한 신학적 토대 위에 건강한 인격이 이루어낸 결과임을 볼 수 있다. 다음은 이러한 손목사의 목회자로서의 인격이 잘 드러나는, 목회를 원하는 후배들에게 당부하는 말을 소개하고자 한다. 그는 "교역자가 바로 서야 한다. 그것이 올바른 교회 모습(성장)의 기초이다."라고 역설한다.

- 목회자는 욕심을 버려야 한다. 욕심은 목회자가 가장 경계해야 할 것이다. 욕심은 버리되 열심은 더 사모하라! 샛길로 빠지지 않도록 조심해야 한다. 유혹에 대해 민감하기 위해서는 욕심을 버리라.

- 예수님의 마음을 놓치지 않도록, 교인 한 사람 한 사람을 더 섬기고, 봉사하는 자가 되라.

- 교회들끼리 경쟁하는 것은 하나님이 기뻐하는 모습이 아니다. 다른 교회 다니는 사람을 전도하는 것을 삼가라! (사람에 대한 욕심을 버리라). 지역의 교회들은 같은 동역자 의식을 갖고… 우리 교회만 커져야겠다는 욕심을 버려야 할 것이다.

- 전도에 관해서는 무한경쟁시대에 "먹히느냐 먹느냐"의 "교인 쟁탈전"에 빠지지 말고 나의 욕심을 버리라.

- 목회자는 희생하는 사람이어야 한다. 자기 하고 싶은 거 다하면서 개척은 불가능하다. 교회는 목회자의 것이 아니다. 교인이 좋아하는 일을 해야 한다. 교인을 목사의 의도대로 움직이려고 하지 마라.


이상과 같은 손웅석 목사의 말이 결코 부담스럽지 않게 느끼는 것은 그 말을 손목사 자신이 하기 때문이리라. 손목사의 인격을 바탕으로 전해지는 말이기 때문이다. 손목사는 인격이 잘 갖추어진 목회자다. 손목사는 "앞서 가면서 다른 사람들을 따라오도록 하는 힘을 가진 자가 지도자다"라는 서구적 의미의 리더십을 갖춘 목회자라기보다는, 동양적 사고방식의 덕(德)을 갖춘 군자(君子), 즉 인(仁), 의(義), 예(禮), 지(智)를 고루 갖춘 우리식의 지도자라는 말이 더 잘 어울리는 것 같다.

개인적이거나 주변적인 요건이 허락되지 않아도, 목회가 사명이기에 개척을 시작하였고, 어려운 일이 닥쳐올 때마다 무릎으로 기도하면서 영적인 능력을 체험하고, 철저하게 교인들 위주로 그들이 행복해 하는 교회를 만들기 위하여 헌신한 한 목회자의 이야기는, 오늘도 가진 것 없이 주님만을 의지하며 복음의 최전방에서 몸 바쳐 일하고자 하는 목회자와 그 후보생들에게 힘과 용기를 불어넣어주는 사례임이 분명하다. 다른 무엇보다도 바른 인격을 가지고 목회하는 목회자의 아름다운 이야기들이 오늘날 공신력을 잃어버린 한국 교회와 목회자들에게 좋은 귀감이 되어줄 것이다. 건강한 이성과 윤리적인 의식을 가진 한 목회자가 때론 건강할 수 없었던 환경에서조차도 건강성을 유지한 모습, 그리고 이제 점점 더 커져가는 교회를 오히려 부담스러워하면서 더 이상 교인 수가 늘어난다면, 더 이상 교회를 늘려서 지을 생각은 없고, 오히려 다른 목회자에게 교회를 지어주고 교인들까지 떼어주어, 분리 개척하는 기회를 삼겠다고 하면서, 그런데 이렇게 사랑하는 교인을 떼어주려면 절대로 아무에게나가 아니라 정말 준비된 목회자가 필요할 것이라고 생각하면서 자기의 양을 위해 마지막까지 성실을 견지하려고 하는 목회자! 이러한 손목사의 이야기는 한 교회의 몸집만 불리는 끝없는 성장을 위해 모든 수단과 방법을 가리지 않는 잘못된 풍토에 경종을 울리며, 자기 교회 성장만이 아닌 지역과 하나님의 교회 전체의 성장과 성숙에 관심을 갖게 한다. 더 나아가 한 교회가 자기 개체 번식을 통한 영원한 성장의 모델을 제시하게 될 것이라는 희망마저 갖게 한다. 이러한 손목사의 목회에 대한 건강한 의식은 성실하게 목회하며 실력을 갖춘 목회 후보자들에게 소망을 줌과 동시에, 기존의 대형 교회 목회자들이 함께 추구해야 할 건강한 길을 제시한다 하겠다.

## 4. 건강한 교회의 요소와 근거

지금까지 우리는 제한된 지면에서 다만 한 교회의 "이런 건강"에 대하여 이야기하였다. 어찌 보면 평범한 가운데 건강한 교회, 너와 나도 한번쯤 가능하다고 느낄 만한 교회들의 건강성을 제한적으로 살펴본 것이다. 이렇게 한 교회의 건강성을 이야기하는 것이 다른 교회들이 건강치 못함을 지적하기 위함이 아니었기에, 누가 보아도 건강한 교회의 어떤 점이 건강한가를 들추어낸 것뿐이다.

그런데 우리는 지금까지 교회의 건강한 모델들을 제시하면서 교회의 건강성이란 것을 의도적으로, 철저하게, 목사들의 관점에서만 보아왔다. 그 이유는 간단하다. 목사들만 건강하다면 교회의 건강은 가능하다고 보기 때문이다. 잘못된 몇 명의 개신교회 대표자들이 결국 개신교 전체의 모습으로 "개독교"가 되어 버린 현실이 교회의 이미지로 나타나는 것을 우리는 억울하고 또 통회하는 마음으로 바라보고 있지 않은가? 다른 말로 하면, 현재 한국 교회의 형편상

목사가 건강하지 않은 교회는 절대로 건강해질 수 없다. 물론 교회 건강에 평신도들의 영향이 목사만큼 중요하다는 것을 몰라서 하는 이야기는 아니지만, 이렇게 병든 교회의 전적인 책임은 교회 지도자들에게 있고, 그러므로 목사의 건강부터 회복해야 한다는 생각이 전제되었기 때문이다. 이제 여기서 지금까지 다룬 "이러한 교회"의 "이러한 건강"[22]을 근거로 하여, 목회자를 중심으로 본 건강한 교회들의 특징적인 요소들의 대강을 성서적 관점에 비추어 간단히 정리해보고자 한다.

## 1) 목사의 건강한 영성이 건강한 목회를 좌우한다.

어려운 삶의 여정 중에 목회자로서 또는 인간으로서 생기는 문제에 기도와 인내로 하나님만을 전적으로 의지하여 신앙적인 방법으로 극복한 흔적이 있고, 정도 차이는 있지만 성령의 은사, 사역의 순간 순간마다 하나님의 간섭, 하나님의 음성에 귀를 기울이는, 성령과 교통하는 목회자의 모습이 분명하다. 건강한 교회에서는, 모든 종교가 가지는 근본적인 요소인 신비 체험이 기이한 것들로 여겨지지 않는다. 건강한 교회는 이러한 면에서 예수님의 사역과 일치하는 모습을 보여준다.

유대교에는 다른 여러 가지 개혁운동, 메시아 운동이 있었지만 왜, 예수운동만이 그렇게 급속히 사람들의 마음을 사로잡았을까?

---

22) 본인은 지난 10년간 연구소와 학과수업 등을 통하여 건강하게 성장하는 여러 교회들을 연구하여 왔는데 이것들을 참고하여 "건강한 교회"를 정리하자 한다.

살아 계실 때 예수의 사역의 대부분은 기사와 이적이었다. 더 나아가 예수님의 십자와 부활은 불가능한 일을 가능케 하는 하나님의 신비한 능력의 최고 절정이었고, 그 당시 다른 종교들이 보여줄 수 없는 예수의 최고의 가치였음이 분명하다. 예수운동은 무엇보다도 영적 은사 운동으로, 기사와 이적이 중심이 된 운동이었다. 최초의 복음서인 마가에 의하면 예수의 사역은 주로 병자들을 고치는 것이었고, 예수의 주변 사람들의 대부분은 주로 이러한 필요를 느끼고, 이러한 경험을 하나님의 권능으로 이해하였다. 예수의 부활을 통하여 사람들은 하나님의 권능을 깨달았지만, 이미 그들은 그 이전에 예수가 귀신을 쫓는 모습을 통해 당시의 서기관들과는 다른 능력 있는 새 교훈의 권위자임을 알아차렸다(막 1:27). 사람들은 질병만이 아닌 먹는 문제에 있어서까지 예수의 신비한 능력을 체험하였다 (오병이어의 기적). 예수는 병고치고 귀신을 내쫓는 일을 무엇보다도 중요한 사역으로 보았고, 이것을 이어받은 제자들 역시 능력과 권능의 소유자로 소개된다. 마가복음은 그의 복음서를 종합하는 구절로 알려진 3개의 단락(Summarium: 1:32-34; 3:7-12; 6:53-56)의 내용이 예수의 주된 사역이나 사람들의 관심 또한 병 고침이었다는 사실을 분명히 보여준다. 거라사 광인이 기뻐서 데가볼리에 복음을 전한 사실도 병 고침의 소식이요(5:20), 예수가 나타나는 곳마다 병자를 데려온 사람들의 관심 또한 병 고침이었다(6:56). 그런가 하면 베드로와 요한이 성전 미문에서 앉은뱅이를 고친 이야기나 바울이 수많은 기사와 이적을 행했다는 이야기는, 이러한 사역이 예수운동의 핵심가치였음을 분명히 해준다.

46

그러나 건강한 교회는 이러한 영성의 은사를 지나치게 강조하지 않는 모습을 보여주는데, 이는 예수님도 마찬가지다. 예수의 신비스러운 성령의 능력은, 예수의 죽음 후에도 계속적으로 사람들에게 약속된 성령의 임재를 통하여 경험되고, 그런 면에서 예수의 영적 은사운동의 지속성이 유지된다. 예수운동은 이런 면에서 당시의 다른 어떤 운동보다도 민중의 영적 필요성에 입각한 종교적 눈높이에 가장 잘 반응한 운동이었다. 그러나 이러한 예수의 운동은 그들의 눈높이에서만이 아니라 하나님의 눈높이에서 전 세계를 위한 복음의 가치를 보여준 운동이다. 즉, 예수가 예루살렘에서 십자가에 달리는 순간까지 침묵한 하나님에 대한 종교적 진가는, 예수운동이 자신의 부귀영화를 위한 신비적인 주술을 부리는 종교가 아니고, 또 이 세상에서의 정권 창출이나 경제적인 부나 입신양명에 있지 않으며, 하나님의 뜻에 순종하는 평화와 화해임을 선언하는 모습으로 드러난다. 예수님은 자기가 일궈놓은 기사와 이적으로 이 세상에서 사람들의 우상이 되지 않았다.[23] 그는 예루살렘에서 인간으로 죽었고, 하나님께서 부활을 통하여 신이 되게 하셨다. 어쩌면 이것은 건강한 교회의 목회자가 가져야 될, 그리고 조심해야 할 최고의 덕목이 아닌가 생각해본다. 누구도 이 땅에서는 하나님 외에는 신의 위치에 올려져서는 안 되고, 다만 선한 청지기로 주인의 일을 감당하고, 흔적도 없이 사라져야 하는 것이다.

---

23) 박창현, "한국 교회의 '한풀이 목회'에 대한 마가 신학적 고찰," 『치유와 선교』, 선교신학 2000년(제4호) (서울: 한국기독교학회, 2000), 257-285, 특히 280-282.

## 2) 건강하게 성장하는 교회에는 목사의 인격적인
건강함이 있다.

건강하게 성장하는 교회의 교인들과 만나 인터뷰를 할 경우 대개는 그들만이 갖고 있는 목사에 대한 신화들이 있다. "우리 목사는 2% 더 교인에게 잘해주기 위해서 저녁에 목회자 회의를 하다가도 교인이 문을 두드리면 회의를 중지하고 그분 상담을 해서 몇 시간씩 기다리는 덕이 있어요. 목사님이 2%만 더하자는 요구에 저희가 죽어납니다."는 부목사의 볼멘소리는 "예수님께서는 오리를 가자면 십 리를 가래요"[24]라던 제자들의 것과 비슷하지 않은가? 교인을 위하여 헌신하기로 한 목회자의 모습은 "저희가 문제가 있어 게시판에 글을 올리면 목사님께서는 금방 저희 집 문 앞에 서 계십니다"[25]라는 교인의 감동에서 숨길 수 없이 드러난다. 대부분의 목회자가 자기 교인에게는 최선을 다한다. 성실하고, 대화적이고, 온유한 사랑을 품은 모습이다. 자신의 치부까지도 설교에 솔직하게 풀어내는 목사가 오빠 같다는 교인의 이야기는, 진실은 항상 통한다는 것을 목회 현장에서 보게 된다. 문제가 드러난 교회들의 목사에 대한 실망과 좌절이 대부분 목사의 허위 사실 유포나, 비윤리적인 삶과 관계가 있는 것은 당연한 결과라 여겨진다. 아무리 내 속이 다 타들어가도 교인들에게는 이빨을 보이라면서 항상 웃으시는 한 목사님

---

24) 『감리교 백서, 83』. 이것은 동네 어린이 오케스트라사역을 통하여 지역과 함께 건강하게 성장한 고촌감리교회 이야기이다.
25) 앞의 책, 같은 곳.

의 신출내기 목회자들에 대한 당부의 말씀은, 그 목회자가 왜 그렇게 큰 교회를 건강하게 성장시켰는가를 설명해 준다.

건강한 교회의 교인들은 그래서 자기 교회의 목회자를 신뢰하고 존경하며 때론 너무하다 싶을 정도의 섬김으로 이어지기까지 한다. 예수님은 자기의 제자들이 자기를 배반하였을 때, 다락방에 숨어 있던 그들을 찾아가 배반을 나무라기보다는 스스로에게 좌절하고 평안이 깨어져가는 모습을 안타까워하시면서 "내가 원하노니 너희에게 평안이 있을지어다" 힘을 주셨다. 또 다시 부활의 소식을 전하라는 위탁을 받은 제자들이 갈릴리 바다에서 방황하며 낙심해 있을 때, 그들에게 나타나 떡과 고기를 구워 주시면서 선교의 사명을 ("내 양을 먹이라!") 주셨다. 자기를 가장 사랑한다는 베드로가 자기를 모른다고 3번씩이나 부인하였지만 그를 사랑으로 감동시켜, 사역자가 되도록 하셨다.

한국 교회의 문제를 지적하는 여러 설문 중에서 가장 큰 문제로 등장하는 것이 목사에 대한 신뢰도가 떨어지고 있다는 것이다. 이는 왜 다른 교회가 건강하게 성장하는가의 설명이 되기도 한다. 내가 온 것은 섬김을 받으러 온 것이 아니라 섬기러 왔다는 예수의 인격, 그래서 선생이면서도 제자들의 발을 씻겨주셨던 모습은 웨슬리가 말한 "사람들이 설교자를 위해 존재하는 것이 아니라 설교가 사람들을 위해 존재해야 한다"는 것을 평생 실천한 모습에서 다시 찾아지고, 목사는 교인을 위해 존재하기에 개인적인 일을 너무 즐기면 교인들을 위해 힘쓸 여력이 없다고 휴가마저도 집에서 쉬는 목사의 마음에서 다시 느껴지는 것 같다.

### 3) 건강하게 성장하는 교회는 모두 선교지향적이다.

선교는 분명 예수님의 분부에 근거한다. "오직 성령이 너희에게 임하시면 너희가 권능을 받고 예루살렘과 온 유대와 사마리아와 땅 끝까지 이르러 내 증인이 되리라"(행1:8), "그러므로 너희는 가서 모든 족속으로 제자를 삼아 아버지와 아들과 성령의 이름으로 세례를 주고, 내가 너희에게 분부한 모든 것을 가르쳐 지키게 하라 하시니라" (마 28:19-20). 성령을 받으면 땅 끝까지 선교하라는 것이다. 예수의 죽음과 부활 이후 초대교회는 숫자적으로나 지역, 계층 간으로나 급속한 확장과 증가가 일어났음을 보여주고 있다. 예수가 죽은 후에 교회는 마치 도화선에 불을 붙인 것처럼 그를 따르던 제자들에 의하여 급격히 확산되었다. 갈릴리에서 시작된 것이 예루살렘에서부터 출발하여 땅끝까지 퍼져가는 공동체로, 유대인에서 시작된 운동이 헬라 유대인을 넘어 전 세계 이방 민족들에게로, 그리고 계층의 경계를 넘어 식민지의 가난한자 병자들의 모임이 남녀노소와 빈부귀천을 뛰어넘는 모습(갈 3:28)으로 드러난다. 기독교가 선교하는 공동체라는 말은 엄밀한 의미에서 바로 예수의 십자가 사건 이후 한 세대의 사건들에 기인한다. 1세기 말경에 로마의 도미티안 제국이 기독교인들을 말살하기 위하여 모든 공권력을 동원하여 조직적으로 기독교인을 핍박했을 때, 기독교인들은 그러한 죽음의 위협 속에서 수효가 줄어들기보다는 오히려 기하급수적으로 로마의 모든 도시에서 늘어났다. 과연 그 이유는 무엇일까?

이는 예수의 삶과 그가 부활 후 마지막으로 "땅끝까지 선교하라"고 "분부"[26]한 말씀 때문이었다. 신약성서는 이러한 이유를 분명하게 부활한 예수의 생생한 목소리가 담긴 명령형으로 전해주고 있다: "그러므로 너희는 가서 모든 족속으로 제자를 삼아 아버지와 아들과 성령의 이름으로 세례를 주고 내가 너희에게 분부한 모든 것을 가르쳐 지키게 하라. 볼지어다! 내가 세상 끝날까지 너희와 항상 함께 있으리라! 하시니라"(마 28:19-20).[27] 예수의 제자들이라면 누구나 이러한 선교 분부를 진지하게 받아들여서 복음전파의 사역에 동참하였고, "세상 끝날까지… 함께하리라"는 예수의 약속은 임박한 종말에 대한 경고와 함께 선택 받은 복음 사역자들에 대한 축복으로 이해되었다. 그리하여 보내심을 받은 자로서 어떠한 어려움 속에서라도 목숨까지 바쳐서 살 수 있게 하였다. 마가복음은 "또 복음이 먼저 만국에 전파되어야 할 것이니라"(막 13:10)고 하여, 먼저 복음이 모든 백성에게 전파되어야 하나님의 나라가 온다는 선교적 이해를 따라, 당시에 만연된 종말론적인 사상(예를 들면 막 13장, 마 24장 이하, 눅 17과 21장, 그리고 요한계시록 등에서 볼 수 있는) 속에서

---

26) 일반적으로 예수의 선교 "분부"(마 28:20, 내가 너희에게 '분부'한 모든 것을 가르쳐 지키게 하라)를 "명령"이라는 말로 해석함으로써 갖게 되는 선교의 폭력적 이미지를 벗어나려는 의도에서 명령 대신 분부라는 말을 사용하기로 한다.
27) 참조: 박창현, "부활자의 선교 대위임 명령 – 마 28:16-20을 중심하여," 「신학과 세계」 2008년 여름 (통권 제62호) (서울 : 감리교신학대학교, 2008), 370-397.

사람들에게 임박한 종말을 지혜롭게 준비하는 새로운 희망의 상징이 되었다. 가난한 자들과 소외된 자들에게 기사와 이적을 베풀며 하나님 나라의 도래를 선포하던 예수의 삶과 십자가의 불의한 죽음, 그리고 부활과 그 이후의 부활한 자의 "선교 분부"는 유대교로부터 출발한 예수운동에 새로운 전환점과 생기를 불어넣어 준 것이다. 예수 그리스도의 죽음과 부활의 사건은 종교적 신비의 사건으로 세상에서 불의하게 당하는 그들의 고난을 참고 인내하게 만들었고, 미래에 다가올 의로운 승리를 확신할 수 있도록 하였다. 그래서 다가올 마지막 승리의 순간까지 그들에게 주어진 시간에 이 사실을 전하는 것을 교회 공동체의 존재이유로, 그리고 예수 그리스도의 선교 분부로 이해한 것이다.

웨슬리는 "세계는 나의 교구"라는 신념을 가지고 평생을 말 위에서 복음을 전하기 위하여 이동 중인 이미지로 우리 가운데 생생하게 살아 있다. 초기 감리교회의 사역자들이 모두 지역을 순회하며 전도하는 형태를 갖춘 것은, 오늘날 감리교회가 세계적인 교회로 성장한 근원을 분명하게 설명해 준다. 선교하지 않는 교회는 쇠퇴하게 되어 있다. 폴 틸리히는 자기 종교 안에 안주하며 다른 종교화 대화(선교)하지 않는 종교는 타락하고 비본질적인 모습으로 변해 간다고 경고한다.[28] 건강한 교회는 선교하는 교회이고, 선교를 통하여 자기를 확신하게 되고 또 다른 사람, 다른 계층, 다른 민족을

---

28) 폴 틸리히/ 정진홍 역, 『기독교와 세계종교』(현대신서 16, 서울: 대한 기독교서회 1969).

이해하게 되어, 자기를 뛰어넘어 남에게로 나아가 경계를 넓히는 선교를 하게 되고, 그것이 교회의 건강한 성장을 이루게 된다. 그런 면에서 오늘날 교회들이 믿지 않는 사람들에게 선교하는 구도자의 모습이 아니라, 다른 교회의 교인들을 데려오는 프로그램들을 가지고 있는 것은 안타까운 일이 아닐 수 없다. 건강하게 성장하는 교회들은 믿지 않는 사람들의 선교에 관심을 갖는 교회들이다.

우리가 관심을 가질 것은, 신약성서에 나타난 초대교회 성장의 외형적인 특징은, 일반적으로 이를 계승한 것으로 이해되는 오늘날의 교회성장과는 다음과 같은 차이가 드러난다는 점이다.

1) 사도행전에 보면 하루에 3천 명 혹은 5천 명의 사람들이 증가한 것으로 나타나 있는데, 이는 예루살렘이라는 지역교회의 성장을 표현하는 방식으로 오늘날과 같은 단일교회의 성장과는 구별되어야 한다.

2) 처음의 교회는 두세 사람이 함께 모여 기도하는 작은 가정교회에 하나님께서 함께하셔서 성장하는 교회로 출발하였다. 즉, 교회는 건물이나 다른 어떤 것보다 사람이 중심이었다. 그러므로 가정모임 중심의, 건물이 따로 필요하지 않은 "가정교회"였을 것이다. 처음의 교회는 모이고 기도하는 공동체(마 18:19, "진실로 다시 너희에게 이르노니 너희 중에 두 사람이 땅에서 합심하여 무엇이든지 구하면 하늘에 계신 내 아버지께서 저희를 위하여 이루게 하시리라")로서, 사람들이 모여서 기도하는 특징이 있는 공동체였다. 처음 교회의 이런 특징은, 바울이 선교하는 과정에서 쓴 서신들의 표현(롬

16:5)을 통해서도 큰 차이 없이 계승되었음이 드러나고 있다.

교회의 건강한 성장은 내 교회만의 성장이 아닌 전 세상을 염두에 둔 선교사업의 출발점이 나의 교회가 되어, 지역교회와 하나님의 교회의 성장에 기여해야 한다는 생각이 전제되어야 한다.

### 4) 건강하게 성장하는 교회는 제자들을 양성하여 새로운 교회 지도력을 생산한다.

예수는 십자가에 달렸고 12명의 제자를 두었다. 11명의 제자가 예수의 복음을 위하여 목숨을 바쳤고, 그 제자들의 선교가 전 세계를 변화시키는 운동으로 변화되었다. 자연적 교회 성장(NCD)은 성장하는 교회의 첫 번째 조건이 "지도자를 세우는 지도력"이라고 한다.[29] 목사의 일을 위임할 수 있는 제자를 키우는 교회가 성장한다는 것이다. 건강한 교회는 대부분 교인들을 손님으로 만들지 않고, 일정시간의 고된 훈련기간이 지난 후에 주인으로, 사역자로 세운다. 오늘날처럼 이사가 일반화된 한국 교회의 현실에서는, 대부분의 교인들이 3년을 주기로 이사를 하게 되어 교회를 이동한다. 그러나 교회를 떠나지 않는 교인들은 스스로를 그 교회의 사역을 감당하는 사역자로 이해하고 있는 사람들이다. 그런 이유 때문에도 이런 사역자의 교육을 항상 담임목사가 감당을 한다. 한번에 3시간씩 정성을 들여야 하는 제자훈련을 한 주에 3-4개까지 소그룹으로 운영하면서도 그 일을

---

29) Christian A. Schwarz, 22.

끝까지 해낸다. 바로 이것이 "사과나무의 열매는 사과가 아니라 사과나무라는 것"[30]과 같다. 사역자는 자기 제자를 만드는 것이 아니라 사역자를 만드는 것이 최종 목표여야 한다. 제자를 만드는 일은 나의 종을 만드는 것이 아니라 하나님 앞에서의 제자를 만드는 일이고, 이것은 목회자와 같은 교회의 사역자를 만드는 일이다.

예수님은 바로 이 점에서 당시의 유대교 지도자들의 잘못된 지도력을 비판하고 새로운 지도력으로 승리하였다. 당시의 유대교는 도움이 필요한 사람들이 랍비들을 찾아가고 랍비들은 그들을 가르쳐 제자화 하는 형식, 곧 "위로부터 밑으로 내려가는 식"(Top-down)이었다. 그러나 예수의 교회는 "아래로부터의 종교적 개혁"을 단행한 종교운동이었다. 예수님은 그의 제자들을 직접 찾아가서 부르셨다. 예수는 베드로의 장모인 병든 여인을 찾아가고, 회당의 귀신들린 자를 찾아가며, 자기 동네 사람들에게 소외되어 무덤가에서 죽음을 강요당한 거라사의 외로운 귀신들린 사람을 찾아가셨다. 예수는 그들을 제자로 만들고, 그들을 예수운동의 주역으로 삼으셨다. 그는 또한 당시에 소외된 여성들을 받아들여 예수운동의 핵심적인 인물로 운동에 기여하도록 만드셨다(예수의 죽음을 준비하기 위하여 향유를 예수에게 부은 여인, 부활의 소식을 전한 여인 등). 예수의 제자들은 너와 나 같은 부족함을 안고서 부르심을 받는다. 사도 바울이 약할 때 강하게 하시는 하나님을 고백하듯이(고후 12:10; 13:9), 예수는 십자가의 죽음으로 모든 이름보다 높임을 당하셨다. 베드로는 예수에

---

30) 앞의 책, 68.

게서 사탄이라며 혼까지 날 정도로 문제가 있는 제자였고, 선생을 세 번씩이나 모른다고 부인하기까지 하였고, 예수가 부활하고 마지막 만나는 갈릴리의 산 위에서조차 의심을 벗어버리지 못했다. 그러나 예수는 이런 제자들에게 하늘과 땅의 모든 권세를 주어 당신의 사명을 맡겼다(마 28:17, "예수를 뵈옵고… 오히려 의심하는 자도 있더라." 28:18, "예수께서 나아와 일러 가라사대 하늘과 땅의 모든 권세를 내게 주셨으니." 28:19, "그러므로 너희는 가서…"). 그러므로 "성서는 우리에게 완벽하고 잘못이 전혀 없는 모범적인 신앙인을 제시하지 않고 큰 잘못을 저질러 무거운 짐을 지고 가면서 저 깊은 내면으로부터 하나님의 구원을 부르짖는 사람을 제시하고 있다"는 안셀름 그륀[31]의 통찰은, 곧 예수운동을 바라보는 당시 사람들의 감격이었을 것이다. 나와 같은 천한 사람, 보통 사람도 영적인 은사를 받을 수 있고, 하나님 나라의 개혁을 위해 일할 수 있다는 설득이, 예수와 그의 제자들의 삶과 가르침을 통하여 전해졌다고 볼 수 있다. 예수가 죽음을 통해 하나님의 자비를 훌륭하게 보여주었듯이, 예수의 제자들도 그들의 약함을 통하여 하나님의 자비를 알리는 데 아주 적합한 사람들이었다.

이런 면에서 한국교회의 성장에는 이 땅의 서러움 받던 한 많은 사람들의 치유를 통한 전적인 헌신이 이루어낸 결과임을 우리는 기억할 필요가 있다. 천하게 여겨지던 여인들이 개신교 선교 초기에

---

31) 안셀름 그륀/ 마인라드 두푸너, 전헌호 옮김, 『아래로부터의 영성』(서울: 분도출판사 2003), 19.

전도부인, 매서인으로 크게 활동한 것이나, 상놈 출신의 사람들이 교회를 통하여 자기 자신을 극복하고 교회의 성장과 함께 직분의 성장을 경험하여 이를 은혜로 체험한 일은 너무나도 폭 넓게 일어난 현상이었다.[32]

## 5) 건강한 성장을 이루는 교회는 목회자의 신학이 분명하다.

목회자의 신학이 분명하다는 것은 지킬 것과 버려야 할 것이 분명하다는 의미이다. 건강한 교회의 목회자들은 무엇이든지 한 번, 한 가지를 시작하면 꾸준히 꼭 끝까지 해낸다. 그래서 "된다"는 경험이 있고, 그것을 인정받는다. 교인들은 그러기에 장로가 되려면 지켜야 할 것이 있고, 권사가 되거나, 속장이 되려면 전제 조건이 있음을 알고, 어떠한 일이 있어도 그것을 지키기에 혼돈이 안 생긴다. 개척 초기에 만들어 놓은 교회 규칙이 너무 엄격하여 그 법에 따라서는 장로를 못 세워 사랑하는 사람이 떠나는 아픔을 겪으면서도 끝까지 지켜나가기에 교인들에게 신뢰가 생기고 목사의 말에 권위가 있다. 교회 건축을 하든, 행사를 하든, 사역자들이 생각하는 규칙, 지켜야 할 규칙이 있기에 언제든지 누가 하든지 그렇게 하면 된다. 교회는 이렇게 통하는 방법이 있어야 하고, 누가 보더라도 이해가 되고, 누구라도 지킨다는 신뢰가 있어야 한다. 예수님은 자기의 가장 사랑하던 제자, 그리고 금방 하늘나라의 열쇠를 주고 칭찬하던

---

32) 참조: 이덕주, 『한국교회 처음여성들』(서울: 홍성사, 2007).

제자도, 잘못할 경우에는 "사탄아 내게서 썩 물러가라"고 나무라셨다. 건강한 교회는 건강한 신학에 근거해야 한다.

## 6) 건강한 교회는 목사가 자기 목회를 즐기며 열정이 있다.

열정은 긍정적이라는 말과도 통하겠지만, 어떤 일이든 가능하다고 생각하고 긍정적으로 답을 하고 신바람 나게 앞서간다. 그렇게 많은 일, 여러 가지 일을 하지만 스케줄을 만들지 않고도 자연스럽게 잘한다. 바쁘면서도 여유가 있어 보인다. 이런 목사들은 간혹 교회에 오해와 갈등이 있을 때도, 성실과 한결 같은 열심으로 상대를 감동시켜 갈등을 해소하는 것을 자주 본다.[33] 물론 열정이 있다는 것은 목회의 영역이다. 성경 읽기, 제자 훈련, 기도, 심방, 예배와 설교, 새벽기도 등 자기의 영역의 일에 최선을 다하여 교인들로부터 인정을 받는다. 어떤 날은 밤새 온 마을의 병자를 고치고도 이른 새벽에 기도하러 가시고, 아직 때가 낮이니 일하여야 할 때라면서, 갈릴리 지방, 가버나움을 신바람이 나셔서 다니시던 분, 찾아오는 사람들이 너무 많아 식사하실 겨를도 없지만 아버지도 일하시니 나도 일한다면서 곧장 가도 되는 길을 일부러 돌아서 뙤약볕에 수가성의 여인까지 만나는 모습은 어떠한 사역자의 모습이 건강한가를 보게 한다. 내

---

33) 참고: 데니스 비커스, 108-127: 저자는 건강하지 못한 교회는 같은 갈등의 반복이 있다고 보고 이 원인으로 지도자의 스트레스를 든다. 여유를 가지고 해결하는 갈등 해소는 그러므로 건강한 교회의 중요한 요인이 된다.

아버지께서 나를 보내신 것 같이 나도 너희를 보내신다는 예수님의 말씀이 바로 이런 신바람 목회를 일컫는 것이라 여겨진다.

### 7) 건강한 교회, 성장하는 교회는 예배에 감격과 감동이 있다.

모든 예배가 철저하게 준비되고 예행 연습까지 하며, 모든 환경과 순서 음악 등에 세밀한 배려를 한다. 예배시간에 하나님의 신이 운행하신다는 말처럼, 영이신 하나님께 예배하는 자의 신령과 진정이 감동으로 이어지게끔 한다. 대부분 건강한 교회의의 성장을 이루는 목사들은 설교를 잘 하고, 알아듣게 하고, 기억나게 하고, 관심을 갖게 한다. 수고하고 애쓴 것에 감사를 전하고, 동기를 부여하고, 그들의 삶의 문제에 해답을 준다. 치유가 들어 있고, 자기가 아닌 하나님의 말씀을 전하는 자로서 성실하다. 대부분 편안하고 위로가 되는 설교를 하고, 간혹 크게 꾸짖더라도 예배의 마지막은 "그럼에도 불구하고 오늘 오신 여러분, 여기에 오신 여러분에게는 하나님이 은혜를 베푸신다고…" 위로와 권면으로 축복을 맺는 형식이다. 교회를 이동하는 사람들 (집을 이사하는 등의 이유로 긍정적 의미에서의 이동!)의 중요한 척도가 대부분 설교라는 것을 감안한다면, 청중이 알아들을 수 있는 말로 잘 전달하는 목사에게 더 기회가 있음을 인식할 필요가 있다. 그래서 대부분의 목사들이 토요일은 거의 사람들과의 만남이나 모든 일정을 끊고 설교 준비를 위해 전념한다.

## 8) 건강한 교회는 목사의 자기 관리를 통하여 성장한다.

건강한 교회의 목회자는 대부분 남의 목회에 기웃거리는 일이나 필요 없는 일에 시간을 많이 낭비하지 않고, 독학형이 많다. 필요를 느끼면 모든 것을 다 투자해서라도 배워오고, 그러나 그것을 자기에게 맞게 상황화시키는 재주가 있다. 개척해서 20년이 지나도 새로운 교재를 여전히 만들어내고, 한 권의 성경 안에서 항상 새로운 주제와 내용으로 설교가 가능하다. 대부분의 프로그램에 독창성이 드러난다. 이런 자기 관리는 생활과 건강 관리에도 나타나, 규칙적인 운동과 수면시간 등을 철저하게 지키는 것을 보게 된다. 준비되지 않은 많은 목회자들이 프로그램을 찾아 방황하다, 새로운 것을 시도해보는 것이 아니라, 사역지를 교환하여 새로운 사람을 찾아가 옛 것을 마치 새 것처럼 다시 하는 방법으로 해결하는 것과는 대조를 이룬다. 준비되지 않은 장기목회는 건강, 프로그램, 자원의 부재로 위기를 만나게 되어 "건강한 교회"가 흔들리게 된다.

## 9) 건강한 교회, 그리고 성장하는 교회는 자기 교인들의 문화적 · 종교적 정서에 맞는 목회를 하고, 지역에 적합한 목회를 하여, 교인들만이 아닌 지역의 자랑이 된다.

건강한 교회는 교인들이 즐겁게 교회를 다닌다. 이런 교회는 예배시간 30분 전에 본당에 입장을 해야 앉아서 예배를 드릴 수 있다. 출석 교인이 제적교인보다 많다. 교회가 지역을 위해 투자하고 어려운 일에 적극적인 도움의 손길을 편다. 교회의 사업과 본인의 신앙에 대한 투자에 관대하고 포용적이다. 이런 교회는 교회가 선교의 영역에 있어서 대대적인 새로운 시도를 하는 데 관대하다. 지역 주민을 위한 시설을 만들고, 장애인 시설을 개설하거나, 지역의 복지에 참여하는 일에 적극적이다.

## 10) 건강한 교회는 차세대 교육에 열심이다.

10년간 아동교육에 전념한 목사님은 청년교회의 건강한 교회를 10년 후에 경험하게 되고, 어릴 적에 교회에서 감동을 받은 교인은 평생 그 교회를 사랑하고 목사를 존경한다고 한다. 10년간 청년교회에 헌신한 사역자는 든든한 평생 동지를 10년 후에 청장년 교회에서 만나게 되고, 청장년 교회의 교회 헌신도는 청년 때 목사님께 뺏어먹은 라면 그릇과 떡볶기, 오뎅의 숫자에 비례한다고 한다. 어린이가 내게 오는 것을 막지 말라고 하신 예수, 그들을 영접하는 것이 곧 자신을 영접하는 것으로 비유하신 예수의 이야기는 차세대를 위한 분명한 권고가 들어 있다고 이해된다.

# 5. 건강한 교회와 건강한 교회 성장

끝으로 건강한 교회는 어떤 것이고, "어떤 건강"이 교회 성장을 가능하게 하는지를 정리해보자. 크리스천 슈바르츠는 자연적 교회 성장을 말하면서 자연적으로 건강하여 성장하는 교회의 원리란, 성경 말씀처럼 들에 핀 백합화를 지켜보고(마 6:28), 그들이 자연적으로 성장하는 모습 속에서 과학적으로 밝혀낼 수 있는 것 이상으로 그 배후에 함께하시는 하나님의 은혜를 밝혀내는 것과 같다고 한다.[34] 백합이라는 식물이 건강한 성장을 하려면 꼭 필요한 4가지 무기물(질소, 인산, 칼리, 석회석)이 있어야 하듯이, 건강한 교회도 8가지의 중요한 질적 요소(사역자를 세우는 지도력, 은사 중심적 사역, 열정적 영성, 기능적 조직, 영감 있는 예배, 전인적 소그룹, 필요중심적 전도, 사랑의 관계)가 있어야 성장한다는 것이다. 자연적 건강한 성장이란 식물이 이러한 질적인 요소 중 어느 하나가 특별하게 부족하여 성장에 문제가 생겼을 때, 그 부족한 것의 최소치를 집중적으로 채워줄 때 다시 성장이 일어나는 원리에 기인한다는 것이다. 마치 높낮이가 다른 나무로 물통을 만들어 그 통에 물을 부으면 가장 낮은 곳에서 물이 넘쳐서 더 이상 물을 부어도 소용이 없듯이, 교회 성장도 문제가 있는 부분을 치유하지 않으면 성장이 멈추고, 나무통이 새는 곳에 나무를 높게 막아주면 계속 물을 담을 수는 있지만 그 다음 낮은 곳에서 다시 물이 새듯이, 교회 성장도 부족한

---

34) Christian A. Schwarz, 9.

한 가지만을 너무 계속해서 채워주면 이것도 기형적으로 성장하여 성장의 문제를 일으킨다. 건강한 성장은 이 모든 것들 가운데 부족한 한 가지를 계속적으로 연계적 (처음은 인산, 다음에는 석회, 그 다음에는, 칼리 질소 등)으로 채워줄 때, 전체적인 조화 속에서 성장이 가능해진다. 슈바르츠는 교회의 성장을 특별히 "자연적"이라고 표현하는 의미는 어디에 있을까? 자연의 자연적 성장은 인간이 어떻게 해서 이루어내는 것이 아니다. 처음부터 하나님의 뜻에 따라 모든 생물이 성장하게 된 자연적 성장성이, 인간과 환경이 만든 인위적인 "그 어떤 요소"에 의하여 방해를 받아 성장에 문제가 생겼을 때, 그것을 찾아서 제거해 주면 성장이 가능해진다. 교회 또한 그렇게 자연적으로 성장할 수 있다는 것이다. 이러한 자연적 교회 성장 이론은, 지금까지의 다른 어떠한 교회 성장이론보다 여러 가지 면에서 긍정적인 가치를 인정받고 있다. 그런 의미에서 이 이론을 우리의 건강한 교회 성장에 접목시켜 볼 때, 건강한 교회의 성장이란, 앞에서 살펴본 여러 교회와 성장 요인들 모두를 다 갖춘 교회일 수도 있다. 그러나 어느 하나가 부족하여 병들어 가는 교회가 있다면, 그 부족한 부분을 발견하여 스스로 치유할 수 있는 교회가 될 수 있지 않을까? 인간은 태어나면서부터 죽음을 향하여 가듯이 건강한 교회는 항상 어떤 면으로든 세속의 상황에서 병들 가능성을 가지고 있다. 이런 상황 속에서 계속적으로 연약한 부분을 인정하고 그 부분의 건강을 위해서 특별하게 관심을 갖고 노력한다면, 그것이 바로 선교 129년의 한국교회가 미래를 위해 투자해야 할 부분이 아닌가 싶다.

오늘의 교회는 이 사회에서 이미 "가진 자"로 이해되고 비난의 대상이 되어 세금 납부, 폭력적 전도, 세습, 사회 복지, 문화 사역 등에 대해 구체적인 입장을 표명할 것을 요구당하고 있다. 교회는 이러한 문제와 분위기에, 얼마나 적극적으로 그리고 세심하게 대화하고 대처할 준비가 되어 있는가? 스스로 비판적으로 살펴보아야 할 것이다. 이러한 일은, 선한 일을 위하여 존재하는 교회의 사명을 갖고 건강한 이성과 건강한 신학, 그리고 건강한 신앙을 가진 목회자들에게는 자연스럽게 나타나야 하는 현상이지만, 현실은 그렇지가 못한 안타까움이 가슴을 아리게 한다.

다양한 상황에서 다양한 교회가 있지만 왜 어떤 교회는 성장을 하고 어떤 교회는 그렇지 못할까? 왜 어떤 교회는 건강하게 성장하는데 다른 교회는 사회의 지탄을 받는 교회가 될까? 한 가지 이유 때문은 분명 아닐 것이다. 하지만 분명한 것은, 그 교회가 속한 지역에서 부족한 부분이 목사들의 영적 감각에 의해 느껴지고 최소한이라도 채우려는 노력을 한다면 사람들은 거기에 반응해 올 것이라는 생각이 든다(교회는 처한 상황에서 자연적으로 생겨지는 사명에 충실한 것). 상황을 세심하게 읽은 목회자가 끊임없는 자기계발과 노력을 게을리 하지 않으면 열매는 보장된 것이나 마찬가지라고 본다(지역 교회의 사명을 갖고 전문적 목회로 대처하는 기술). 작은 일 같지만, 또 힘이 들고, 끝이 없어 보이지만, 하나님의 명령이기에, 하나님을 바라는 사람들의 간절한 소망이기에, 부족하지만 그들의 문제를 안고 기도하며 영적인 길을 찾아 헤매는 목회자들의 여정이 지나고 보면 건강함으로 가는 하늘사다리가 아닌가 생각해 본다 (성령의 능력을 덧입는 사역).

교인들을 행복하고 기쁘게 하고, 지역이 함께 살 만한 세상으로 만들면서, 하나님으로부터 오는 소명을 확신하며 이 땅에서 철저하게 섬기는 종으로 살려는 목회자의 자세에서 건강한 교회가 나오게 된다. 그러므로 교회의 건강은 그 교회 교인들이 사는 사회의 건강과 무관할 수 없고, "얼마나 많은 교회가 얼마나 많은 교인을 가지고 있는가?"가 교회의 자랑일 수 없다. 중요한 것은, "얼마나 많은 교인들이 세상 속에서 존경 받는 교인으로 정체성을 갖고 살아가는가?"이고, 이것이 교회의 건강지수가 되어야 한다. 그런 의미에서 교회의 건강은 "교회가 얼마나 사람들의 입맛에 맞게 행동하는가?"에 있지 않고, "교회와 교인이 정말로 하나님의 뜻에 따라 사는가?"의 문제이다. 왜냐하면 사람들은 "하나님이 있는가?"를 묻지 않고, "하나님이 우리 가운데에 어떻게 건강하게 존재하는가?"에 관심을 갖기 때문이다. 건강한 교회는 우리의 노력 위에 축복하시는 하나님의 은혜의 결과이다. 그러므로 건강한 교회는 이러한 사실을 깨달은 목회자의 교회와 주변에 대한 계속적인 관찰과 그에 대한 새로운 전략들을 성령의 음성을 좇아 순종하는 가운데 교회와 목회자에게 주어지는 선물이 된다. 이는 농부가 씨를 뿌리고 열심히 일한 후에 잠을 자고 나니 땅이 스스로 열매를 맺었기에 어찌된 영문인지 모르고 감격하는, 하늘나라에 대한 비유를 연상시킨다(막 4:26, 27, "또 가라사대 하나님의 나라는 사람이 씨를 땅에 뿌림과 같으니 저가 밤낮 자고 깨고

하는 중에 씨가 나서 자라되 그 어떻게 된 것을 알지 못하느니라").
그런 의미에서 건강한 교회는 인간의 역사와 문제에 직접 개입하는
하나님의 우발성의 결과로 이해할 필요가 있다. 이 말은 교회란
자연과 인간 어느 것과도 일대 일로 유비시킬 수 있는 것이 아닌,
하나님에 근거하고, 하나님에 의하여 존재하며, 하나님에 의하여
전개되는 하나님의 "교회" 자체로서의 특성을 가져야 한다. 교회는
다만 교회일 뿐이고, 교회는 항상 "그 교회"일 수 없다. 그런 의미에서
교회의 건강성이란, 인간이 역사 속에 개입하는 하나님의 우발성
속에서 항상 새롭게 정의되어야 할 것이다. 이러한 상황에서 우리가
할 수 있는 일이란, 지금 주어진 교회의 사명에 충실하되, 새로운
상황에 열린 체계를 가지고 교회의 다양성 속에서 성서와 정통에
일치되는 교회의 일치성을 유지하는 것이라 하겠다.


## 6. 맺는 말


　지금까지 우리는 한국 개신교의 건강한 교회 모델을 "어떤
한 교회"를 통하여 살펴보았다. 그리고 이러한 건강한 교회의 어떠한
요소가 건강하게 성장하게 하는가를 설명해 보았다. 이 모든 우리의
관심은 사실 지금의 한국 개신교회, 아니 한국 감리교회가 직면한
교회의 존재 위기에 어떻게 이러한 위기를 극복하고 10년 20년
후에까지 존재하는, 그리고 세상을 선교하는 선한 영향력을 발휘하는

교회로 살아남을 수 있겠는가에 놓여 있다. 과연 한국 교회는, 감리교회는, 10년 후에도 존재할 수 있을까? 종교는 진화한다는 말이 있듯이, 지금까지 한국 감리교회의 발전을 볼 때, 어떻게 해서든 살아남기 위하여 수단과 방법을 안 가리는 성장이라면 감리교회의 존재 위기에 대한 우리의 염려는 불필요한 것일 수 있다. 그러나 우리의 고민은, 예수의 사명을 받은 2천 년 전의 교회와 오늘의 교회를 같다고 볼 수 없다는 데에 있다. 교회는 존재하겠지만 과연 어떠한 모습으로 변해 있을까? 이것이 중요한 것이다. 예수와 무관하고, 교회의 역사적 전통과 신학적 전통을 저버리는 교회가 되어서는 안 된다. 현실의 상황을 무시한 채 교리만을 강요하는 교회, 자신을 지키기 위하여 하나님의 사랑의 대상이자 선교의 대상인 현실과는 담을 쌓은 채 자기도취에 빠진 교회는, 더 이상 세상을 이끌어갈 힘을 잃어버린, 세상을 구원하기 위한 예수의 종교가 아니다.

건강한 교회, 건강한 성장을 목표로 삼고 비전과 전략 개발에 부단히 애쓰는 교회와 교단의 노력만이, 10년 20년 후의 건강한 감리교회, 한국교회의 미래를 열어줄 것이다.

# 참고문헌

Bickers, Dennis, *The Healthy Small Church : Diagnosis And Treatment for the Big Issues*. Nazarene Pub House, 2006.

Dever, Mark, *Nine Marks of a Healthy Church*. Good News Pub., 2004.

Ehrich, Tom, *Church Wellness : A Best Practices Guide to Nurturing Healthy Congregations*, Church Pub Inc., 2008.

Getz, Gene A. *Sharpening the Focus of the Church*. Wheaton: Victor Books, 1989

————. *Measure of a Healthy Church : How God Defines Greatness in a Church*. Moody Pub., 2007.

Markham, Ian S. *Liturgical Life Principles : How Episcopal Worship Can Lead to Healthy and Authentic Living*. Church Pub Inc., 2009.

Minear, Paul. *Images of the Church in the New Testament*. Philadelphia: Westminster, 1960.

Schwarz, Christian A. *Die natuerliche Gemeindeentwicklung*. C&P / Oncken, 2000.

Sundermeier, Theo. *Konvivenz und Differenz*. Verlag der Ev.-Luth. Mission Erlangen 1995.

————. Religion, Religionen, in: *Lexikon missionstheologischer Grundbegriffe*. / hrsg. von Karl Müller und Theo Sundermeier, Berlin : Reimer, 1987, 411-422.

Taylor, Allan. *Sunday School in Hd: Sharpening the Focus on What Makes Your Church Healthy*. B & H Pub Group, 2009.

Warren, Rick. *The Purpose-Driven Church*. Grand Rapids: Zondervan Publishing House, 1995.


감리교회. 『성숙과 부흥을 위한 백서』. 장단기발전위원회 편. 서울: 기독교대한 감리회, 2007.

권성수 · 양창삼 · 이만열 공저. 『3인의 석학이 풀어 본 교회성장 이야기』.

기독신문사, 1997.

그륀, 안셀름 · 두푸너, 마인라드/ 전헌호 dur.『아래로부터의 영성』. 서울: 분도출판사, 2003.

김덕수.『건강한 목회를 통해 세워가는 건강한 교회』. 대서, 2008.

김성진.『건강한 교회 Project 30 : 교회컨설팅과 코칭 가이드북 03』. 목회전략 컨설팅연구소, 2006.

김승년.『건강한 교회 이렇게 만든다』. 예영커뮤니케이션, 2004.

매키아, 스티븐 A. / 김일우 역.『건강한 교회를 만드는 10가지 비결』. 아가페출판사, 2000.

박창현. "부활자의 선교 대위임 명령: 마 28:16-20을 중심하여."「신학과 세계」 2008년 여름 (통권 제62호). 서울: 감리교신학대학교, 370-397.

──── . "'선교 포기'의 위기를 극복하기 위한 '다시 드러냄의 선교'."「신학과 세계」 59호, 2007년 6월 여름호. 서울: 감리교신학대학교, 185-213.

──── . "한국 개신교회의 위기에 대한 징후들과 위기 극복을 위한 선교적 제언: ─ 2005년 11월 1일을 기준으로 한 인구 주택 총 조사 보고서를 중심으로."「신학과 세계」 56호. 서울: 감리교신학대학교, 2006년 여름호, 223-249.

──── . "한국 교회의 '한풀이 목회'에 대한 마가 신학적 고찰."『치유와 선교』. 선교신학 2000년 (제4호). 서울 : 한국기독교학회, 257-285.

배종석 · 양혁승 · 류지성 공저.『건강한 교회, 이렇게 세운다: 경영학자 3인이 쓴 건강한 교회 조직 만들기』. IVP(한국기독학생회출판부), 2008.

비커스, 데니스 / 조계광 역.『건강한 작은 교회: 작은 교회를 강하게 하는 13가지 조언』. 생명의말씀사 (2009), 128.

심수명.『상담목회: 건강한 교회를 만드는』. 다세움, 2008.

에버리 덜레스/ 김기철 역.『교회의 모델』. 한국기독교연구소, 2003.

옥한흠 · 김종천 외.『건강한 교회를 세워 가는 리더십 혁명: 흔들림 없는 지도력의 비결』. 서울: 국제제자훈련원(DMI), 2000.

이덕주.『한국교회 처음여성들』. 서울: 홍성사, 2007.

이동원.『우리가 사모하는 건강한 교회』. 두란노, 2006.

이원규.『기독교의 위기와 희망 ─ 종교사회학적 관점』. 대한기독교서회, 2003.

──────.『한국교회 어디로 가고 있나?』. 대한기독교서회, 2004.

정진우.『건강한 교회를 만드는 새가족반』. NCD 2003.

최상태.『21세기 신교회론, 이것이 가정교회다』. 서울: 국제제자훈련원 2009.

틸리히, 폴/ 정진홍 역.『기독교와 세계종교』. 현대신서 16.  서울: 대한 기독교서
　　　회, 1969.

피터 왜그너/ 홍용표 역.『건강한 교회성장을 방해하는 9가지 요인들』. 서울:
　　　서로사랑, 1997.

# 목회의 소명과 목회의 원동력(原動力)


**류자형** 목사

(서울, 강서제일감리교회)


## A. 오늘날 한국 교회 위기의 원인과 목회자 소명

오늘날 한국 교회가 위기에 처한 것은 환경적 여건이나 인구 감소, 다원주의 사고, 자유주의 신학, 인성주의 발달, 세속화 사회 등 여러 가지 원인을 꼽을 수 있다. 하지만 가장 큰 위기의 원인은 목사의 소명의식 부재 때문이다. '목회가 주님의 소명임을 확신하는가?', '목회에 목숨을 걸 만한 가치를 느끼는가?'라고 물었을 때에 확신하며 대답할 수 있는가? 교회는 주님의 몸이며 주님이 머리가 되신다. 주님이 주인이시다. 그러나 현실적으로 교회의 실체는 목사다. 주님이 교회의 주인이시며 그 책임은 목사에게 전적으로 달려있다. 이것은 피할 수 없는 소명이고 변명할 수 없는 책임이다.

왜 그런가 하면, 주님이 "내 양을 먹이라. 내 양을 치라"라고 말씀하시면서 교회의 목회적 사명을 목사에게 위임하셨기 때문이다. 그렇기 때문에 목사의 소명의식의 부재는 목회에 있어서 치명적이다.

## 1. 소명 받은 목회자

교회의 성장 수준은 목사의 크기만큼 성장(성숙)한다. 양적 성장과 질적 성장은 별개의 문제가 아니다. 키가 자라고 인격도 함께 자라나야 하는 것이 맞는 이치이다. 그러나 한국교회는 어떠한가? 키만 성장했지 인격이 성숙하지 못한 문제를 안고 있다. 비대해진 몸속은 병이 들었다. 최근 어느 대형교회의 목사는 대형 교회당 건축계획을 밝히면서 이렇게 말했다.

"제 목회를 마무리하면서 이뤄야 하는 마지막 사역입니다."

과연 이것이 주님이 주신 사명일까?, 목회의 진정한 열매일까?

목회의 출발은 '누가 목사로 부르셨는가?'에서 시작된다. 목회의 능력도 '누가 목회의 능력을 주시는가?'에 근거한다. 사도 바울의 말을 살펴보자.

"예수 그리스도의 종 바울은 사도로 부르심을 받아 하나님의 복음을 위하여 택정함을 입었으니"(롬 1:1).

'부르심을 받아'라는 말은 헬라어로 'κλητος'(클레토스), 즉

'소집되다'라는 말이다. 요한계시록 17장 14절에도 "그들이 어린 양과 더불어 싸우려니와 어린 양은 만주의 주시요 만왕의 왕이시므로 그들을 이기실 터이요 또 그와 함께 있는 자들 곧 부르심을 받고 택하심을 받은 진실한 자들도 이기리로다."라고 말한다. 로마서 1장 1절의 '택정함을 입어'(αφωρισμενος)의 동사 '아포리조'(헬)에 서 온 말이며 '분리되다'라는 뜻으로, 계시록 17장 14절의 '세상으로 부터 부르심을 받다'라는 'εκλεκτοι'(엑클레토이)와 같이 세상과 분리됨을 말한다. 소집권자는 주님이시며, 주님께서 우리를 택하시 고 세상 가운데서 분리하여 부르셨다. 사도 바울은 소명 받은 목사의 전형(典型)적인 자세를 보여준다. 고린도전서 4장 1-5절을 보라!

> "사람이 마땅히 우리를 그리스도의 일꾼이요 하나님의 비밀을 맡은 자로 여길지어다 …그리고 맡은 자들에게 구할 것은 충성이니 라 너희에게나 다른 사람에게나 판단 받는 것이 내게는 매우 작은 일이라 나도 나를 판단하지 아니하노니 내가 자책할 아무 것도 깨닫지 못하나 이로 말미암아 의롭다 함을 얻지 못하노라 다만 나를 심판하실 이는 주시니라 그러므로 때가 이르기 전 곧 주께서 오시기까지 아무 것도 판단하지 말라 그가 어둠에 감추인 것들을 드러내고 마음의 뜻을 나타내시리니 그때에 각 사람에게 하나님으로 부터 칭찬이 있으리라" (고전 4:1-5).

사도 바울의 인생관은 '일꾼'이었다. 그는 '복음의 비밀을 맡은 자'로서 복음을 전하기 위해 살았다. 그는 그의 가치관은 '충성'이었 다. 목숨을 걸고 최선을 다하는 것, 그것이 충성된 자의 자세이다.

그의 성공관은 "나를 판단하실 이는 오직 주님뿐"이었다.


## 2. 왜 소명의식이 흐려지는가?

대부분 처음 목회를 시작할 때는 뜨겁기 마련이다. 주님을 위해 죽을 각오도 한다. 그러다가 언제부터인가 이 의식이 희미해진다. 왜 그럴까? 여러 가지 이유가 있을 것이다. 그러나 대개의 경우는 4가지에 속한다.

첫째, 의심(疑心)의 경우이다. 이 경우에는 뭔가 목회가 잘 풀리지 않는다는 생각이 든다. 또한 소명에 대한 회의가 든다.

둘째, 낙심(落心)하는 경우이다. 목회를 오랫동안 했지만 생각처럼 두드러진 성장이나 변화가 안 보인다.

셋째, 변심(變心)의 경우이다. 목회를 처음 시작할 때의 마음과는 달리 인간적인 생각을 하게 되고, 수단을 강구하기 시작한다. 그런 목회자는 본질에서 벗어나 여기저기 다니며 배워서 잠깐씩 써먹는 프로그램 목회를 하게 된다.

넷째, 상심(傷心)의 경우이다. 이 경우는 순수한 마음, 열정, 소명에 대한 확신이 흐려지며, 복음 전하는 것과 주님을 위해 죽을 각오했던 것을 잊어버린다. 오직 수단과 방법을 가리지 않는 성장주의자가 된다. '모로 가도 서울만 가면 된다'는 식의 생각이 지배하기 때문이다. 이렇게 되면 교회의 양적 성장이 일어난다고 해도 주님의 목회는 아니다.

### 3. 소명의식을 회복해야 한다: 기본으로 돌아가라.

우리는 처음 주님께 받은 소명의식을 회복해야 한다. 다시 원점으로 돌아가는 것을 부끄러워하면 안 된다. 기본보다 중요한 것은 없기 때문이다. 목회는 언제나 주님의 부르심으로부터 시작됨을 잊으면 안 된다. 처음 주님이 나를 부르신 그 현장으로 복귀하여 소명 의식을 회복해야 한다. 도로에서 운전을 하다가 길을 잘못 들었다면 유턴(U-Turn)을 해야 되는가, 아니면 내친 김에 그냥 달려가야 하는가? 돌아서지 않고 달려가는 것은 목회자의 타락임을 명심해야 한다.

모세의 예를 들어보자! 모세는 애굽의 왕자 시절, 자기 민족을 출애굽 시키라는 하나님의 소명을 깨달았다. 그러나 일이 뜻대로 풀리지 않았다. 뭔가 일어나야 할 일이 일어나지 않았다. 답답하고 조급해졌다. 결국 그는 인간적인 혈기로 죄인이 되어 애굽에서 도망친다. 그렇게 광야 40년의 세월이 흐른다. 모세는 소명도 의욕도 다 죽어버렸다. 그런데 하나님이 떨기나무 숲에서 그를 부르신다. 그리고는 그동안 잊어버렸던 소명을 다시 부여하신다. 여기에서 중요한 것은, 하나님은 우리를 향한 자기 계획을 포기하지 않으신다는 것이다. 이런 경험들은 모세뿐만 아니라 아브라함, 엘리야 등에게도 똑같이 적용되었다. 낙심의 현장에서, 소명의식이 희미해졌을 때, 하나님은 그들에게 다시 소명의식을 일깨워주셨다. 이것은 목회자에게 일생을 통하여 반복되어야 하는 필연적인 작업이 되어야 한다. 지금 우리 주위에, 교회 성장이나 세상적인 명예를 얻고 나서 자만에 빠지고 하나님의 소명에서 빗나간 사람들이 얼마나 많은가?

베드로의 경우는 어떠했던가? 베드로는 세 번씩이나 주님을 부인했다. 하지만 그는 곧 통곡하고 회개하였다. 그래서 부활의 현장을 보았고, 부활의 주님을 만났다. 그러나 다시 어부로 돌아갔다. 왜 그랬을까? 이것은 '믿음과 소명은 다르다'는 것을 보여준다. 부활하신 예수님은 베드로가 있는 곳에 찾아오셨다. 바로 베드로의 소명을 회복시켜 주시기 위하여 찾아오신 것이다.

## 4. 목회의 소명은 어디서 오는가?

이 질문은 아주 중요하다. 믿음은 평신도에게도 있고 훌륭한 믿음의 사람들에게도 있다. 그러나 목회는 믿음만으로 되는 것이 아니다. 그러면 목회자에게 가장 중요한 것은 무엇인가? 바로 "주님을 사랑하는 것"이다. 주님을 '믿는 것'과 '사랑하는 것'을 개념이라고 생각한다면 착각이다. 사람의 관계도 아는 사람, 친한 사람, 사랑하는 사람으로 나뉜다. 그것은 별개의 문제인 것이다. 베드로를 찾아오신 주님은 "네가 나를 사랑하느냐?"고 질문하셨다. 단지, 관계 회복을 위해 하신 질문이 아니라, 목회의 사명을 부여하시기 위해 질문하신 것이다. "네가 나를 사랑하느냐?"라고 세 번 동일한 질문을 하시고,

네가 나를 사랑한다면 "내 양을 먹이라", "내 양을 치라", "내 양을 먹이라"고 세 번 말씀하셨다. 베드로를 목회의 사명으로 다시 부르신 것이다. 오늘 우리가 확인해야 할 것이 바로 이것이다. 내가 주님을 잘 알고, 주님을 신실하게 믿지만, 과연, 주님을 사랑하는가? 그 사랑이 '필레오'(φιλέω)적인지 '아가페'(αγάπη)적인지 확인해야 할 것이다.

나의 간증을 조금 하자면, 내가 회사를 그만두고 신학교에 가려고 회사에 사표를 냈을 때, 사장님은 내게 "꼭 목사를 해야 되는가? 훌륭한 장로가 되면 더 좋지 않은가?"라고 물으셨다. 하지만 주님의 일은 여러 가지이고, 교회를 섬기는 일도 여러 가지이다. 장로가 교회를 섬기는 것과 목사가 교회를 섬기는 것은 차이가 있다. 장로는 돈으로, 재능으로, 노동으로 교회를 섬길 수 있다. 하지만 목사는 오직 사랑으로만 가능하다. 주님이 양을 위하여 목숨을 내주신 것과 같은 그 사랑이 목회의 능력이다. 이런 사랑이 어디서 오는가를 확인하는 것은 매우 중요하다. 목회자는 양의 주인이신 주님을 목숨 걸고 사랑할 수 있어야 한다. 그래야 주님의 양을 사랑할 수 있기 때문이다. 이때, 여기서 목회에 대한 주님의 위임이 온다. 주님의 음성이 들리는가? "내 양을 먹이라, 내 양을 치라."

## B. 목회를 가능하게 하는 근본적이고 필수적인 요소

우리는 베드로의 이야기에서 목회를 가능하게 하는 근본적이고 필수적인 요소를 찾아내야 한다. 목회는 주님이 위임(委任, commission)하신 사명이다. 즉, 목회의 동기, 목회자의 임무, 목회의 목표(초점)이다.

### 1. 목회의 동기는 무엇인가?

"요한의 아들 시몬아, 네가 나를 사랑하느냐?"(요 21:15) 식사를 마치신 후 주님께서 시몬 베드로에게 물으신 질문이다. 이것은 주님께서 베드로에게 목회사명을 주시기 전에 물은 질문으로, 우리 역시 분명히 대답할 수 있어야 한다. 자기 이름을 넣고 말해 보라!

"자형아, 네가 나를 사랑하느냐?"

가슴이 뜨거워지지 않는가? 얼마나 오랫동안 이 질문을 잊고 살아왔는지 다시 한 번 깨우쳐야 한다.

그렇다면, 왜 주님은 이 질문을 하셨을까? 베드로에게 묻고 싶은 것이 이것뿐이셨을까? 나 같으면 베드로가 세 번 부인한 것에 대해서 먼저 책망했을 것 같다. 목사가 되려는 사람들에게 신학적 소양, 성경 지식, 인생 경험, 경제력을 확인해야 할까? 결코 그렇지 않다. 오직 하나의 질문이면 족하다. "당신은 주님을 사랑하십니까?"

목회를 시작하려는 목사에게 이 질문보다 더 소중하고 근본적이고 필수적인 질문이 어디 있겠는가? 그러나 오늘날 현실은 어떠한가? 이 질문을 소홀히 하고 목사직을 위임하기에 문제가 생긴다. 신학대학 나오고, 성경 시험 치고, 면접을 적당히 통과하면 다 목사가 된다. '교회만 키우면 목회 성공'이다. '모로 가도 서울만 가면 된다.'이런 의식이 목사들이 갖고 있는 보편적이고 일반적인 마음이다.

내가 교회를 처음 개척할 때의 일이다. 아직 서리 전도사였는데, 당시 지방에서 가장 큰 대형교회 목사가 개척예배에 축사를 했다. 그가 나를 따로 불러 은밀히 하는 말이, "사회에서 유능한 사람이었다고 들었는데 목회도 똑같다. 교회만 성장시켜 놓으면 모든 사람들이 존경하고 고개 숙이는 곳이 교계다."라고 말해주었다. 그 당시 나는 너무 충격을 받았다. 세상의 성공을 뒤로 하고 목회에 뛰어들었는데 다시 세상과 똑같은 방법으로 목회하라는 말이었기 때문이다. 그는 지금도 그런 목회 철학을 가지고 있고, 결국엔 교계에서 큰 문제를 일으키고 있다.

내가 아는 50대 목사 중에 기대가 되는 목사가 있다. 자기는 목회를 하면서 낙심이 되고 힘이 들 때면 조용히 혼자 예배당에 올라가 맨 뒤에 서서 강단에 있는 십자가를 바라보며 눈에서 눈물이 흐를 때까지 서서 조용히 십자가만을 응시한다. 눈에서 눈물이 나오면 다시 내려와서 일을 시작한단다. 앞서 이야기했던 그 목사와 얼마나 비교가 되는가? 과연 누가 참 목사인가?

오늘날, 목회하는 목사에게 가장 절실히 요구되는 질문은 '나는 주님을 사랑하고 있는가?'이다. 우리는 수많은 노력을 어디에 쏟고 있는가? 어떤 이들은 목회를 잘 해보려고 여러 세미나에 참석하고, 어떻게 해야 설교를 잘 할 수 있는지, 어떻게 하면 전도를 잘 할 수 있을지 방법을 모색하기에 바쁘다. 나아가 심방을 잘 하는 것, 인간관계를 잘 맺는 것, 교회 관리를 잘 하는 것들에 관심을 가지고, 어떻게 리더십을 잘 발휘할 수 있을지, 어떻게 교회 건축을 잘 할 수 있을지 등 수많은 질문들을 한다. 그러나 이 수많은 질문들이 '네가 주님을 사랑하는가?'라는 질문에 단호하게 "예"라고 대답할 수 없다면 다 물거품 같은 것이 아니겠는가?

어느 남편이 아내와 대화를 하면서 아내에게 "내가 이 세상에서 제일 사랑하는 것이 당신인 것 알지?"라고 말했다. 그러자 아내는 행복해 하고 즐거워하기는커녕 오히려 시무룩해지더니 남편에게 되물었다. "그럼 두 번째로 사랑하는 것은 뭐예요? 회사에 있는 미스 리예요? 당신 일이에요? 출세예요?" 그러자 남편은 할 말을 잃었다.

바로 이런 상황을 주님과 나의 관계에 적용해 본다면 어떨까? '주님을 첫 번째로 사랑한다'는 말에 주님이 만족하실까? 아니다. 목사에게 주님을 사랑하는 것은 첫째이고 마지막이어야 한다. 이것이 목회의 동기이고 목회의 능력이고 목회의 목적이다. '나는 왜 목사가 되었는가? 나는 왜 목회를 하는가?' 이 질문은 스스로에게 매일, 항상 있어야 한다. 이것이 나를 목사 되게 하는 기초이기 때문이다. 주님을 사랑하기 때문에, 주님을 기쁘시게 하기 위하여, 주님이 원하시는 일이니까 목회를 해야 한다. 이러한 동기에서 떠나면 타락이고 세속화된 것이다. 이러한 사람들은 목사가 소명이 아니고 직업이 되었으니 목회를 그만둬야 한다.

모든 목회의 내용이 '주님을 사랑하기 때문에'라는 동기에서 출발해야 진정한 목회인 것이다. 교회를 섬기는 일도, 교인들을 사랑하는 일도, 설교를 하는 일도, 전도를 하는 일까지도 모두가 주님을 사랑하는 일에서 비롯되어야 한다. 심지어 교회를 건축하는 일도, 총회장이 되고 감독이 되고자 하는 일도 주님을 사랑하기 때문에 해야 하는 것이다. 다시 한 번 강조하지만, 목회 동기와 출발은 오직 '주님을 사랑하기 때문'이다. 가슴에 손을 얹고 진실하게, 양심적으로 '그렇다'고 할 수 있어야 목회가 된다. 그것이 아니면, 자기기만이고 위선에 불과할 뿐이다.

고린도전서 13장 8절에 "사랑은 언제까지나 떨어지지 아니하되 예언도 폐하고 방언도 그치고 지식도 폐하리라"라고 나온다. 모든 것은 다 실패한다. 오직 사랑만이 영원하다. 누구나 다 주님을 사랑할 수 있다. "너는 무슨 재능이 있는가?", "너는 말을 잘하는가?", "너는 지식이 충분한가?", "너는 죄가 없이 순결한가?", "너는 외모에 자신이 있는가?", "너는 건강한가?" 만일 주님이 목사에게 다른 것들을 주문하셨다면 얼마나 난감한 일인가? 하지만 주님은 우리에게 가장 쉬운 것을 요구하셨다. "네가 나를 사랑하느냐?" 우리는 왜 그것을 부담스러워 하는가? 우리는 왜 다른 것을 추구하면서 목회를 하려고 하는가? 주님을 사랑하는 마음만 있다면 누구나 목사가 될 수 있다. 이 한 가지에 집중하고 몰두할 수 있다면 가장 훌륭한 목사가 될 수 있다.

그런데 왜 우리는 주님이 요구하지도 않은 것들에 더 몰두하고 안타까워하는가? 바로 이것이 우리가 처하고 있는 아이러니인 것을 알아야 한다.

바울의 목회와 비교해 보자. 바울의 목회는 주님만을 알고 주님만을 전하기로 했을 때부터 가능해졌다. 주님의 능력이 역사한 것은, 그가 가지고 있었던 다른 것은 다 찌꺼기와 배설물처럼 버렸을 때였다. 가문도, 학벌도, 지식도, 언변도 다 버렸을 때, 주님만 남았을 때부터 주님의 능력이 역사하지 않았는가?

예수님은 베드로와의 대화에서 '필레오'와 '아가페' 두 가지 단어를 차이를 두고 사용하셨다. 예수님은 두 번은 아가페로 묻고 세 번째는 필레오로 물으며 베드로는 세 번 다 필레오로 대답한다. 두 단어의 차이는 굉장하다. 주님께서는 주님을 사랑하는 그 마음을 확인하고 목회의 동기를 부여하시고자 한 것뿐이다. 예수님께서 '네가 나를 사랑하느냐'(아가페로)라고 물으셨을 때, 베드로는 '네, 주님을 사랑합니다.'라고 아가페로 고백하지 못하고 필레오로 사랑한다고 답했다. 여기서 베드로의 대답은 이렇다. "내가 주를 (필레오로) 사랑하는 줄 주께서 아시나이다." 왜 그렇게 대답했을까? 베드로는 세 번이나 주님을 부인했기 때문이다. 예수님이 십자가에 달리시기 전에 한 베드로의 장담은 어떻게 되었는가?

"모두 주를 버릴지라도 나는 결코 버리지 않겠나이다."(마 26:33)
"내가 주와 함께 죽을지언정 주를 부인하지 않겠나이다."(마 26:35)

사랑은 서로 통하는 것이 아닌가? 사랑은 말로써는 확인되는 것이 아니다. "내가 주님을 (필레오로) 사랑하는 줄 주님께서 아시나이다." 주님이 다 알고 물으시는 것이 아닌가? (아가페) 사랑은 다짐한다고 되는 것도 아니고 입으로 말한다고 되는 것도 아니다. 오히려 베드로의 이런 "필레오로밖에 사랑하지 못했습니다"라는 고백이 더 진실한 사랑이 아닌가? 우리들도 이런 겸손한 자세로 목회를 하면 되는 것이 아닌가? 정말 사랑하는 부부라면, "당신 나를 사랑해요?"라고 물을 필요가 없다. 이것은 매우 어리석은 일이다. 이미 서로 알고 있으니까. 그런데 왜 예수님은 베드로에게 세 번이나 물으셨는가? 그것은 목회의 기본을 강조하기 위해서이다. 과거의 실패나, 과거의 성공이 문제가 아니라, 현재의 상태가 중요하기 때문이다. 예수님은 베드로에게 세 번씩이나 물음으로써 "내가 지금 주님을 사랑하고 있는가?"에 집중하게 하셨다.

## 2. 목회의 임무는 무엇인가?

"누구든지 하나님을 사랑하노라 하고 그 형제를 미워하면 이는 거짓말하는 자니 보는 바 그 형제를 사랑하지 아니하는 자는 보지 못하는바 하나님을 사랑할 수 없느니라 우리가 이 계명을 주께 받았나니 하나님을 사랑하는 자는 또한 그 형제를 사랑할지니라" (요일 4:20, 21).

위에서 말한 것처럼 주님을 사랑하는 구체적인 실천을 목회현장에서 해야 한다. "내 양을 먹이라", "내 양을 치라"고 말씀하신 주님을 향한 사랑의 구체적 실천은, 사람을 사랑하는 다음과 같은 목회의 임무에서 실현되어야 한다.

첫째, 목회는 섬김이다. 내가 주님께 받은 그 사랑으로 사랑하며 섬겨야 한다. 주님을 사랑한다면 주님이 사랑한 모든 사람들을 사랑해야 하는 것이다. 주님이 그의 피값을 주고 산 모든 그의 자녀들을 사랑하며 섬겨야 하는 것이다.

둘째, 목회는 주님의 마음으로 양을 돌보는 것이다. 주님은 다음과 같이 말씀하셨다: "나는 선한 목자라 나는 내 양을 알고 양도 나를 아는 것이 아버지께 서 나를 아시고 내가 아버지를 아는 것 같으니 나는 양을 위하여 목숨을 버리노라"(요 10:14, 15). 참 목자의 마음은 양을 위하여 목숨까지 버리는 주님의 마음이다. 주님의 마음으로 양을 돌보지 않으면 삯군 목자가 된다. 그러기 위해서 주님의 눈으로 양을 보는 눈이 있어야 한다.

'먹이다'는 헬라어로 'βοσκω'(보스코)이다. 이는 목자가 양을 "먹이다. 돌보다. 지키다"는 뜻을 가진다. '치다'는 헬라어로 'ποιμαιν ω' (포이마이노)이다. "다스리다, 감독하다"는 뜻으로서 먹이고 (feeding), 돌보고(caring), 이끌고(leading), 관리하는(controling) 뜻을 가진다. 우리는 주님을 사랑하기 때문에, 그리고 주님이 이 일을 나에게 위임하셨기 때문에 해야 한다. 주님을 사랑하는 그 마음자세로 일을 해야 한다. 그래야 참 목자의 사명을 감당하는 것이다. 양의 털을 깎아 먹으려고 먹인다면, 목회는 사업(business) 이 되고, 교회는 회사(company)가 되고, 목사의 일은 경영

(management)이 된다. 목사는 목자(shepherd)가 아니라 사장 (manager)이 된다.

셋째, 목회는 희생의 삶이다. 목회는 성직(聖職)인가? 목회는 일(works)이 아니라 삶의 방식(life-style)이다. 목회의 삶은 성숙과 희생으로의 부름이다. 다음의 말씀을 보자. "내가 진실로 진실로 네게 이르노니 네가 젊어서는 스스로 띠 띠고 원하는 곳으로 다녔거니와 늙어서는 네 팔을 벌리리니 남이 네게 띠 띠우고 원하지 아니하는 곳으로 데려가리라 이 말씀을 하심은 베드로가 어떠한 죽음으로 하나님께 영광을 돌릴 것을 가리키심이러라 이 말씀을 하시고 베드로에게 이르시되 나를 따르라 하시니"(요 21:18, 19).

목회의 보상이 먹고 사는 일인가? 목회의 대가(cost)는 희생일 뿐이다. 베드로의 결국은 무엇이었는가? 주님이 예고하신 대로 죽음 (희생)이었다. 내가 원하는 일을 이루는 것이 아니라, 내가 원치 않는 길을 가는 것이다. 그 결국은 죽음이다. 젊은 목회자의 경우, 비전과 의욕으로 일한다. 그러나 목회를 하면 할수록 결국에는 '날마다 죽는 일이 목회구나!' 하고 깨닫게 된다. 이 세상에서 무슨 영광을 받으려 한다면 벌써 진정한 목회가 아니다. 영광은 하늘에서, 목자장 되신 주님으로부터 받을 것이다. 그런데 이 세상에서 영광 받으려는 목사들이 왜 그리 많은지 모르겠다. 그것은 목사의 타락이요 교회의 세속화가 아닌가?

넷째, 주님을 따르는 것이다. 예수님께서는 "나를 따르라!"(요 21:19)고 말씀하셨다. 목회의 궁극적인 목표는 "주님을 따르는 것"

즉, 주님의 길을 가는 것이다. 왜냐하면 예수님께서 참 목자장이시기 때문이다. 예수님께서 그의 일을 우리에게 위임하셨기 때문이다. 우리는 항상 '먹사'가 되지 않게 주의해야 한다. 우리는 '목사'인가? '먹사'인가? "너희 중에 있는 하나님의 양 무리를 치되 억지로 하지 말고 하나님의 뜻을 따라 자원함으로 하며 더러운 이득을 위하여 하지 말고 기꺼이 하며 맡은 자들에게 주장하는 자세를 하지 말고 양 무리의 본이 되라. 그리하면 목자장이 나타나실 때에 시들지 아니하는 영광의 관을 얻으리라"(벧전 5:2-4).

휴대폰 자판을 보면, 바로 옆의 모음 글자가 'ㅗ' 옆에 'ㅓ'였기 때문에 오타가 났던 적이 있다. 문자메시지를 쓰고 나서 이름을 쓴 뒤 '목사'라고 찍는다고 하는 것이 '먹사'라고 찍혀 나왔다. 가슴이 뜨끔해졌었다. '목사'가 '먹사'가 되는 것이 순간이더라.

## 3. 목회의 목표(초점)는 무엇인가?

"이에 베드로가 그를 보고 예수께 여짜오되 주님 이 사람은 어떻게 되겠사옵나이까? 예수께서 이르시되 내가 올 때까지 그를 머물게 하고자 할지라도 네게 무슨 상관이냐 너는 나를 따르라 하시더라"(요 21:21, 22).

위의 말씀에서 보듯 베드로의 관심은 다른 제자인 요한에게 있었다. 예수님은 "내가 올 때까지 그를 머물게 하고자 할지라도 네게 무슨 상관이냐 너는 나를 따르라"(요 21:22)고 대답하셨다. 목회에서 비교의식은 금물이다. 시기와 다툼이 여기에서 생긴다. 우리는 각자가 주님께 받은 소명대로 순종하면 된다. 큰 교회, 작은 교회, 농촌 목회, 도시 목회라는 구분도 없애야 한다. 이런 비교가 무슨 도움이 될까 싶다. 목회에 성공이 있는가? 있다면 주님 앞에서 순종하고 충성하는 것뿐이다.

## 결어: 각자의 부르신 자리에서 부르심에
## 충성하라!

이것이 목회자의 목표이고 우리가 맞추어야 할 목회의 초점이다. "나를 따르라!"(Follow Me) 주님의 이 부르심이 들리는가? 나 자신에게 한번 물어보자. 무엇을 바라보고, 무엇을 추구하고, 무엇을 위하여 목회를 하고 있는가? 혹여나 돈과 명예, 지위, 쾌락을 바라보고 추구하는가? 나를 따르라고 부르신 주님이 목적이고, 방법이고, 능력이고, 주님만이 모범이시다. 우리는 다시 기본으로 돌아가야 한다. 부르심을 받은 자리에서 부르심을 확인해야 하며 그 부르심에 충성하고 있는지 점검해야 한다. 또한 무엇보다 "주님을 사랑하고 있는가?" 물으라! '주님을 사랑하는 것'이 당신의 모든 일에 동기가 되고 목적이 되고 있다면, 그리고 이것만 확실하다면 아직 당신은 목사의 자격이 있다.

# 사람의 생각으로는 헤아릴 수 없는 그 길

## 손웅석 목사

### (평택, 기쁜감리교회)

## 하나님의 부르심과 목회의 시작

나는 불신 가정에서 혼자 처음 교회를 다녔다. 중학교 1학년 때부터 교회를 다녔고 고등학교 2학년 때 예수님을 만나 예수님께서 나를 위해 죽으신 것을 깨닫고 감격했다. 그 해에 예언을 하시는 분이 집회에 오셔서 내게 "하나님의 사랑과 관심으로 별처럼 존귀한 사람이 되겠다"며 안수해 주실 때 나는 참 기쁜 마음으로 주님을 위해 평생을 살겠다고 다짐했다. 그리고 고등학교 3학년이 되어 개인적으로 신유 체험을 하면서 하나님의 소명에 대한 확신을 세우게 되었다.

고 3 겨울 방학 때였는데, 어느 날 갑자기 눈이 아프기 시작하여 병원을 다니게 되었다. 병원에서는 뜻밖에도, 고칠 수 없는 병이라고 하였다. 그 후 한 달 반을 나는 외출도 못하고 꼼짝없이 누워 있었다. 그때 하나님께서 나에게 주신 소명이 내 안에서 희미해진 사실을 돌이켜 보게 되었다. 그 문제를 두고 기도하며, 하나님께서 만일 나를 진짜로 부르셨다면 내 눈을 고쳐 달라고 간절히 매달려 기도했다. 그러자 그 다음날 새벽, 주님께서 기적 같은 방법으로 나의 병든 눈을 고쳐주시는 특별한 체험을 통해 "하나님께서 나를 정말 부르신다"는 확신을 얻게 되었다.

1988년 학부를 졸업하고 목회지를 찾고 있었다. 지금도 그렇거니와 내가 졸업했던 그 당시에도 목회 자리는 쉽게 찾을 수 없었다. 더욱이 양가에 목회자가 하나도 없는 나 같은 사람에게까지 그 차례가 오기는 더 더욱 어려워 보였다. 나는 그 해 2월에 졸업을 했는데 10월까지 자리가 없어서 근 여덟 달 동안 실업자처럼 지냈다. 봉사하던 교회에는 2월에 단독목회를 나간다고 이미 인사를 드리고 나왔던 상태였다. 그런 이유로 당시에는 정말 막막하고 초조했던 것 같다. 목회지를 위해 늘 기도는 하고 있었지만 10월로 접어들어서는 더 더욱 간절하게 진심으로 기도하는 마음이 생겼다. "주님, 저를 이렇게 신학하게 하셨는데 이제 제가 어디서 목회를 해야 합니까?"

기도를 한 지 며칠 후 학교를 가고 싶은 마음이 생겼다. 학교로 올라가는 중학교 운동장에서 함께 공부했던 동기 형을 우연히 만났다. 그 형은 나를 보자마자 "개척을 했느냐"고 물었고 "아직 구하고 있는 중"이라는 내게 형은 당시 송탄에 있는 교회 개척 자리를 하나 소개해 주었다. 진지한 마음으로 기도를 시작하고 난 뒤 학교 운동장에서 우연히 만난 동기 형으로부터 교회를 소개받았으니 하나님의 뜻인 것 같았다.

소개받은 교회를 더듬더듬 찾아갔다. 그 교회의 선임 목회자는 자기 가족들을 중심으로 3년 정도 목회를 하였고, 본인이 유학을 떠나면서 가족들은 본래 섬겼던 교회로 내보내고, 만약 후임자가 구해지지 않으면 교회를 폐지하는 것으로 결정을 내리고 있던 참이었다. 첫날, 추운 겨울 수요일에 교인 하나 없는 지하 교회를 하루 종일 혼자 떨면서 지킨 후에 집으로 돌아오던 나는 절대 다시는 가지 말아야겠다고 다짐을 했었다. 그러면서도 다른 한편으로는 그 사역을 위해 기도하고 싶은 마음도 같이 생겼다. 이렇게 3일 정도 기도를 하였는데, 하나님께서 마침내 요한복음 4장 35-38절의 말씀을 주셨다.

> "너희는 넉 달이 지나야 추수 때가 된다고 하지 않느냐? 그러나 나는 너희에게 말한다. 눈을 들어서 밭을 보아라. 이미 곡식이 익어서, 거둘 때가 되었다." 추수하는 사람은 품삯을 받으며, 영생에 이르는 열매를 거두어들인다. 그리하면 씨를 뿌리는 사람과 추수하는 사람이 함께 기뻐할 것이다. 그러므로 '한 사람은 심고, 한 사람은 거둔다.'는 말이 옳다. 나는 너희를 보내서, 너희가 수고하지 않은 것을 거두게 하였다. 수고는 남들이 하였는데, 너희는 그들의 수고의 결실에 참여하게 된 것이다."

이 말씀을 읽는데 왠지 모르게 나의 마음에 그간 나의 기도에 대한 하나님의 응답으로 깨달아지면서, 나를 목회자로 부르신 소명에 대한 확신이 들었다. 내 눈에는 아무것도 보이지 않지만 하나님께서 무엇인가 거둘 게 있으셔서 그곳으로 나를 보내신다는 확신이 들었다. 결국, 송탄에 내려가 개척교회 아닌 개척교회를 시작했다. 사실 내가 한 개척의 경우는, 개척하는 목회자로서 가장 좋지 않은 사례라고 본다. 무연고지에 개척 인원은 나와 아내밖에 없었다. 후원금과 후원교회도 없었다. 나이도 어렸고 학교를 졸업한 지 얼마 되지 않아 목회에 대해 아는 것도 없었다. 그리고 교회는 지하실 20평에 월세 10만원이었다.

교회로 이사를 한 첫 날 가정예배를 드렸는데, 아내와 함께 엉엉 울었다. 얼마나 처량하고 막막한지, 도대체 하나님께서 아무도 없고 모르는 곳에 왜 나를 보내셨고, 내가 왜 이런 열악한 곳에 왔는가를 생각하며 크게 울었다. 그러나 낙심만 하고 있을 수는 없었다. 분명한 점은, 목회자는 낙심한 상황에서도 기도를 해야 한다는 것이다. 내가 자랐던 교회가 기도를 열심히 하는 교회여서 나는 기도의 연단을 많이 받았었다. 교인은 하나도 없어서 막막하기 그지없었지만 하나님께서는 내게 기도할 마음을 허락해 주셨다.

나는 매일 밤 12시에 혼자 교회에 갔다. 그리고 지하 교회에서 새벽까지 기도를 했다. 그런데 기도하다 졸리면 자고, 자다가 깨어 기도하기를 반복하면서 특별한 영적 체험을 했다. 한 달 정도 기도하고 있을 때에 지하 공간에서 이상한 현상이 나타났다. 예배실 앞

강대상 양쪽에 백열전구가 있었는데 스위치를 켜기만 하면 전구의 필라멘트가 끊어지는 것이었다. 처음에는 전기가 불안정하다고 여기고 전구를 교체했다. 그러나 전구를 교체하고 스위치를 켜면 다시 필라멘트가 끊어졌다. 나중에는 기도를 하러 강대상에 올라가 엎드리는 순간 뒤에서 "펑" 하고 전구가 터졌다. 전구가 터지면서 파편이 내 등 뒤에 떨어지는데, 이상하게 섬뜩했다. 그래도 전기 문제라고 여기며 무시한 채 기도를 드렸다.

그러던 중 새벽 무렵에 교회 문이 열리는 소리가 났다. 아무도 없는데 누군가 새벽 기도를 하러 왔나 싶어 반가운 마음에 뒤를 돌아봤는데, 문은 열려 있지 않았고 사람도 없었다. 내가 잘못 들었나 싶어 다시 엎드려서 기도하는데, 이번에도 문이 다시 열렸다. 그리고 사람이 앞으로 걸어 나오는 느낌이 들었다. 그리고 그 사람이 내 뒤에 와서 서 있다는 느낌이 들었다. 그러나 나는 그 순간 돌아볼 수가 없었다. 시커먼 것이 서 있다는 것과 ,알 수 없는 이 정체가 내 뒤에서 나를 내리누르는 것처럼 느껴졌다. 가위에 눌린다는 표현이 이런 것이겠거니 생각했다.

기도를 했지만 기도가 입 밖으로 나오지 않았다. 마음으로는 기도하고 있었으나 구체적인 기도를 할 수 없어서 "예수님, 예수님" 하며 주님의 이름만 불렀다. 그렇게 한참을 씨름했는가 싶은데, 어느 순간 입 밖으로 예수님이 터져 나오면서 신비한 뜨거운 경험을 했다. 호랑이와 같은 맹수가 꼬리를 감추면서 내 앞에서 '휙' 하고 도망가는 환상을 보았다.

그 환상에 대해 기도하고, 훗날 전임 목사님과 교회에 대해 대화를 하면서, 지금까지 그 교회를 어렵게 하던 악한 영이 이 교회를 떠나갔다는 확신을 갖기에 이르렀다.

이런 일이 있은 얼마 후에 하나님께서는 내게 사람을 만나게 해 주셨다. 교회 사물함을 정리하다가 우연찮게 그 교회에 잠깐 다녔던 교인의 전화번호를 발견했다. 그 교인과 연락이 닿아 우리 내외가 심방을 했고, 그것이 계기가 되어 그는 우리 교회에 다시 나오게 되었다. 이 사람이 내가 그 교회에 가서 얻은 첫 번째 교인이었다. 그는 얼마 전까지만 해도 공군 중사였으나 부대에서 개인적으로 뜻하지 않은 큰 어려움을 겪고 매우 힘들어 하고 있었다. 영적으로나 심적으로나 굉장히 갈급해 하고 있었던 차에 내가 전화를 한 것이다.

하루는 그에게 "나는 교회를 개척한 상태이고 당신은 큰 사고를 겪었으니 함께 기도를 하자"고 제의했는데, 그는 그것을 흔쾌히 받아들였다. 우리 둘은 밤마다 12시에 모여 함께 기도를 했다. 지금 같았으면 방바닥에 방석을 놓고 마주앉아 했었을 것이다. 그러나 전도사가 무엇인지도 잘 모르는 때여서 난 강대상에 올라가 기도하고, 그는 예배실 바닥에 혼자 앉아 기도를 했다.

그는 기도를 할 줄도 몰랐고 찬송도 잘 몰랐다. 그가 성경 본문을 못 찾으면 내가 강대상에서 내려가서 찾아주고 다시 올라오기도 했다. 그와 기도를 하면서 어려움을 당한 그에게 안타까운 마음이 커서 그를 붙잡고 얼마나 간절히 기도했는지 모른다. 비록 한 사람이었지만 그를 붙잡고 통성으로 기도했다. 그렇게 한 달쯤 되니까 그의 입에서 기도가 터지기 시작했다. 성령 은사 체험을 하는데, 방언뿐만 아니라 예언의 은사까지 받았다. 그리고 그 사람에게 큰 변화가 일어났다. 성령 세례를 받고 성령의 은사를 체험하면서 한 사람이 바뀌게 된 것이다.

주변 사람들은 그가 술을 좋아하고 놀기 좋아하는 사람이라는 것을 너무나 잘 알고 있었다. 그런데 어느 날 성령 체험을 한 뒤 완전히 바뀐 것이다. 그는 마음이 뜨거워지자 자발적으로 전도를 하러 다녔다. 내가 전도를 하라고 한 적도 없는데, 친구를 찾아가서 전도를 하기 시작했다. 더욱이 예언의 은사를 받았기에 친구를 찾아가 기도하면 하나님께서 그 가정에 필요한 말씀을 주셨다.

그는 어느 날 저녁 시간에 한 가정을 방문하여 전도를 하게 되었다. 저녁밥을 먹으려는 부부에게 "먹는 것이 중요한 것이 아니다"고 하면서 "함께 기도를 하자"고 제안을 했고, 그들과 기도하면서 하나님으로부터 받은 성경 말씀을 펼쳐서 부부에게 보여주었다. 그러나 교회를 다닌 지 얼마 되지 않았기 때문에 그는 하나님께서 주신 말씀을 해석할 능력이 부족했다. 그래서 그는 전도 중에도 수시로 전도사인 내게 전화를 걸어 자기가 펼쳐든 그 말씀이 무슨 뜻인지 "말씀 해석"을 부탁하곤 했다. 그가 "전도사님, 제가 친구 집에 왔는데 하나님께서 이런 말씀을 주셨습니다. 이 말씀이 무슨 뜻입니까?" 하고 내게 물으면, 나는 그 말씀에 대해 얘기를 해주고, 그러면 그는 내게 들은 말씀을 다시 부부에게 전해 주는 식이었다.

그가 그 날 펼쳐든 말씀은 이사야서에 있는 말씀이었다. 전화로 말씀을 해석해 달라는 부탁을 받고 "돈을 너무 좋아하지 마라. 돈을 너무 의지하지 말고 하나님을 의지해야 한다"는 말씀이라고 말해 주었다. 그가 그 부부에게 내 말을 그대로 전해주자 그 내외는 깜짝 놀라는 표정을 감추지 못했다. 결혼을 한 후 적금을 붓기 시작했는데 그날이 바로 만기가 되어 적금을 탄 날이었다. 하루종일 그 돈을 가지고 무엇을 할지 고민하면서 좋아하고 있었는데, 친구가 찾아와서 기도를 하고 나서 어디엔가에 전화를 하더니 느닷없이 "돈 좋아하지 마라, 하나님을 잘 믿어야 한다"고 말하니 놀랄 수밖에 없었던 것이다.

그는 이런 식으로 일 년 동안 열 명을 전도하였고, 다른 교회로 보낸 사람까지 합치면 열세 명 정도 전도한 것 같다.

그가 전도를 한 세 가정을 데리고 성경공부와 기도회를 시작했다. 이 사람을 통하여 전도를 받은 사람들에게는 특별한 경험들이 있었다. 자기들을 전도한 이 사람에게는 "뭔가 다른 무엇이 있다"는 생각들을 가지고 있었다. 이 사람을 변화시킨 하나님, 이 사람이 예언한 것에 대해 궁금증이 있었던 사람들에게 나는 매일 저녁 성경공부를 하자고 제안했다. 처음 교회에 나오는 사람들이었지만 이들은 6개월간 매일 저녁마다 성경공부와 기도회를 하면서 복음에 의한 변화를 경험하게 되었다. 이렇게 그때 은혜를 받은 교인들이 지금 우리 교회에서 권사로 헌신하고 있다. 교회는 그 사람을 중심으로 조금씩 자리를 잡게 되었다.

첫 해 첫 번째 교인이 열 명 정도 전도를 했지만, 그렇다고는 해도 교회가 기대한 만큼 빠르게 자라지는 않았다. 첫 해 열댓 명의 교인들이 더 늘어나지 않고 이삼 년 이상 갔던 것 같다. 나는 그 사람들에게 계속 성경공부만 시켰다. 계속 늘어나는 모습이 보이면 좋겠는데 그렇지 않아 굉장히 낙심이 되었다.

이때 깨달은 것은, 우리가 목회를 하면서 싸워야 할 것 중에 하나는 바로 '낙심'이라는 것이었다. 개척 초기에는 실망할 일들이 너무 많다. 실망이 거듭되면 낙심이 크게 생긴다. 그러나 이런 낙심할 상황에서 다스려야 할 것은 우리의 믿음이다. 그것이 기본이지만, 잊어버리기 십상이다. 작은 일에도 실망하고 낙심할 때가 너무 많다. 우리 하나님에 대한 믿음, 부활하신 주님에 대한 믿음, 전능하신 하나님에 대한 믿음, 죽은 자를 살리실 수 있는 하나님에 대한 믿음, 없는 것을 있게 하실 수 있는 하나님에 대한 믿음을 붙잡아야 한다.

목회자들이 믿음에 대해 말씀은 많이 전하면서도 정작 교인들보다 믿음 없을 때가 많다. 예수 그리스도를 믿음으로 구원을 받은 믿음도 중요하지만 하나님의 능력과 역사를 믿는 믿음도 사용할 줄 알아야 한다. 다른 사람들과 마찬가지로 낙심할 상황에서 낙심하면 아무것도 이룰 수 없다. 예수님은 "네 믿음대로 되리라"는 말씀을 자주 하셨다. 낙심하면 낙심대로 된다. 아무것도 없어도 있게 하실 수 있는 하나님에 대한 믿음, 어려움을 돌파해 낼 수 있는 능력의 하나님에 대한 믿음을 가지고 개척의 어려움을 이겨 나가야 한다.

그런 과정 속에서 첫 번째 예배당을 건축할 상황이 생겼다. 지하교회에서 2년째 되는 해에 기도원에 들어갔다. 그때 하나님께서 기도 중에 예배당 건물을 보여주셨다. 특별한 환상이었다. 그 환상을 놓고 기도하는데, "하나님께서 우리에게 예배당을 지으라고 하신다"는 확신이 들면서 마음이 뜨거워졌다. 그래서 그 확신을 가지고 교회로 돌아와서는 그 얘기를 하려고 했다. 그런데 예배당에 앉아 있는 교인들은 열세 명이었고, 교회 다닌 지는 이제 1년, 길어야 2년이었으며, 모두 가난한 사람들이었다. 그 교인들에게 하나님께서 우리에게 예배당을 지으라고 하시니 예배당을 짓자고 선포하기가 너무 어려웠다. 그렇게 전했다가는 모두 도망갈 것 같았다. 그래서 아무 일도 없었던 것처럼 입을 다물었다. 그러자 진짜 5개월 동안 교회에서는 아무 일도 일어나지 않았다.

교회는 일이 일어나야 한다. 교회는 살아계신 하나님께서 역사하시는 곳이기 때문에 일이 일어나야 한다. 그런데 5개월 동안 한 사람도 전도되는 사람이 없었고, 아무 변화도 일어나지 않았다. 5개월 후 어느 토요일 주일 설교 본문도 나왔고, 주보도 다 나온 상태였다. 설교 준비를 하는데, 준비가 안 되는 것이었다. 내일이 주일인데 밤 11시가 되도록 설교가 끝내지지 않았다. 그래서 교회에 가서 엎드려 기도했다. 그때 하나님께서 역대상 29장의 말씀을 주셨다. 다윗이 죽기 전에 솔로몬과 이스라엘 백성들에게 유언처럼 말한 대목이었다. "성전 건축을 위한 준비는 왕인 다윗이 모두 마쳤으니 이제 너희들은 용기를 내어 성전 건축을 시작하라"는 말씀이었다. 나는 너무 놀라서 기절하는 줄 알았다. 그 말씀은 분명 하나님께서 주신 것이었다. "교회 건축에 대한 모든 준비는 하나님께서 다 해놓으셨으니 너희들은 이제 예배당을 지으라"는 명령이었다. 그래서 그 말씀으로 본문을 바꿔 준비하고 주일 설교를 했다. 그러자 교인들 모두 "아멘"으로 화답했다.

모두가 아멘으로 화답을 했으므로 인원은 적었지만 예배 후 바로 건축위원회를 조직하고, 예산을 세우고, 기도를 하고, 건축하기로 했다. 그때 우리가 가지고 있었던 교회 재산은 월세 보증금 500만원과 은행에 예치해 둔 700만원, 합쳐서 모두 1,200만원이 전부였다. 그리고 교인은 열세 명, 건축 예산을 1억 원 세웠는데 교인들이 가지고 있는 재산을 모두 합쳐도 1억 원이 안 되었다. 본인 소유로 집을 가지고 있었던 가정은 두 집이었고, 거기엔 전도사인 나도 포함되어 있었다. 나머지는 모두가 전세 아니면 월세였다. 다 팔아도 1억 원이 안 되었지만, 하나님의 뜻이 분명하였으므로 1억 원 예산을 결의했다.

기도원에 들어가서 기도 중에 보여주셨던 환상, 토요일 저녁에 기도하면서 주셨던 말씀을 상기하면서, 이 일은 하나님의 뜻이 분명하다는 것을 알았다. 인간적으로는 아무리 준비가 안 된 것 같아 보여도 우리 교회가 해야 될 일은 '순종'이었다. 그래서 순종하기로 하고 예배당 건축을 시작했다. 그런 과정들 속에서 첫 번째 예배당을 지었고, 그 경험은 우리 교인들에게 특별한 경험이었다. 계산상으로는 나올 수 없는 일을 하나님에 대한 믿음, 하나님의 약속에 대한 믿음을 가지고 도전했을 때, 하나님께서 이루신다는 것을 분명하게 보게 되어 그 다음부터는 하나님의 일에 두려움이 없어졌다. 그러면서 교회가 자라기 시작했고, 지금까지 왔다.

그런 의미에서 목회자는 하나님의 뜻을 치열하게 찾아야 되고, 하나님의 뜻이 분명해지면 두려움 없이 순종해야 된다. 나는 그것이 하나님께서 주시는 기회라고 본다. 모든 개척교회, 모든 초기 목회자들에게는 하나님께서 반드시 기회를 주신다. 어떤 교회는 하나님께서 주신 기회를 믿음과 순종으로 받아들여서 하나님의 역사를 경험하지만, 반면에 거기서 목회자가 인간적인 생각과 계산으로 하나님께서 주신 기회를 무시해버리면 하나님의 역사를 경험할 수 없다.

하나님의 역사를 경험하게 되면 그런 경험은 초기 교인들에게 소중한 믿음의 자산이 된다. 교인들은 믿음으로 하나님의 약속을 믿고 순종했을 때 하나님께서 살아계셔서 일하시고 그것이 사람의 생각과 계산과는 다르다는 것을 경험하면서, 목사가 굳이 설교로 가르치지 않아도, 그 다음에는 무엇을 해도 믿음으로 해나가게 된다. 그러므로 목회자들은 하나님의 약속의 길이 분명해지면 순종하는 것이 목회에 굉장히 중요하다.


## 목회자로서 임해야 할 자세

### 첫째, 목회는 정성껏 해야 한다.

웬만큼 하는 사람은 많다. 그러나 할 수 있는 한 최선을 다해 목회에 임해야 한다. 정성이 깃들어야 한다.

결혼을 하고 얼마 안 되어 집에 왔는데, 아내는 없고 여동생이 있었다. 동생이 밥상을 차려 내왔는데 밥상 위에 물기가 없어 고춧가루가 말라붙은 김치가 올라와 있었다. 아마도 아침에 먹다 남은 김치를 냉장고에 그대로 넣었다가 꺼내어 올려놓은 모양이었다. 모양새도 그렇거니와 먹고 싶은 마음이 들지 않았다. 때마침 아내가 들어왔다. 아내는 밥상을 슬쩍 보더니 잠깐 기다리라 하고는 김치그릇을 가지고 갔다. 그리고는 싱크대에서 손을 씻고, 김치를 휙 뒤집은 뒤 나에게 다시 갖다주었다. 김치가 달라져 있었다. 김치 국물이 먹음직스럽게 흐르는 것이 젓가락이 가고 싶은 김치로 바뀌어 있었다. 아내가 손 한 번 썼을 뿐인데 완전히 다른 김치가 된 것이다.

우리의 목회도 마찬가지다. 목회를 할 때 한 번 손 갈 것을 두 번 가면 다르고, 두 번 갈 것을 세 번 손이 가면 더 달라진다. 농사도 그렇고 건축도 그렇다. 물건을 만들든지 음식을 만들든지 사람의 손이 한 번 두 번 더 가면 품새가 달라진다. 그런 식으로 목회도 하던 대로 하려 하지 말고, 끊임없이 '더' 정성을 기울여 해야 한다.


### 둘째, 목사는 교인들에게 본이 되어야 한다.

목사도 양이다. 나의 생각으로 목사는 목자이기보다는 양 무리의 맨 앞에 서 있는 양과 같다고 본다. 맨 앞에 서 있는 양의 역할은 앞에 서 있는 목자를 바라보고 잘 따라가는 것이다. 그러면 그 뒤를 따라가는 양들은 앞에 있는 양을 보고 따라간다. 바로 자기 앞의 양만 보고 걸어가는 것이다. 교인은 맨 앞에서 걸어가는 목사를 따라가게 되어 있다. 목사가 어떻게 걸어가느냐에 따라 교인도 그 모습 그대로 따라간다. 잘못 걸어가는 교인을 욕할 필요가 없는 것은 바로 목사의 책임이기 때문이다. 그러므로 목사는 맨 앞에 서 있는 양으로서 양들을 올바른 길로 이끌어 주어야 한다.

### 셋째, 목회는 바른 지식에 근거해서 해야 한다.

목회를 시작한 지 20년이 되었다. 그러나 목회현장을 둘러보면 지금도 여전히 무식하게 목회하는 사람을 보게 된다. 이런 목자는 망칠 뿐더러 교인들도 다치게 한다.

언젠가 우리 교회 권사님이 자신의 경험을 얘기해 주었다. 자신에게 무슨 일이 있어서 "하나님, 어떻게 하면 좋을까요?" 하며 하나님의 뜻을 구하는 기도를 했다. 그런데 하나님께서는 아무런 대답도 하지 않으셨다. 그래서 하루는 작정하고 하나님께 매달려 기도를 했다. "하나님, 어떻게 하면 좋겠습니까?" 그랬더니 하나님께서 마음으로 음성을 들려주시는데 "가르쳐주면 그대로 하기는 할래?"라고 하셨다는 것이다.

우리가 예수님으로부터 받은 지식을 바르게 가지고 있는 것도 중요하지만 배운 대로, 아는 대로 행하는 것도 매우 중요하다.

# 목회자가 잃지 말아야 할 것

목회자로서 목회를 할 때, 반드시 잃지 말아야 하는 것들이
세 가지 있다.

"믿음을 잃지 마세요."

하나님에 대한 믿음이 없어지면 용기가 없어지고 낙심이 된다.
낙심이 들면 조급해지고 조급해지면 반칙을 하게 된다. 반칙하는
목회자가 생각보다 많다. 힘들어도 믿음으로 가지고 정석대로 가려는
용기가 있어야 한다.

"소망을 잃지 마세요."

'주님이 다시 오실 줄 믿습니다. 잘했다 칭찬해 주시고 상 주시리
라 믿습니다.'라는 고백으로 목회가 끝나는 그 날까지 소망을 잃지
말아야 한다. 이 세상에서 대우받고 누리는 것을 기대하지 말고,
진정으로 헌신하고 희생해야 한다. 목사가 희생하지 않으면서 성도에
게 바라는 것은 무리이며 그렇게 해서는 안 된다.

"사랑을 잃지 마세요."

아무리 속을 썩이는 교인들이 있다고 해도 그 사람을 미워하지
말아야 한다. 교인이 없으면 목사가 서 있을 수 없다는 것을 기억해야
한다. 아무리 마음을 아프게 하는 교인이라고 해도 목회자가 아파야
한다. 나를 힘들게 하는 것은 그 사람에게 아픔이 있어서이다. 교인을

더욱 사랑하고 품어야 할 목회자가 말 안 듣는 교인이라고 잘라 버리려는 것은 자신이 힘들지 않으려는 것이다. 그럴 때일수록 더욱 교인을 사랑하는 마음을 잃으면 안 된다.

두 번째 건축 후에 빚이 많아서 이자를 힘들게 내는 형편에 처한 적이 있었다. 어느 날 동갑내기 집사가 '목사님 한번 안아주고 싶다'며 찾아온 적이 있었다. 마치 하나님께서 찾아오셔서 어려운 처지에 있는 나를 위로해 주신 것 같았다. 그 후 어려운 위기를 잘 넘기고 교회가 급성장했다. 하나님께서는 교인들을 통해 사랑해주신다. 그러니 부디 더 많은 이들을 사랑하고 안아주기를.

# 하나님이 기뻐하시는 목회

**김광년** 목사

(서울, 신내교회)

## 1. 어머니의 눈물의 기도

초등학교 2-3학년 때 아버지는 조흥은행의 지점장이셨다. 그런데 초등학교 4학년을 마치고 5학년에 올라갈 무렵 은행에 출근하셨던 아버지가 쓰러지셨다는 연락이 왔다. 그때 아버지는 불과 마흔아홉밖에 안 되셨다. 생각해보면 지금의 나보다도 훨씬 적은 나이셨다. 어머니가 급하게 택시를 타시고 연세대 세브란스 병원에 가셨는데, 이미 의식을 잃은 아버지는 어느 누구도 알아보지 못하셨다.

아버지가 병원에 입원하시자 어머니는 우리 육남매를 불러 모으시고 굳건하게 말씀하셨다. "지금 너희 아버지가 쓰러지셔서 중환자실에 계신다. 지금이야말로 우리가 아버지를 위해서 간절히 기도할 시점이다. 이럴 때일수록 기도를 잘 해야 한다. 그래야 하나님께서 우리의 기도를 들으신단다." 그런 다음 잠시 생각에 잠기신 뒤 "아버지의 육신은 지금 고침 받아도 또 병들게 되어 있다. 왜냐하면 아버지가 중풍으로 쓰러지셔서 치료를 받아도 다른 합병증이 걸리게 되어 있기 때문이다. 그러니까 하나님께 아버지의 병을 낫게 해 달라는 기도는 하나님이 기뻐하시는 기도가 아닌 것 같다. 이번 기회에 아버지의 영혼을 구원해 달라고 기도했으면 좋겠다."고 말씀하셨다. 그리고 어머니는 다락방에 올라가셔서 기도를 하셨다.

그 당시 아버지께서 쓰러지셨을 때 우리 형제들은 대학생이 두 명이었고, 그 아래 형과 누나가 중고등학생이었으며, 막내인 나는 초등학생이었다. 어머니는 하루에 다섯 명의 도시락을 싸야 했으므로 새벽 기도를 나갈 수가 없었다. 그래서 매일 새벽 4시에 일어나셔서 자녀들 다섯 명의 도시락을 싸서 보내셨고, 자녀들이 모두 등교하고 나면 다락방에 올라가셔서 그때부터 보통 두세 시간 정도 눈물 콧물 범벅이 되어 기도를 하셨다. 그러던 어느 날 어머니가 다락방에서 기도하고 내려오시는데, 그 얼굴이 정말 해같이 빛나는 천사의 모습이었다.

아버지께서 16일째 병원에서 의식을 찾지 못하고 계셨는데 어머니의 얼굴이 왜 그렇게 해처럼 빛났는지 놀라웠다. 그런데 어머니는 무슨 확신이 드셨는지, "하나님께서 너희 아버지를 고치신다."고 분명하게 말씀하셨다. 어머니는 다락방에서 이렇게 기도하셨다고 한다. "하나님, 이번 기회에 내 남편의 영혼을 구원해 주십시오. 제가 예수 믿는 것은 믿지 않는 친척들도 다 압니다. 제가 믿지 않는 남편 구원을 위해서 흘린 눈물이 얼마입니까? 기도한 시간이 얼마입니까? 하나님께 그것을 위해 간구했던 기도의 내용이 얼마입니까? 만약 하나님께서 내 남편의 영혼을 구원시켜 주지 않으면 믿지 않는 친척들로부터 비웃음을 받습니다. 하나님은 뭐하고 계시냐는 소리를 듣습니다. 하나님, 인생은 어차피 한 번 왔다가 가는 것입니다. 하나님이 원하시면 제 남편을 데려가십시오. 그러나 내 남편 영혼을 구원시켜 놓기 전에는 하나님이라 해도 절대 못 데려갑니다. 지금은 안 됩니다. 지금은 안 됩니다."

이렇게 간절히 기도하고 있는데, 갑자기 어머니 손에 너무나 부드러운 촉감이 느껴졌다고 하셨다. 기도하다가 너무 깜짝 놀라서 눈물 콧물 범벅이 된 채 눈을 떴더니 어머니가 하얀 세마포 옷을 부여잡고 떼를 쓰고 있었다고 하셨다. 그리고 한참을 울었다고 한다. 누구의 옷이었겠는가? 바로 주님의 옷이었다고 하셨다. 주님의 옷자락을 붙잡고 기도하고 있는 환상을 본 것이다.

그 순간 어머니는 마가복음 5장의 혈루증을 앓던 여인의 이야기가 떠올랐다. 예수께서 회당장의 딸을 고치기 위해서 제자들과 많은 사람들을 밀치면서 급하게 가고 있을 때, 12년 동안 병을 앓던 여인은 예수님이 자기 마을을 지나간다는 소리를 듣고 '내가 예수님의 옷자락에 손을 대면 내 병이 나을 것'이라는 믿음이 생긴다. 그래서 많은 사람들을 헤치고 나아가 드디어 예수님의 옷자락을 만진다.

놀라운 일이 벌어진다. 예수님의 옷자락을 만지는 순간, 12년 동안 자신의 몸에 흐르던 혈루의 근원이 마르는 것을 경험하게 된 것이다.

그녀는 소리 없이 돌아서서 나오려고 하는데, 급하게 걸어가시던 예수님의 발걸음이 탁 멈춰지면서 "누가 내 옷에 손을 대었느냐"고 물으신다. 그러자 제자들이 주님께 말하기를 "주님, 도대체 그게 무슨 소립니까? 이렇게 많은 사람들이 에워싸고 밀며 가고 있는데, "누가 내 옷에 손을 대었냐?"고 물으시는 것이 얼마나 어리석은 질문입니까? 에워싸 간다는 것은 많은 사람들이 예수님과 접촉을 한다는 것이다. 이미 많은 사람들이 예수님과 접촉이 있었다는 것이다. 그런데 예수님이 갑자기 발걸음을 멈추시면서 "누가 내 옷에 손을 대었느냐"고 물으시니, 제자들은 이해할 수 없었다. 그때 예수께서 말씀하신다. "내 몸에서 능력이 나갔느니라. 너희들은 모른다. 장난스럽게 내 옷을 만진 사람 말고, 그저 호기심을 가지고 내 옷을 만진 사람 말고, 그냥 한번 스쳐지나가다 어쩌다 내 옷을 만진 사람 말고, 분명한 믿음을 가지고, 분명히 사모하는 마음을 가지고 내 옷을 만진 사람이 있다. 그 사람에게 나의 능력이 나갔다."

주님의 옷자락을 잡는 환상을 보실 때 어머니에게는 그 성경 말씀이 떠올랐던 같다. 어머니는 주님의 옷자락을 부여잡고 기도하셨고, 주님께서 오늘 내 남편을 고치신다는 믿음이 생긴 것이다. 어머니는 가족들을 불러놓고 선포하셨다. "하나님께서 하나님의 방법으로 아버지를 고치신다. 그러니 오늘 너희 아버지를 퇴원시킬 거다." 나는 아직 초등학생이라 잘 몰랐지만 대학생이었던 두 형은 굉장히 반대를 하였다고 한다. 16일째 의식 불명으로 중환자실에 누워 계시는 형편인데 산소호흡기를 떼면 당연히 돌아가실 거라고 여겼기 때문이다. 그렇지만 어머니는 얼마나 확신에 차 있었는지 모른다. 모든 친척들, 모든 가족들이 다 반대했지만 어머니는 떼를 부려서 아버지를 퇴원시켰다. 구급차에 실려 병원에 들어가셨던 아버지가 구급차에 실려 집으로 돌아왔다. 의식이 전혀 없었다. 어떠한 반응도 하지 않고 누워계신 아버지의 주위에 둘러앉았다. 그리고 확신에 차 있는 어머니와 못미더워하는 우리 형제들은 어머니의 뜻에 따라 예배를 드렸다. 예배라고 해봤자 찬송을 부르는 것이 전부였다. 말씀을 전해줄 사람이 없어서 가족들 모두가 둘러앉아 찬송만 불렀다.

찬송을 부르는데 아버지의 손가락 하나가 까닥하고 움직였다. 형제 중 한 명이 아버지의 손가락이 미세하게 움직이는 것을 보고는, 찬송을 부르다가 말고 흥분된 목소리로 외쳤다.

"아버지 손가락이 움직였어."

그러자 다른 가족들도 일제히 찬송을 부르다 말고 "어디? 어디?" "정말? 정말?" 하고 아버지 손가락만 뚫어져라 쳐다보았다.

"정말 아버지 손가락이 움직이는 거 봤어?"

그렇게 아버지 손가락을 10여 분 정도 쳐다보고 있었더니 아버지의 손가락이 살짝 움직이기 시작했다.

"오, 아버지 손가락이 움직였어."

찬송에 힘이 실렸다. 다시 찬송하고 또 찬송을 했다. 어떤 형제가

"어, 발가락이 움직였어." 하면 찬송이 또 중단되었다. 이번에는 아버지의 발가락만 모두가 죽어라 쳐다보았다. 조금 후에 발가락이 움직였다. 이렇게 찬송하고 기도를 하는 중에 아버지의 신체에 천천히 변화가 오기 시작했다.

이런 일이 있은 후 한 달쯤 지나자 아버지가 의식을 찾았다. 16일 동안 중풍으로 마비된 곳이 많았지만 의식은 돌아왔다. 아버지가 의식을 찾았을 때 우리들의 관심사는 '아버지가 우리를 알아보시는가'였다. 아버지가 과연 내 이름을 아실까? 그래서 육남매는 아버지에게 얼굴을 들이밀며 내 이름이 무엇이냐고 물었다. 다행히도 아버지는 큰 아들부터 둘째, 셋째, 그리고 막내인 나까지 모두 알아보셨다.

아버지는 서서히 회복되면서 예수님을 영접하셨다. 평생 한 번도 교회에 다녀본 적이 없었던 아버지의 의식이 돌아왔을 때, 우리 가족들은 아버지에게 물었다.

"아버지 직업이 뭐예요?"

"은행원이지."

"아버지 직책이 뭐예요?"

"지점장이지."

"아버지 빨리 나으셔서 은행에 복직하셔서 우리를 먹여 살리셔야죠."

그런데 아버지는 "싫다. 나 은행 지점장 안 한다."고 말씀하셨다. 깜짝 놀란 우리는 "그럼 뭐하시게요?" 하고 여쭸더니, "나는 이제부터 전도청장 할거다." 라고 대답하시는 거였다. 한 번도 교회에 나가본

적이 없으신 분이 병이 나으면 전도청장을 하겠다고 하시니 놀랄 수밖에 없었다.

어머니가 아버지를 부축해서 예수님을 가르치기 시작했다. 매일같이 예배를 드렸다. 아직 말하는 것이 어눌하여 똑같은 찬송가만 불렀다. 언제나 제일 먼저 부르는 찬송가는 "예수 앞에 나오면 모든 죄 사하고……"였는데, 3절까지 있는 찬송을 하루에도 20-30번씩 불렀다. 3년 6개월 동안 아버지는 병든 몸으로 하나님께 예배를 드렸다. 성경을 읽을 때는 아버지에게 따라 하라고 했다. "태초에" 하면 "태초에", "하나님이" 하면 "하나님이" … 하는 식으로 매일 찬송가 20-30번을 부르고 성경을 따라 읽게 하는 식이었다. 그것이 예배의 전부였다. 그렇게 1시간 내지 1시간 30분 동안 아버지를 앞에 놓고 예배를 네 번, 다섯 번씩 드렸다. 그리하여 아버지는 예수님을 영접하고 놀라운 축복을 받게 되었다. 그때 얻은 경험은, 기도를 하는 것도 중요하지만 힘들고 어려울 때일수록 기도를 잘 하는 것이 더 중요하다는 것이었다.

## 2. 군대에서 하나님의 인도하심을 경험하다

1980년 12월 30일 입대영장을 받았다. 영장을 받아들고 어머니께 말씀드렸다. "어머니, 어머니의 막내아들이 이제 군대에 갑니다. 물론 어머니께서 군대에 간 막내아들을 위해 날마다 기도하실 줄 압니다. 그러나 저를 위해 기도하실 때 어머니의 아들이 편안한 부대에 들어가게 해 달라고 기도하지 않았으면 좋겠습니다. 그 기도는 하나님께서 기뻐하지 않으실 겁니다. 대신 어머니의 아들이 군대에 가서 하나님의 일을 하게 해 달라고 기도해 주십시오."

그 당시 신학교 2학년을 막 마친 상태였다. 지금 생각해도 20대 초반의 청년이 매우 기특한 기도를 부탁했다고 본다. 지금도 담임목사인 내게 아들을 군대에 보내면서 기도를 부탁하러 오는 부모들이 있다. 그러면 십중팔구 대부분의 부모들은 "목사님, 제 아들이 군에 입대하는데, 제발 편안한 부대에 배치 받게 해 달라 기도해 주세요."라고 부탁한다. 그러나 나는 나의 어머니께 단 한 번도 편안한 부대에 떨어지게 해 달라고 기도 부탁을 한 적이 없다.

논산 훈련소에 들어가 훈련을 받으면서 지속적으로 기도를 드렸다. 아마 어머니도 아들과 동일한 기도를 드렸을 것이다. 훈련소에서 훈련을 마치고 자대 배치를 받은 곳이 경기도 광탄의 오산리 순복음 기도원 근처에 있는 1사단이었다. 1사단 앞에 통신대대가 있었는데, 그곳으로 자대 배치를 받았다.

첫날 자대에 가서 본부 중대에서 대기하고 있었다. 그날 저녁 점호를 마치고 "취침" 신호와 함께 소등이 되었다. 그런데 병장 한 사람이 벌떡 일어나더니 "불 켜! 불 켜봐! 오늘 우리 내무반에 신병 셋이 들어왔는데 노래나 듣고 자야지 그냥 잘 수 있냐?"그러면서 신병들에게 노래를 한 곡씩 부르라고 했다. 앞에 두 친구가 무슨 노래를 불렀는지 기억이 없다. 어쨌든 이제 신학교 2학년을 마치고 온 나는 유행가를 몰랐다. 남이 하면 같이 따라 부를 수는 있는데, 가사를 온전하게 알 만한 노래는 하나도 없었다. 앞의 신병 두 명이 가요를 부른 것 같아 나도 가요 비슷한 것을 불러야겠다고 생각했지만 아는 노래가 하나도 없었다. 결국 학교 다닐 때 데모할 때 많이 불렀던 양희은의 '아침 이슬'을 불렀다. 그런데 앞의 신병이 노래할 때는 가만히 있었던 중대 선임들 80명이 나의 노래가 끝나자마자 일제히 "앵콜"을 외치는 것이었다. 갑자기 고민이 되었다. 내 딴에는 아는 노래가 없어서 부른 곡인데 앵콜을 받았으니 그 다음 무슨 노래를 불러야 할지 몰랐다. 속으로 끙끙거리고 있는 나에게 선임 한 명이 말했다.

"앵콜을 받았으면 다시 노래를 해야지 왜 가만히 있어?"

"죄송합니다. 제가 아는 가요가 없습니다."

솔직하게 대답했더니 "너 사회에서 뭐하다 왔어?" 하고 물었다.

"네, 신학대학 다니다 왔습니다."

"그래? 그럼 찬송가나 하나 불러."

찬송가는 나의 전공과목이다. 그래서 찬송가를 불렀다. "저 높은 곳을 향하여 날마다 나아갑니다. 내 주여 내 발 붙드사 그곳에 서게 하소서. 그곳은 빛과 사랑이 언제나 넘치옵니다⋯."

열창을 하고 나자 이번에도 중대원 80명 전원이 일제히 외치는데, "아멘" 하고 외치는 것이었다. 예수님을 믿는 것이 아닌데도 장난치느라 그렇게 화답을 했던 것이다. 그렇게 해서 그 부대에 들어온 첫날 하루가 채 지나기도 전에 나는 신학생 출신이라는 것이 드러났다.

그 다음 날 오후가 되어야 내가 지낼 중대가 정해지게 되어 있었다. 중대가 정해지기 전 본부중대의 식당에 내려가서 열심히 일을 돕고 있었다. 저녁 먹기 전, 4시 30분쯤 되었을 때 대대 주임 상사가 식당으로 뛰어내려와 급하게 나를 찾았다.

"김광년! 김광년!"

"네, 제가 김광년입니다."

"대대장님이 널 찾으신다. 빨리 대대장실로 올라가 봐."

나의 친척이나 인척 중에 군대에 아는 사람은 하나도 없었다. 그런데 대대장이 나를 부른다는 것이었다. 급히 젖은 군복을 단정하게 갈아입고 대대장실로 뛰어가 대대장실 문을 두드렸다. 문을 열고 들어가 경례를 붙이고 관등성명을 댔다.

"전진! 이등병 김광년, 대대장님의 부르심을 받고 왔습니다."

그 대대장은 나를 보자마자 대뜸 "자네 신학생이야?" 하고 물었고, "네, 그렇습니다." 하고 힘차게 대답했다.

대대장님은 서재 책장에서 성경책을 꺼내들어 가운데를 펴더니 내 눈 앞에 바짝 갖다 대었다. 그러면서 "자네, 그럼 이것으로 설교할 수 있어?" 하고 다짜고짜 물었다. 만약 그가 성경책을 알아볼 수 있는 거리에 두고 물어보았다면 펼쳐진 본문이 어디인지 알았겠지만,

114

이등병 마음에 잔뜩 긴장을 하여 바로 "네, 할 수 있습니다."라고 대답했다. 그랬더니 대대장님은 이렇게 주문했다.

"좋았어. 15분 후에 대대 전 병력을 연병장에 집합시킬 테니 설교해."

그 대대장은 소령 때 예수님을 처음 영접했다고 한다. 그때 그는 하나님께 서원을 했다고 한다.

"하나님, 제가 하나님을 정말 잘 믿을 테니까 저를 중령으로 진급시켜 주십시오. 중령으로 진급만 시켜 주시면 앞으로 제가 맡은 대대를 예배하는 대대로 만들겠습니다."

그는 믿기지 않게 진짜 중령으로 진급이 되었고, 실력이 없는 자기가 중령이 된 것은 하나님의 은혜였다고 고백했다. 그래서 하나님과 약속을 지키기 위해서 그 부대 대대장으로 취임하고 나서 대대의 신학생들을 다 불렀다는 것이다. 그런 다음 나에게 했던 것과 똑같이 "자네 신학생이야?"라고 물었고, "네 그렇습니다." 하면 성경책을 코앞에 갖다 대고 "그럼 자네 이 부분 가지고 설교할 수 있나?"라고 물었다는 것이다. 그러면 모두가 "저는 목사가 아닙니다." "저는 못합니다." 하며 발을 뺐다고 한다.

내가 부대에서 하룻밤을 지내고 난 다음날 대대장이 출근했더니 대대 인사과에서 본부중대에 신학생이 신병으로 들어왔는데 찬송가를 잘 부른다는 보고를 올렸다고 했다.

"찬송가 잘 불렀어?"

"네, 앵콜까지 받았답니다."

"앵콜까지 받았으면 설교도 잘 하겠구나."

그래서 내가 불려갔던 것이다. 설교를 할 수 있다는 나의 말에 대대장은 직접 방송실로 가서 "전 대대 병력에게 명한다. 드디어 오늘 우리 부대가 예배하는 부대가 되었다. 전 중대원들과 중대장, 각 중대 인사들은 잘 들어라. 15분 내에 대대 전 병력은 식사를 마치고 연병장으로 집합하라. 중대원들 인원 파악하여 보고하고 제일 적게 모인 중대장은 문책을 할 것이다. 최소 근무자, 보초를 서거나 근무를 하는 병력을 제외한 모든 병사를 집합시켜라." 그런 다음 내겐 성경책을 주면서 설교를 준비시켰다.

머릿속이 복잡한 가운데 대대장실에서 어떤 설교를 할까 나름 준비를 했다. 드디어 5시 25분. 예배 준비가 다 되었다는 보고가 들어와서 대대 연병장으로 갔다. 그곳에는 500명 정도의 장병들이 모여 있었다. 신학교 2학년을 졸업하고 갔지만, 그때까지 아동부 설교, 학생부 설교만 해봤지 어른들 앞에서는 설교를 해본 적이 없었다. 비록 청년들이지만 500명 정도 모두가 성인 장병들이었다. 간부들은 연단에 올라가 앉아 있었다. 나도 강사로서 강단에 올라가 대기하고 있었다. 예배 인도자는 군종사병이었다. 설교하기 직전 대대장이 직접 강사 소개를 했다.

"강사는 오늘 우리 부대에 처음 들어온 이병 김광년이다. 이 분이 설교할 때 떠들지 말고 잘 듣도록 해라. 내가 누가 조는지 잘 보고 있겠다."

대대장님이 물러나고 내가 앞에 나가 설교를 했다. 성인 앞에서 하는 첫 설교였다. 마태복음 5장 13-16절을 본문으로 '소금으로 빛으로' 라는 제목으로 설교를 했다. 설교를 하다보면 피드백이 온다. 내 느낌에는 전 장병들이 나의 설교를 잘 듣고 있는 것 같았다. 하나도 조는 장병이 없이 귀를 쫑긋 세워서 설교를 듣는 것 같았다. 설교가 끝나고 내려왔더니 대대장이 나에게 크게 절을 하면서 "전도 사님, 큰 은혜 받았습니다." 라고 인사를 하였다. 그 이후로 대대장의 명으로 월요일 하루 업무가 끝나면 1중대에 가서 설교를 하고, 화요일 엔 2중대, 수요일에는 3중대, 목요일에는 4중대, 금요일에는 대대 간부 전체가 모이는 자리에서 설교를 하게 되었다.

3중대에 속했던 나는 중대 안에서 이미 장난스럽게 "목사님"으 로 통했다. 일주일에 다섯 번씩 설교를 하게 되었고, 이 소식을 들은 사단의 사단 군종장교가 찾아와서 사단교회의 아동부 전도사로 봉사해 달라고 요청했다. 그렇게 하여 일주일에 최소한 여섯 번 설교를 하게 되었다. 군종 장교가 아니고서는 이등병으로, 중대 배치 받기 전에 설교부터 시작한 군인은 아마 대한민국 군인 가운데 나밖에 없을 것이다.

지금도 생각해 본다. 내가 어떻게 그런 하나님의 은혜를 받았을 까? 어떻게 하나님으로부터 그런 사랑을 받았을까? 답은 하나였다. 그것은 기도를 잘 드렸기 때문이다. 우리가 기도를 오래 하는 것도 물론 중요하지만, 그보다 더 중요한 것은 우리의 기도가 하나님이 받으실 만한 바른 기도를 해야 한다는 것이다.

## 3. 바른 기도를 구하라.

　　요한일서 5장 14절에 "그를 향하여 우리의 가진 바 담대한 것이 이것이니 그의 뜻대로 무엇을 구하면 들으심이라." 한 것처럼, 우리의 기도는 하나님의 뜻대로만 구하면 들으신다고 약속하셨다. 우리가 어려움을 당하고, 우리의 삶 속에 큰 문제를 만나면 자기 입장에서 하나님께 "이렇게 해 주세요, 저렇게 해 주세요" 하며 하나님을 설득할 때가 많다. 마치 하나님께서 나의 형편과 사정을 전혀 알지 못한다고 여기며 시시콜콜 말할 때가 많다. 그렇게 해야만 하나님께서 우리의 기도에 응답하실 것이라 착각하곤 한다. 그러나 성경은 우리가 구하기 전에, 우리가 기도하기 전에, 하나님께서 우리가 필요한 것이 무엇인지 이미 아신다고 한다. 그러므로 하나님은 우리의 형편에 따라 이것도 해주고 저것도 해주기를 바라는 기도, 이것이 어렵고 저것이 어려우니 지금 이것이 필요하고 저것이 필요하다고 구하는 기도를 원하시는 것이 아니라, 그 상황 속에서 하나님이 바라시는 것이 무엇인지 찾아서 기도하길 원하신다는 것이다. 그런 기도는 결국, 주님께서 십자가에 지시고 자신을 부인하셨던 것처럼 철저한 자기 부인, 자기희생에 따라 "하나님, 내가 너무 힘들고 어렵지만 제가 희생합니다. 나를 십자가에 못 박겠습니다. 저에게 힘을 주세요."라고 구하는 것이다. 하나님은 이런 기도를 원하신다. 하나님은 우리 자신을 십자가에 내려놓고 못 박았을 때 우리의 형편과 처지를 아시고 내가 상상도 할 수 없는 방법으로 축복을 내려주신다.

목회를 하다 보면 하나님께서 우리를 기도의 자리로 부르신다고 느낄 때가 있다. 내 힘으로 아무리 해도 어렵고, 내 노력으로 아무리 해도 안 될 때, 내가 가진 모든 인맥과 모든 것을 동원해도 안 될 때가 있다. 나에게 힘이 없고, 나에게 방법이 없어서, 누군가에게 요청할 수밖에 없는 시점이 있다. 그러할 때 하나님이 이 상황에서 기뻐하시는 기도가 무엇일까? 헤아리면서 정말 하나님이 기뻐하시고, 하나님이 원하시는 기도를 드리게 되면 하나님은 우리의 기도를 들으시고 더 좋은 것으로 채워주신다. 하나님이 정말 살아계심을 경험하게 하시고, 하나님의 임재를 즐거워하게 하시고, 놀라운 은총을 맛볼 수 있게 하신다.

요한일서 5장 15절에서는 "그를 향하여 우리가 가진 바 담대한 것이 이것이니 그의 뜻대로 무엇을 구하는 즉시 이루리라"라 하였고, 야고보서 4장 3절에는 "구하여도 얻지 못하는 것은 정욕으로 잘못 구하기 때문이라" 했다. 아무리 많은 기도를 해도, 아무리 떼를 쓰는 기도를 해도, 우리가 나의 육체를 따라 나의 정욕을 채우기 위해 구한다면 하나님은 그 기도를, 그의 목표를 늦추게 한다는 것이다.

담임목사로서 목회를 하다보면 담임목사 앞으로 오는 우편물이 참 많다. 우편물이 너무 많으니 사무실에서 미리 점검하고 정리한 뒤 담임목사에게 필요한 것만 책상에 올려놓는다. 그렇게 올려진 우편물 중에서도 많은 것들이 잡동사니로 취급되어 쓰레기통으로 버려지는 것들이 부지기수다. 우리가 하나님께 드리는 수없이 많은 기도도 마찬가지가 아닐까? 하나님 앞에 잡동사니 우편물로 취급될 수 있는 기도가 많음을 기억해야 한다. 지금까지 그렇게 많은 기도를 했는데, 새벽마다 간절히 기도했는데, 하나님 나라에서 잡동사니 취급을 받는다면 얼마나 불행한 일이겠는가?

우리의 신앙생활은 기도로 이루어진다. 그리고 하나님이 기뻐하시고 하나님이 원하시는 바른 기도를 드릴 때 우리는 하나님의 능력과 은혜와 임재를 체험하게 된다. 매순간 어떻게 기도하는 것이 바른 기도인지 물어가야 한다. 힘들고 어려울 때 하나님께 바른 기도를 드림으로써 하나님의 능력을 경험하고 하나님의 임재를 체험할 수 있기를 빈다.


## 4. 하나님이 기뻐하시는 일이 무엇인지를 최우선으로 삼아야 승리한다.

나는 개인적으로 신학교 들어가면서부터 목사의 마음으로 살았던 것 같다. 군대에 가기 전 1년 6개월 동안은 종교교회에서 신학생으로서 아동부 지도교사로 지냈다. 아마 그때가 최고로 순수하게, 하나님 보시기에 아름답게 사역했던 때가 아닌가 생각된다.

군대에서 2년 6개월 동안의 시간은 나의 목회를 형성하는 귀중한 시간이었다. 군대에서는 승리한 시간도 많았지만 반면 군종사병을 하면서 죽을 만큼 힘든 시간이 적지 않았다. 상병을 달았을 때는 다른 부대로 전출 갔는데, 군종활동을 못하도록 방해하는 인사계 때문에 보름 동안 하루도 빠지지 않고 매를 맞았다. 매일 아침 보름 동안 따귀 맞고, 가슴을 맞았다. 잠을 잘 때면 공포가 밀려왔다. 솔직한 심정으로 그 다음날이 안 왔으면 좋겠다고 여겼다. 때 차라리 자다가 죽었으면 좋겠다는 기도도 했었다. 그런 마음이 들었던 적이 있었지만 견딜 수 있었던 것은 주님의 이름으로 시작한 싸움이니 절대로 지지 않겠다는 다짐이 있었기 때문이었다. 나는 날마다 결단하고 기도했고, 결국은 승리했다. 하나님의 도우심으로 승리했다.

제대를 한 후엔 어느 교회를 갈지가 고민이었다. 제대 후 3개월 동안은 큰 교회에 가서 배우자고 결심했다. 그때 가장 큰 교회는 영락교회였고, 그 다음이 충현교회였다. 사랑의 교회와 온누리 교회가 태동하기 전이었다. 주일 아침 7시부터 저녁때까지 그 교회에 가서 살았다. 예배 전에 사람들이 어떻게 움직이는지, 아동부 예배는 어떻게 드려지는지, 성가대는 어떻게 움직여지는지 관찰을 하면서 3개월을 보냈다.

그러던 어느 날 광화문 지하차도를 지나가던 중 몇 년 선배였던 박일준 전도사를 만났다. 군대에 가기 전 종교교회에서 사역을 했는데, 나는 아동부 담당이었고 현재 부광교회의 담임인 김상현 목사가 전도사 시절 중등부를 담당했다. 현재 선한목자교회의 교회의 담임인 유기성 목사는 고등부를 담당했고, 박일준 목사는 청년부 담당 전도사였다. 사역 동역으로서 구성이 참 좋았다. 그랬던 박일준 목사가 나를 만나 얘기를 나누면서 사역할 교회가 정해졌느냐고 물었다. 그때 나는 두 교회로부터 러브콜을 받고 있었던 상태였다.

　한 교회는 본교회인 우이교회였는데, 제대를 한 내게 본 교회에 와서 사역을 해 달라고 했다. 때마침 우이교회에 아동부 선생이 없어서 나에게 그냥 선생으로 와서 봉사해 달라는 요청이 있었다. 다른 교회는 백운교회였다. 그곳엔 선배 두 명이 있었다. 김상현 전도사(현 용두동 교회 담임목사)와 조재진 전도사(현재)였다. 선배들은 내가 전역을 했다는 소식을 듣고 당시 백운교회의 담임 목사님에게 나를 적극 추천했다고 하였다. 직분도 전도사 호칭에 등록금은 물론 한 달에 교통비를 덤으로 준다는 조건이었다.

　군대를 제대하고 난 뒤 하나님께 소박한 기도를 드렸다. 6남매 중 막내였던 나는 제대 후 복학을 할 당시 어머니의 연세가 65세가 넘었다. 아버지는 이미 돌아가신 뒤였으므로 등록금만은 내가 해결하길 원했다. 그래서 등록금을 해결할 수 있는 교회에 가서 사역을 하는 것이 기도제목이었다. 위로 여러 형제들이 있었지만 부모님으로부터 도움을 받는 것과 형제들에게 받는 도움은 엄연히 마음가짐이 달랐던 터라 등록금 해결이 간절한 소망이었다. 더욱이 군대에서 오랫동안 전도사 명칭을 받고 설교를 했으므로 당연히 전도사로 가야 된다는 생각이 있었다. 그런데 본교회인 우이교회는 선생으로 오라고 했고, 백운교회는 전도사로 불러주고 등록금과 교통비를 지원해준다고 했다. 불을 보듯 뻔했다. 우이교회는 본교회이니 인정상 거절하지 못할 뿐이지 이미 내 마음의 99퍼센트는 백운교회로 향해 있었다.

　　마음의 확신과 결단이 거의 서 있을 때에 박 선배가 "어느 교회로 갈래? 그런데 어느 교회가 일이 많은데?"라고 물어 왔다. 나는 순간 커다란 망치로 머리를 한 대 얻어맞은 느낌이 들었다. "어느 교회가 일이 많은데?" 그 한 마디가 내게는 하나님의 음성으로 들렸다. 제대하고 나서 사역지를 구하면서 나는 '어느 교회가 돈을 더 많이 주는가?' '어느 교회가 나의 등록금을 해결해 주는가?' '어느 교회가 내게 전도사 호칭을 붙여주는가?' 로 저울질 하고 있었던 것이었다. 그런데 그 선배는 나의 얘기를 다 듣고 난 뒤 "어느 교회가 일이 많은데?"하며 묻는 것이었다. 그 말을 듣는 순간 나는 돈으로 교회를 찾으려고 했던 나 자신을 보고 내가 완전히 삯군 노릇을 하고 있음을 깨달았다. 사기꾼이었다. 신학교를 졸업하기도 전에 벌써 삯군의 길로 들어섰다는 생각이 순간적으로 떠올랐다. 단 10초도 안 된 짧은 시간에 수만 가지 생각이 지나가면서, 내가 하나님 앞에서 삯군이라고 책망 받는 장면이 그려졌다.

　　이 생각이 떠오르자마자 나는 "아! 우이교회가 일이 많은 것 같은데? 선배, 나 결정했어. 우이교회로 갈래. 그것이 하나님께서 기뻐하실 것 같아. 나는 아직 신학생인데 배울 수 있는 교회로 가야지." 라고 말했다. 그 당시 어머니께 등록금 달라는 것이 너무 힘든 처지였지만 선배의 "어느 교회가 일이 더 많은데?" 라는 소리에 정신이 들었다. 광화문 지하차도를 지나 교보문고 앞에 있는 공중전화 부스에 들어가 마음이 변하기 전에 우이교회에 전화를 걸었다. 그렇게 하여 전화를 건 그 주부터 우이교회에서 신학생으로, 선생으로 봉사를 시작했다. 1981년에는 전우신문에 내 기사가 실릴 정도로 군종세계에서는 인기가 대단한 군종사병이었는데 그것을 다 내려놓고 선생으로 갔다.

우이교회로 가자마자 나를 오라고 했던 전도사가 열흘 만에 단독목회를 나가게 되었다. 열흘 만에 전도사가 공석이 된 것이다. 그 당시 우이교회 담임목사는 신경하 목사님이셨다. 신 목사님은 나를 부르시더니, 갑자기 전도사를 구하기 어려우므로 내년도 교육목회 계획을 내가 세워보는 것이 어떻겠느냐고 물으셨다. 두 말 할 것도 없이 담임 목사님의 부탁을 받아들였다.

다음날 30페이지 분량의 교육계획표를 세워 갔다. 교사 모집은 어떻게 하고, 교사 교육은 어떻게 하고, 유치부 교육은 어떻게 하고, 아동부 교육은 어떻게 하고, 청년부 교육은 어떻게 하고, 이런 것을 커리큘럼까지 짜서 갖다드렸더니 목사님이 매우 놀라는 눈치셨다. 신학교 2학년생에게 넌지시 한 번 해보라고 하셨을 뿐 기대는 걸지 않으셨던 모양이었다. 그런데 내가 일목요연하게 계획을 세워 보여드렸더니 신학교를 졸업하지 않은 학생을 전도사로 붙인 전례가 없으므로 내 밑에 있는 신학생 몇 명과 함께 교육부를 꾸려보라고 하셨다. 79학번이었던 나는 80학번과 83학번 후배 몇 명과 함께 교육부를 맡았고, 그 다음 해에 전도사로 임명받았다.

1983년도에 우이교회의 유치부, 아동부, 학생부, 청년부 전체 숫자는 400명이었는데, 1986년 내가 개척목회를 나가기 전 2년

6개월 동안 유치부부터 청년부까지 900명으로 부흥했다. 이것은 결코 나의 자랑이 아니다. 하나님께 순종을 하자 하나님께서 나에게 그런 기회를 주셨던 것이다. 그리고 개척목회를 나갔다. 1985년에 우이교회는 교회창립기념으로 땅을 사서 큰 교회를 건축을 하여 전도사 한 명을 파송한 적이 있었다. 그런데 그 다음해인 1986년에 신학교를 졸업하고 목회를 나가는 나로서는 교회에서 후원을 받을 길이 없었다. 아마 1년 전에 목회를 나갔더라면 크게 지은 교회에 내가 담임자로 갈 수 있었을지도 모른다. 그때 신 목사님이 나를 부르시더니 어떻게 목회를 하겠느냐고 물으셨다. 나는 개척을 하고 싶은 소망이 있었고, 그래서 개척할 곳을 알아보았다. 경기도 의정부 쪽을 생각했는데 공교롭게도 본교회가 전년도에 건축헌금을 했기 때문에 특별헌금을 할 수가 없는 상황이었다.

그러나 감사하게도 교회가 나를 어여삐 본 것 같았다. 또 한 번 헌금을 해서 개척을 하자는 말이 나와 자연스럽게 교회의 후원을 받아 개척을 하게 되었다. 2년 6개월 동안 사역을 마치고 개척목회자로 나가면서, 그동안 교회로부터 받은 사례금을 계산해보았다. 1979년도 감신대에 입학했을 당시 등록금이 17만원이었는데, 군대를 다녀와서 복학했더니 54만원으로 두 배 올라 있었다. 54만원씩 네 학기의 등록금을 받아보았자 200만원이나 220만원 정도였을 것이다. 대학교 3학년 때에는 등록금을 안 받고 사역을 했지만 4학년 때에는 우이교회 창립 이래 처음으로 신학생이 전도사 명칭을 받으며 장학금과 교통비를 지원받았다. 그리고 개척할 때는 600-700만원

개척자금을 지원받았다. 그러니 애초의 기대나 예상치와는 완전히 달라진 셈이다.

결론은 이렇다. 사역자는 돈을 보고 가는 것보다 하나님이 기뻐하시는 일이 무엇이냐를 보고 갔을 때 승리한다는 것이다. 이 원칙은 평생 사역의 원칙이라는 생각이 든다. 간단한 원리인 것 같지만 이것을 실천하는 것이 쉽지 않다.

## 5. 첫 목회지에서 성공하지 못하면 평생 목회에 성공하지 못한다.

1986년 3월 30일 의정부에서 개척을 시작했다. 8월 달에는 성경학교를 열었다. 개척한 첫 해 성경학교에 250명이 모였는데, 개척한 지 1년이 안 되어 청년과 학생 중심으로 100명이 넘게 모였다. 1년 안에 여선교회, 남선교회, 성가대가 조직되었다. 그러나 목회는 그리 간단하지 않았다. 교회 갈등이 시작되었다. 교인들이 서로 싸우기 시작했다. 그 와중에 강대상에서 멱살까지 잡히는 어려운 지경까지 갔다. 떠나고 싶었다.

개척을 할 때, 누군가 내게 조언을 해주었다. 첫 목회지에서 목회를 성공하지 못하면 평생 목회에 성공하지 못한다고 했다. 나는 그 말을 뼛속 깊이 새겨들었다. 죽어서 송장이 되어 나가더라도 첫 목회지에서 목회하다 실패했다는 소리는 듣고 싶지 않았다. 목회

126

가 너무 힘들어서 도망갔다는 낙인을 내 스스로 찍지 않겠다고 결단했었다. 절대로 목회 실패자가 될 수 없었다. 금식을 했다. 신학교 친구들과 산기도를 다녔다. 지고 싶지 않아서, 절대로 지고 싶지 않아서, 버텼다. 그렇게 버티면서 교회는 3년 만에 다른 교회를 도와줄 수 있을 정도로 자립이 됐다. 3년쯤 됐을 때 나는 교인들을 모아놓고, 목사가 더 이상 다른 교회에 손을 벌리지 않고 목회에만 전념할 수 있도록 책임을 지라고 했다. 성도들이 굶으면 목사인 나도 굶고, 성도들이 먹으면 목사인 나도 밥을 먹을 수 있게 해 달라고 했다. 굶어 죽더라도 목사로서 목회를 하고 싶다고 강하게 말했다. 그렇게 하여 86년에 개척하고 89년 목사 안수 받은 첫 회에 사례비 15만원을 책정하여 시작했다.

첫 목회를 하던 중 아내가 결핵을 앓게 되었다. 너무 어려운 환경이었다. 그래서 부목사로 나가야겠다 싶어 서울의 삼양중앙교회로 나왔는데, 그 교회에서 3년 6개월 동안 사역하면서 교육부를 3배 정도 부흥시켰다. 새벽 4시에 새벽기도에 나와서 저녁 12시까지 집에 들어가 본 적이 없었다. 그때 아이 둘을 낳아 키웠는데, 아이를 안아본 적이 없을 정도로 열심히 사역했다. 아내에게는 정말 미안한 시절이었다. 그렇다고 가정에 대해 잘못했다는 것은 아니다.

부목사로 있으면서도 꽤 어려웠다. 차마 글로 쓰기 어려운 부분이지만, 교인으로부터 고소를 당하기도 했다. 그러나 절대로 지고 싶지 않았다. 금식을 했다. 금식을 했더니 문제가 해결되었다. 그때 다시 깨달았다. 하나님께서 문제를 주실 때는 우리를 기도하는 자리로 나오라는 표지인 것이다. 하나님이 우리를 가까이에서 만나고 싶어서 기도하는 자리로 부르는 것이다. 삼양중앙교회에서 3년 6개월 동안 목회하면서 죽을 만큼 힘든 경험을 하고, 30년 정도의 역사를 지닌 석관제일교회에 담임자로 청빙되어 갔다. 당시 내 동기 가운데 제일 잘 나가는 선두그룹에 속한 목사가 된 거나 다름없었다.

교회가 안정된 곳이었으나 내가 담임자 6대로 가기 이전 목사 가운데 한 명도 그 교회에서 기쁘게 인사이동 된 적이 없었다. 이상하게 그 교회만 가면 거기서 목회가 끝나는 경우가 대부분이었다. 교회 분위기가 워낙 사나웠던 것이다. 죽기보다도 힘이 들었다. 포기하고 싶은 순간이 너무 많았다. 그러나 포기할 수 없었다. 나의 싸움이 아니라 하나님을 위한 싸움이었기 때문이다. 나는 언제나 싸우지 않고, 온유하고 참고 인내하는 방법으로 승리했다. 내가 다 양보하고 승리했다.

그런 후 지금으로부터 4년 6개월 전에 봉천교회로 왔다. 이곳의 전임목사가 부임한 지 8개월 만에 장로로부터 교회를 떠나라는 압력을 받았다. 새로 부임한 담임목사를 8개월 만에 쫓아낼 정도라면 지금의 교회도 힘든 교회라고 할 수 있다.

나는 지금도 다른 목사님들처럼 이렇다 할 업적이나 자랑거리가 없다. 사실 매우 힘들다. 난 한 번도 힘들지 않은 목회가 없었다. 그리고 죽을 때까지 그럴 거라고 생각한다. 그러나 내가 포기할 수 없는 단 한 가지 이유는, 이 길이 하나님을 위해 부름 받은 사역이기 때문이다. 각 교회마다 하나님이 우리에게 주시는 훈련은 그때그때마다 다 다르다. 어떤 교회에서는 돈을 내려놓게 하는 훈련을 시키신다. 어떤 교회에서는 내가 사람을 의지하는 것에 대해 회개하도록 훈련을 시키신다. 어떤 교회에서는 하나님이 나에게 맡겨주신 사역을 위해 목숨을 걸고 투쟁할 수 있느냐고 시험하시고, 또 어떤 교회에서는 내가 그렇게 목숨을 걸고 하는 것에 대해 내려놓을 수 있느냐고 시험을 하시기도 한다.

지금은 깨달아 알게 된 것이 있다. 첫 목회에서 목회에 성공하지 못하면 평생 목회에서 성공하지 못한다는 말의 의미는, 첫 목회에서 포기하지 않는 것을 배우라는 것이다. 첫 목회에서는 인내하는 것을 배워야 한다. 아무리 힘들어도 자기 성질대로 하지 않는 것을 배우는 것이다. 또 자기 성질대로 목회가 되지 않는다는 것을 첫 목회에서 배우는 것이다. 처음 고락이 해결되면 다음에는 평탄한 길이 기다리고 있을까? 아니, 그 다음엔 더 큰 고난이 기다리고 있다. 그러나 그때는 이길 만하다. 처음에 능히 이겼으니, 이길 힘이 생기는 것이다. 처음에 이겼을 때보다 더 많은 인내가 필요하고 더 많은 희생이 필요할 수 있다. 그러다 다른 교회로 가면, 거기도 마찬가지다. 사역이 끝나는 날까지 이 길은 고난의 길이다. 이 길은 십자가의 길이다. 그런 생각을 가지고 목회를 접근해야 한다. 조금만 지나면 목회가 편해지리라는 생각을 가지고 목회를 하면 평생 힘들 수밖에 없다.

죽을 만큼 힘들어도 포기하지 않고 인내하고, 죽을 만큼 힘들어도 하나님 중심성을 찾고 하나님이 기뻐하시는 것이 무엇인지, 하나님이 기뻐하시는 뜻이 무엇인지 계속 끊임없이 질문할 때, 그것을 위해서 희생하고 내려놓고 헌신할 때, 이 과정이 그치지 않고 계속되면 하나님이 우리의 지경을 넓혀주실 것이다. 그리고 지경을 넓혀주시는 것만큼 짊어질 십자가 또한 많아질 것이다. 그래도 그 속에서 얻는 보람과 영광이 있다.

## 6. 건강한 목회, 건강한 목회자

건강한 목회자가 된다는 것은 하나님에 대해 늘 열린 마음으로 사는 것이다. 이런 저런 목회를 하겠다는 원칙도 도그마가 될 수 있다. 반면 하나님이 기뻐하는 것이라면 "내가 무엇이든지 하겠습니다." 목회의 길이 대개는 아픔의 길이지만 그럼에도 불구하고 "알겠습니다." 라고 결단을 내리는 것이, 신앙의 건강성, 신앙의 영성이라고 생각한다.

많은 목회자들이 광림교회나 금란교회와 같은 교회들의 세습에 대해 자괴감을 느낄 것이다. 그렇게 세습하는 교회로 말미암아 한국 감리교회의 위신이 땅에 떨어졌다고 생각할 것이다. 많은 사람들이 비판을 한다. 그러나 반대로 비판을 하는 쪽도 비판할 부분이 있다.

의정부에서 개척목회를 할 때 나는 650만원을 가지고 개척을 했다. 지하 34평 전세를 얻고 교회의 여러 비품들까지 800-900만원을 들여 목회를 시작했다. 그런 후 1986년부터 만 6년 목회하고 나올 때 그 교회 자산이 내가 처음 시작했을 때보다 7-8배는 늘어 있었다.

1억 정도의 자산이 늘어난 셈이었다. 교회도 넓은 평수의 지상으로 옮겼고, 조그만 아파트지만 사택도 하나 구입했다. 실질적인 자산이 굉장히 늘었다. 그 시대에 의정부에서 목회했던 목회자 가운데 가장 빨리 자립한 경우였다.

그런데 내가 서울로 부목사로 간다고 하니까 84학번 후배 목사들이 나를 찾아왔다. 자신들이 이곳에서 목회할 수 있게 도와달라고 했다. 그들은 의정부에 개척할 마음으로 기도하고 있었는데, 맨손으로 시작하는 것보다 지어진 집에서 시작하고 싶다는 것이었다. 그러면서 내게는 개척자금 3000만원을 주겠다고 제안했다. 그런 제안이 많이 들어왔다. 그 당시만 해도 교회 부임지를 이동하면서 500만원, 1000만원을 받고 떠난다는 것은 있을 수 없는 일이었고, 또 상상할 수도 없는 죄악 목록 가운데 하나였다. 그래서 난 그 후배들에게 일언지하에, 그리고 단호하게 거절했다.

"너는 무조건 안 돼. 넌 날 우습게 봤어. 넌 나를 돈 받고 교회 팔아먹는 목사로 봤냐? 넌 무조건 안 된다. 당장 가라."

개척할 때 1000만원을 가지고 개척을 했으니 그만한 돈을 받아 가지고 나가야겠다는 생각은, 나에게는 있을 수 없는 일이었다. 지금의 젊은 목회자들에게 이런 모습은 참으로 낯설게 느껴질지 모른다. 이런 문제에서 자유로운 목회자들이 얼마나 있겠는가. 사실 믿지 않는 사람들의 눈으로 바라보면, 교회를 팔고 교인을 팔아먹는 것과 똑같다. 그러면서도 우리는 세습한 목사에 대해 비판을 한다. 이율배반적이다. 목회자들이 자기 안의 정직성이 무너지고 하나님에 대한 헌신이 무너지고 있는 것에 대해서는 영적으로 자각하지 못하고 둔감해하면서, 양심에 화인 맞은 사람처럼 되어가고 있는 것이다.

한국교회가 건강하지 못하다는 것을 누구 때문이라고 말하는 한, 그 사람은 자신 또한 건강하지 않다는 것을 고백하는 셈이다. 누가 뭐라 해도 내가 하나님 앞에서 정직하게 바르게 서야겠다는 목회자로서의 결단이 필요하다. 어떤 경우에는 그것이 물질을 내려놓는 결단이 될 수 있고, 어떤 경우에는 가족을 희생시킬 수 있는 결단이 될 수 있다. 어떤 경우에는 자존심이 무너질 때도 있다. 그런 것들을 하나씩하나씩 내려놓을 때, 비록 건강한 목사는 아니라 할지라도, 적어도 삯군 목사는 아니지 않겠는가.

목회자들이 삯군으로서 건강하지 못한 목회를 하려고 한다면 일찌감치 목회를 그만두는 것이 낫다. 오히려 목회를 하지 않는 것이 하나님 앞에서 정직하게 신앙인으로 살아가는 길이 될지도 모른다. 그러나 목회자가 됐다는 것은, 굉장한 축복이요 특권이다. 주님의 십자가를 함께 지고 나아가고 있기 때문이다. 십자가를 영광으로 삼기 전까지는 한국교회는 건강하지 않을 것이다.

목회를 40년 해도 여전히 어렵다. '건강한목회연구소' 이사로서 27년 목회하신 목사님들이 여러 분 계신다. 신입사원이 한 직장에서 25년 근무한 상사라면 감히 함부로 대할 수가 없을 것이다. 그런데 교회는 다르다. 1000명, 15000명 모이는 교회에 처음 온 교인이 담임 목사실에 들어와서 "당신이 목사야?"라고 소리치며 나갈 수 있는 것이 한국교회의 구조이다. 목사는 죽을 때까지 욕먹는 것에 익숙해져야 한다. 욕먹고 비난받고 오해받고 속상하는 일이 익숙해지지 않으면 절대로 좋은 목사가 될 수 없다.

전임지에서 건축을 하다가 울화병이 걸렸다. 장로가 내게 함부로 대하는데, 나는 목사이기 때문에 어떻게 할 수가 없었다. 시집살이 많이 한 며느리에게 생기는 울화병이 내게도 생겼다. 울화병이 생기면 가슴이 답답하고 숨이 안 쉬어진다. 그런데 놀라운 것은, 울화병이 생겼는데도 내 마음 속 깊은 곳에서는 이 세상 어떤 것으로도 비길데 없는 기쁨과 감격과 희열이 솟아올랐다는 점이다.

'내가 하나님 일을 하다가 이 병에 걸렸으니 지금 내가 하나님 나라에 가면 할 말이 있겠구나. 하나님 앞에 가면, 내가 목회를 하다가 받은 상처가 상급이 되겠구나.'

가슴이 답답하고 숨이 안 쉬어져서 침대에서 떼굴떼굴 구르면서도 나를 힘들게 했던 사람들로 인해 분노가 치미는 것이 아니라 안에서 말로 다할 수 없는 희열이 막 솟아나오는 거였다. 그런 체험이 영적인 건강성이라고 생각한다. 물론 매일 그런 마음이 드는 것은 아니지만, 그런 경험들이 평생 나를 지탱해주는 건설적인 신앙의 체험이 되는 것이다.

우리의 사역은 저마다 다 다르다. 남의 사역을 흉내된다고 해서 그대로 되는 것이 아니다. 있는 자리에서 어떤 오해를 받고 인정을 받지 못한다 하더라도, 그 자리를 지켜야 한다. 자기 내면에서 "이젠 됐다. 너 참 수고했다." 라고 말씀해주는 순간까지 기다리고, 교회를 옮기더라도 그때 옮겨야 한다. 새로운 사역을 시작하려거든 그때 시작하라. 그 자리에서 성실하게 순결성을 지켜 나가라. 처음에는 사람들이 그 순결성을 알아주지 않아 분노가 일어나고 속이 상하겠지만 잘 인내하고 견디어라. 매순간 어떤 자리에서든지 그렇게 하라. 그런 조각들을 모아가면서 그리스도를 닮아가는 내 인격이 형성되어지는 것이고, 그런 조각들이 모아지면서 내 사역의 그림들이 맞춰지는 것이다.

하나님의 뜻이 분명하게 느껴지지 않을 때에도 그런 조각들을 모아 맞춰 나가면, 나중에는 조각들이 조금 남게 된다. 조각들이 조금 남으면, 그때는 금방금방 맞출 수가 있다. 처음에 맞출 때는 어디서부터 맞춰야 하는지 한참을 찾아야 하지만, 어느 정도 되면 순서를 찾는 것이 쉬워지는 것처럼, 하나님의 뜻을 자꾸 물어가다 보면 빨라지게 된다. 그러다보면 하나님의 뜻을 찾아가는 목회가 무엇인지, 하나님이 기뻐하시는 목회가 무엇인지 경험으로 얻어지게 된다. 이것은 책에서 읽어서 얻어지는 것이 아니다. 하나님 앞에서 단독자로 서는 결단에서만이 얻을 수 있다. 우리는 굉장히 영광스러운 길을 가고 있다. 주님과 함께 십자가를 질 수 있는 자리로.

우리가 건강한목회연구소 목회전문학교를 여는 것은 건강한 목회의 동역자들을 만나고자 하는 것이다. 우리의 모임은 정치 서클이 아니고, 되어서도 안 된다. 건강하게 서로가 서로를 지켜보는 모임을 함께 만들어가는 것이 소중한 것이다.

가끔 가다 후배 목사들에게 "목사님을 늘 쳐다보고 있어요."라는 말을 들을 때가 있다. 그 말 한마디면 무서워서 함부로 못한다.

한 번은 캐나다에 유학 가 있는 95학번 후배 목사에게서 스승의 날에 문자가 왔다. 스승의 날이 되어 나의 스승이 되었던 사람이 누구일까 하고 생각해 보니까 김광년 목사님이 내 인생에 스승인 것 같다고 했다.

"멀리서 고마움을 표합니다. 목사님, 늘 그 자리에서 계셔 주십시오. 저도 목사님 따라가겠습니다."

그 말 한마디가 얼마나 무서웠는지 모른다. 우리가 함께 손잡고 힘들 때도 잘 견뎌나가면서 선한 진(陣)을 갖춰 나갔으면 한다.

# 전도하면 전도된다


**이현식** 목사

(서울, 진관감리교회)


## 1. 목회의 시작


2008년 1월 30일, 정년은퇴를 앞둔 정하봉 목사님의 후임자로 내정이 되어 진관교회 제4대 담임자로 부임하게 되었다. 2008년 당시 교회는 역사가 41년 된 교회였고, 특히 은평 뉴타운 계획의 발표로 인하여 구예배당을 매각하고 2006년 1월부터 은평구 갈현동에서 건물의 두 개 층을 빌려 예배를 드리고 있었다. 게다가 그때는 아직 부지 선정이 확정되지 않아 새 예배당 건축을 위한 청사진과 설계도만 나와 있는 상태였다.

교인들은(부임 첫 주 270여 명 출석) 뉴타운 건설에 대한 희망과 함께 새 성전 건축에 대한 강한 기대감을 가지고 있었다. 교인구성은 대체로 교회에 뿌리를 내린 지 오래 된 사람들이 많았고 평균 연령도 상당히 높은 상태였다. 그때는 전도나 교회 성장에 대한 열망보다는 새 성전이 건축될 때까지 현상유지나 교인관리에 더욱 힘쓰는 목회가 필요했다. 실제로 예배 처소를 갈현동으로 옮긴 이후 2년이 되도록 전도나 성장은 아주 미미한 상태였다. 교인들의 마음속에는 여기서는 지금의 현상을 잘 유지하다가 새 성전 짓고 뉴타운으로 들어가면 그때부터 열심히 전도하면, 아니 어찌 보면 전도하지 않아도 건물이 전도해 줄 것이므로 교회성장은 이제 받아 놓은 밥상이라는 생각들이 만연해 있는 것 같았다.

그러나 나의 생각은 달랐다. 과거 10년 동안 섬겼던 교회(한남동 소재, 한마음교회)의 경험과 여러 교회들의 사례를 보았을 때 '전도할 때 전도가 되는 것'이지 전도하지 않으면 어떤 환경이나 상황에서도 성장이나 전도가 되지 않았다. 그래서 나는 우선적으로 2008년 4월에 주일오후 2회와 주중 저녁 6회 등 총 8회에 걸쳐서 전도집회를 자체적으로 실시했다. 당시 외부에 나가 전도부흥회를 인도하고 있던 터라 다른 교회에서 하는 것과 똑같은 교재를 사용해서 전도집회를 하였고, 8일째 되는 마지막 날에는 전도대 헌신서약을 했다. 135명의 교인들이 교회의 전도 프로그램에 따라 전도하기로 지원을 했다. 먼저 화요일에 행하는 전도특공대와 수요일 새벽 지하철 전도대, 그리고 목요일에는 지역의 상가를 다니며 전도하는 상가전도대, 토요일에는 거점을 몇 군데 잡아서 전도하는 차(茶) 전도대, 또 주일 오후예배를 마치고 행하는 70인 전도대 3개 등, 총 7개의 전도대를 조직하여 전도에 나섰다. 교인들의 반응과 참여는 매우 열정적이었고 적극적이었다. 평소 생각대로 뉴타운에 들어가서 전도하면 되지 벌써부터 힘을 빼느냐고 말하는 몇몇 사람들이 있기는 했지만, 은퇴한 원로 장로들을 비롯하여 많은 교인들이 전도에 헌신하였다. 그 결과 약 8개월이 지난 2008년 연말 통계에 의하면 8개월 동안의 전도의 열매로 78명의 새가족이 교회에 등록을 하게 되었다. 이 일은 교인들의 전도에 대한 사기를 북돋는 계기가 되었다. 평상시 교인들에게 외쳤던 구호, "전도하면 전도된다"는 말이 한낱 구호가 아니라 현실로 나타난 것을 보고 교인들은 더욱 더 전도에 힘쓰게 되었다. 나는 "전도하면 전도된다"는 이 말을 이미 10년 전에 강하게 체험한 터였다.

1998년 2월 농촌 목회를 마치고 서울로 올라오게 되었을 때 부임한 교회는 건물 3층에 월세를 내고 있던 교회였다. 출석교인이 60여명인 이 교회는 외부적인 환경이나 내부적인 조건이 성장하기에 너무 좋지 않았다. 특히 교회 아래층에 자리 잡고 있던 노래방은 교회를 성장시킴에 있어서 큰 장애물이 아닐 수 없었다.

교인들의 마음속에는 일종의 패배주의와 안일주의가 자리 잡고 있어서 성장의 꿈조차 꾸려고 하지 않았다. 그때 나는 하나님 아버지의 마음(딤전 2:4)을 목회의 주제로 삼아 교인들에게 전도 훈련을 시키고 함께 전도를 했다. 그러자 그 노래방 계단을 뚫고 부임 첫해에는 35명, 그 다음 해에는 60명, 그리고 3년차가 되었을 때에는 86명의 새가족이 등록하게 되었고, 특히 전도하는 교회를 향한 하나님의 배려로 부임 4년차가 되었을 때에는 지하 1층 지상 5층짜리 건물을 구입하고 리모델링을 하여 예배당으로 사용하는 기적을 맛보게 되었다.

그 후 줄곧 나는 누구를 만나든 어디를 가든 외치는 것이 "전도하면 전도된다"는 것이었고, 바로 이 구호가 사실임을 현재 목회하고 있는 진관교회에서도 맛보게 되었던 것이다.

## 2. 전도에 대한 오해와 나의 생각

전도에 대한 나의 생각은 단순하면서도 변함이 없다. "전도하면 전도가 된다"는 것이다. 전도는 결코 어렵지 않다. 그 이유는 "성령께서 함께 하시기 때문이다." 전도는 결국 나가는 것이 능력이므로 교회는 세상 속으로 흩어지는 교회가 되어서 계속 복음의 씨앗을 뿌리고 사랑의 거름을 주어야 한다. 그런 관계를 계속 형성해 가다 보면 뿌려 놓은 것들, 그리고 하나님이 예비해 놓은 영혼들을 거두게 되므로 전도는 결국 '되어진다'고 할 수 있다.

나가는 전도, 뿌리고 거두는 전도의 축복을 맛보기 위해서는 먼저 교인들이 마음 속 깊이 가지고 있는 전도에 대한 네 가지 오해를 풀어야 한다. 사람과 사람 사이에도 오해를 풀지 않고 계속 가지고 있으면 둘의 관계가 점점 멀어지듯이, 지금 한국 교인들이 전도에 대해서 많은 오해들을 가지고 있고 그 오해를 풀지 않음으로 전도에 대해 어렵게 생각하고 할 수만 있다면 전도를 하지 않으려고 하고 있다. 나는 진관교회에 부임하여 교인들이 가지고 있는 전도에 대한 네 가지 오해를 푸는 일에 먼저 역점을 두었다.

첫 번째 오해는, "전도하면 '불신자'만 좋다"는 생각이다.

의외로 많은 교인들이 이런 생각을 가지고 있다.

'열심히 전도해서 불신자가 구원을 받으면 불신자만 좋은 게 아니냐?'

'전도해서 교회가 성장하면 교회가 좋고 목사님이 좋은 것이지 나하곤 별 상관이 없지 않느냐?'

나는 이런 고정관념을 가진 교인들에게 먼저 이렇게 이야기했다. 전도하면 불신자가 좋다. 그러나 불신자만 좋은 것이 아니다. 불신자가 구원 받았으니 좋고, 하늘 아버지는 그 영혼이 돌아왔으니 좋고, 나아가 전도한 나에게는 더욱 더 좋은 일들이 생기게 된다. 그러면서 전도자에게 약속하신 성경의 복들에 대해서, 그리고 전도하다가 잘 된 사람들, 영육간의 복을 받은 사람들에 대한 이야기를 했다. 그랬더니 교인들의 생각이 바뀌고, 그동안 자신들이 오해하고 있었음을 깨닫게 되었다. 나는, 전도는 'win-win'이라는 말을 즐겨 사용한다. 그렇다, 전도는 서로 좋아지는 것이다. 전도하면 불신자도 좋고, 하나님도 좋고, 그리고 하나님이 가장 기뻐하는 일을 행하고 있는 나는 더 좋아진다.

두 번째 오해는 "전도는 은사가 있는 사람만이 하는 것"이라는 생각이다.

전도를 하다가 많은 사람들이 부딪히는 고민은, '누구는 전도가 되는데 나는 안 된다.'는 것이다. 왜 그럴까? 에베소서 4장에 기록된 은사의 목록 중에 전도의 은사를 발견하게 되면 그 순간 고민은 끝이 나게 된다.

'그동안 전도가 잘 된 사람들은 전도의 은사가 있어서이고 죽으라고 전도해도 안 된 나는 은사가 없어서 그랬구나!'

놀라운 것은 이 깨달음의 순간, 그 사람에게는 엄청난 자유가 주어지게 된다. 이젠 전도하지 않아도 된다는 안도감에 빠지는 것이다. '전도는 은사가 있는 사람이 열심히 하면 되고 나는 내게 있는 그 은사 가지고 그 일에 최선을 다 하면 된다!'는 생각이 들어서, 그 후부터는 누가 설교를 하더라도 전도에 대한 마음이 전혀 열리지 않게 된다. 그러나 과연 정말 그럴까? 오해가 아닐까?

나는 성경을 근거로 하여 교인들에게 오해 풀기 작업을 했다. 전도란 하나님이 교회를 위해 주신 은사 중 하나가 틀림이 없고 또 하나님의 사역은 할 수 있다면 은사에 따라 하는 것이 효율적이다. 그러나 전도만큼은 은사의 차원을 뛰어넘어서 구원 받은 사람이라면 누구든지 해야 하는 성도의 마땅한 의무요 책임이다. 왜냐하면 전도는 주님의 지상명령이기 때문이다. 그렇다, 전도는 은사가 있든지 없든지 누구든지 해야 한다. 주님의 명령이요, 하나님 아버지의 간절한 소원(딤전 2:4)이기 때문이다. 그러므로 은사가 있으면 은사를 가지고, 없으면 성령에 의지하여 전도하면 된다. 전도하면 전도되는 역사가 나타나게 될 것이다.

세 번째 오해는 "전도는 결과가 중요하다"는 생각이다.

많은 사람들이 전도를 하다가 중단한 이유를 보면, 열매(결과)가 없어서 더 이상 못하겠다고 한다. 물론 열매가 중요하다. 그러나 우리가 전도와 관계해서 알아야 하는 것은, 전도의 열매는 하나님의 소관이요, 우리가 해야 할 일은 과정 속에 최선을 다하면 된다는 것이다. 과정이 없는 결과는 있을 수 없고 특히 열매는 하나님의 때(카이로스)가 차야 나타는 것이므로 우리는 과정에 최선을 다해야 한다(고전 3:7-8).

네 번째 오해는 "전도는 너무 어렵다"는 생각이다.

나도 1996년 3월부터 전도에 본격적으로 헌신하며 현장에 나가 전도해 왔지만, 사실 전도는 쉬운 게 아니다. 어렵다. 그러나 한 가지만 알면 그때부터 전도는 어렵지 않게 된다. 바로 성령과 함께 하는 전도이다. 성령과 함께 할 때 전도는 하는 게 아니라 되어진다. 어렵지 않고 쉬워진다.

성령의 역사는 무궁무진하지만 전도와 관계해서 성령은 세 가지로 역사하신다. 먼저는 문을 열어주신다. 굳게 닫힌 대문을 열어 주시고 마음의 문, 그리고 구원의 문을 열어 주신다. 또한 성령은 전도자에게 권능을 주신다(행 1: 8). 바로 그 성령의 힘으로 우리는 지금보다 백배 아니 그 이상의 일들을 감당하는 전도자가 될 수 있다. 특히 성령은 전도자의 언어, 즉 입을 지켜주신다(마 10:19-20). 전도현장에서 사람들을 만나게 될 때 할 말이 생각나게 하시고, 가장 적절하고 능력 있는 말씀을 전하게 하신다. 이와 같이 전도에 대한 여러 가지 오해를 풀게 됨에 따라 진관교회는 전도하는 교회로 담대하게 걸어 나갈 수 있었다.

## 3. 건강한 목회를 위한 제언

지금까지 전도에 대한 이야기를 하였는데, 이제는 건강한 목회를 위한 몇 가지 이야기를 함께 나누고자 한다.

### 1) 사통(四通)의 교회

사도행전 2장은, 교회는 네 가지가 통해야 한다고 말한다.

먼저 하나님과 목회자 사이의 소통이다. 목회자와 교인 사이의 소통, 즉 말씀의 가르침과 순종(행 2:42)을 역설하고 있다. 나아가 교인과 교인 사이의 소통인 사랑, 또한 교회가 세상과 소통하기 위하여 전도와 지역사회 섬김의 신앙을 가질 것을 강조하였다. 우리 몸도 혈관이 막히게 되면 큰 문제가 생기듯이, 교회 역시 통하지 않고 불통할 때 온갖 문제가 생기게 된다. 특히 개신교에서는 목회자의 역할이 중요하다. 교회를 성장시키기 위해서는 목사를 성장시켜야 한다. 목회자의 가치와 색깔에 따라 교회의 방향성과 색깔이 달라지기 때문에 목회자의 위치와 역할이 굉장히 중요하다.

## 2) 사방(四房) 목회

담임목사로서 나는 하나님과 영적으로 늘 교통하는 사람이 되기 위해서 사방(四房)목회를 지향하고 있다. 기도목회인 골방, 사람과의 관계를 잘 맺어 나가는 심방, 행복한 가정을 이루어 나가는 안방 목회, 말씀목회인 글방의 이 네 가지 '방'을 위해 스스로 애쓰고 있고, 교인들에게 기도를 부탁한다.

첫 번째는 '골방'이다. 목회자는 기도의 골방이 있어야 한다. 매일 무릎을 꿇고 기도하는 목회자가 되어야 한다. 새벽에 목회자가 하나님 앞에 무릎을 꿇어서 기도해야 한다. 새벽에 기도 시간을 확보하지 못하고 놓쳐버리면 그 날 하루를 하나님과 동행하기 어렵다. 그렇기 때문에 새벽은 나를 위한 시간, 하나님을 향해 무릎 꿇는 시간이다.

두 번째는 '심방'이다. 심방의 목적은 관계이며, 목회자는 원만한 관계를 잘 맺어야 한다. 하나님과의 수직적 관계는 물론 사람들과의 관계를 원만하게 해 나가야 한다.

세 번째는 '안방'이다. 가정이 행복해야 행복한 목회를 할 수 있다. 부부관계가 건강한 것이 목회의 발판이 된다. 의도적으로 함께 하는 시간을 만들고 함께 속이야기를 모두 나눌 수 있어야 한다.

네 번째는 '글방'이다. 목회자는 정지, 경체, 사회, 문화가 아니라 성경에 정통해야 한다. 1년에 5번은 성경 전체를 읽는다는 목표가 있어야 한다. 성경을 읽는 방법은 여러 가지가 있지만 성경을 역사 순으로 읽어야 한다. 역사 순으로 배열을 잘 해놓은 『조병호 통독성경』을 권장하고 싶다. 적어도 그런 방법으로 20번씩 읽으면 모든 예화를 성경에 나오는 것으로 들 수 있다. 일반예화는 3번만 해도 교인들에게서 '재탕한다'는 말이 나오지만, 모세나 요셉 이야기처럼 성경 이야기는 백번을 인용해도 교인들이 뭐라고 하지 않는다.

### 3) 설교를 위한 제언

설교를 준비하면서 나는 다음의 네 가지 질문을 항상 나 자신에게 던져본다.

첫째, 나는 전적으로 헌신하고 있는가?
둘째, 내 설교 속에 예수그리스도의 복음이 있는가? 눈물과 감동이
　있는가?
셋째, 나는 다양한 번역본을 사용하고 있는가?
넷째, 결단이 있는가? 마지막 통성기도의 의미는 결단을 촉구하는
　것이다.

목사가 건강해야 교회가 건강할 수 있다. 교회가 병들어가고 있는 것은 교인이 병들어간다는 것임을 잊지 말아야 한다. 또한 목회자와 성도의 관계가 건강해야 한다. 말씀의 가르침과 순종이 필요하다. 목회자와 교인의 매개는 말씀이기 때문이다. 그리고 성도

와 성도간의 관계에는 사랑이 있어야 한다. 새로운 사람이 교회에 처음 들어왔을 때, 4-6주 안에 성도로 정착하게 될지 결정이 난다. 그리고 3개월은 지나야 목사의 설교가 들린다. 초신자는 성경 이야기나 성경에 나오는 단어, 교회적 용어를 몰라서 이해하기 어렵기 때문에 목사의 설교로 인해 교회에 나오는 경우가 드물다. 처음 나오기 시작한 때부터 3개월 정도는 끊임없이 사랑을 줘야 하며, 기존 성도들의 관심이 중요하다. 더욱 중요한 것은, 기존 교인의 입장에서가 아니라 초신자의 입장에서 자신이 사랑받고 있다는 느낌이 들게 해야 한다는 점이다. '이 교회는 나를 환영하는구나.' 하고 눈으로 보여야 하고 피부로 느껴져야 한다.

교회는 사랑이 넘치는 공동체가 되어야 한다. 끼리끼리의 사람은 독이 된다. 그래서 교회에서 체육대회를 해도 지역과 함께하는 행사로 열고, 여행을 떠나도 잔여좌석을 만들어서 믿지 않는 사람을 데리고 올 수 있게 한다.


## 4) 두 날개 신앙

우리 진관교회를 전도하는 교인으로 만들기 위해 나는 두 날개 신앙, 즉 모이는 신앙(예배공동체, 사도행전 2장의 교회)과 흩어지는 신앙(전도공동체, 사도행전 13장의 교회)의 조화를 역설하였다.

그 중 하나는 '나가는 전도'로서 노방전도, 축호전도와 같은 전통적인 전도방법을 행하였다. 실제적인 전도의 열매는 그리 크지 않지만, 교인들의 야성을 키우고 교회 안에 영혼 구원의 바람을 일으키므로 반드시 해야 한다고 생각한다. 그래서 월요일부터 토요일까지 '나가는 전도'를 한다. 노방전도, 축호전도, 봉고차전도, 부침개 전도 등 다양한 방법으로 전도를 한다.

주일에는 클린(clean)전도를 한다. 거리로 나가서 청소를 하는 전도다. 지역 청결과 함께 거리에 돌아다니는 전도지를 줍기 위함이 기도 하다.

나가는 전도와 더불어 오게 하는 전도를 위해 크게 세 가지를 행하고 있다. 교회 안에 카페를 만들어 운영하고 문화 프로그램 등을 개설하여 불신자들로 하여금 자연스럽게 교회에 출입할 수 있도록 하였고, 1년에 한 번씩 행복축제를 12주 실시함으로써 전도대상자를 정하고 4개의 다리, 즉 찾음의 다리(visit), 말함의 다리(tell), 초청의 다리(invite), 기대의 다리(expect)를 건너 교회로 오도록 하고 있다. 뿐만 아니라 이미지 전도를 위해서 지역 '섬김운동'을 하고 있다. 지역 노인을 위한 경노잔치, 소년소녀 가장 돕기, 사랑의 헌혈, 외국인 노동자 고향 보내주기, 지역을 위한 음악회 등이 그것이다.

이제까지 나는 영혼 구령의 열정을 가지고 전도목회에 가장 최선을 다하는 목회를 해왔다. 진관교회가 전도중심, 구령의 열정을 불태우는 교회가 되도록 나름 목회철학을 담아 목회하고 있다. 물론 효과를 극대화하기 위해 진관교회는 월요일부터 토요일까지 매일 13시간 릴레이로 진행되는 중보 기도대와 화요일 교회를 위한 기도대, 그리고 금요일 담임목사를 위한 기도대도 운영하고 있다. 뿐만 아니라 정착을 위한 프로그램도 가동하고 있다. 그러나 이 모든 것이 다 귀하지만 그 시작은 영혼 구원, 바로 전도에 있음을 항상 잊지 않고 목회하고 있다.

뉴타운에 입당한 이후 영혼 구원을 향해 다양한 방법을 동원하여 전도하는 우리 교회에 하나님은 많은 영혼들을 보내 주셨고, 지역 사회에서 좋은 소문이 나는 교회가 되었다. 교인들은 교회에 대한 자부심을 가지고 있으며 언제 어디서나 참된 그리스도인이 되려고 애쓰고 있다. 또한 진관의 사람들은 요셉처럼, 아브라함처럼 다른 사람을 복되게 만드는 축복의 통로가 되려고 기도하고 있다.

## 4. 진관교회의 전도이야기

여기에서는 교인들과 그간 실행해온 전도 프로그램의 구체적인 내용을 소개하기로 하겠다. 2008년 부임 때의 교회는 은평뉴타운 건설과 새성전 건축이라는 부푼 꿈을 가지고 있었다. 그러나 부푼 꿈만큼 전도 전략이나 성장의 구체적인 방법은 세워지지 않았다. 2010년 1월, 새 성전 입당과 함께 새로운 뉴타운 시대를 열어가는 역사적이고도 매우 중요한 시기를 맞이하면서, 새로운 환경 가운데 새로운 사람들을 담아내기 위한 세밀한 전도 전략과 함께 공격적인 전도전략이 필요했다.

그래서 은퇴하시는 전임목사님이 잘 다져 놓은 300명의 용사들과 함께 가나안 입성 프로젝트를 시작하게 된 것이다. 가나안에 입성하기 위해 준비해야 할 것들, 그리고 입성하게 되었을 때 행할 일들에 대해서 구체적인 계획을 세우고, 특별히 교회가 반드시 가져야 할 야성을 회복하기 위해 전도 운동을 벌여 나갔다. 전도 토양화 작업을 위해 전도부흥회를 자체적으로 실시하고, 전도대를 조직하여 운영하였으며, 가나안 거인들을 무너뜨리기 위한 도전 의식을 갖게 하기 위해 입성 때까지 전교인 릴레이 기도를 하였다. 따라서 새 성전 입당 전부터 전도에 대한 토양화 작업, 즉 전도로의 체질개선이 전 교회적으로 이루어졌고, 이제는 이러한 전도의 열망들을 실제적이고도 구체적으로 끌어가기 위한 장을 마련하는 것에 역점을 두고 계획을 세웠다.

전도 프로그램을 구체화하기에 앞서 분명한 신념으로 붙잡아 놓고자 한 것이 있다. 전도하면 전도되지만, 어떤 상황에서도 전도하지 않으면 전도되지 않는다는 것이다. 또한 21세기는 더 이상 건물이 전도하는 시대가 아니라 사람이 전도해야 한다는 것이다. 그와 함께 새 성전 입당 후 3년 내에 교회부흥을 이루지 못하면 우리 교회의 부흥은 영원히 꿈꿀 수 없다는 강한 부담감을 가지게 되었으며, 이러한 생각과 함께 세 가지 전도전략을 세우게 되었다.

전도에는 3개의 전도 틀이 있다. 첫 번째는 "가는 전도"로, 말 그대로 직접 가서 접촉하는 전도이다. 두 번째는 "오게 하는 전도"이다. 관계를 활용하고 또 교회 내의 다양한 프로그램을 활용하여 지역주민들에게 교회를 개방하고 교회의 문턱을 낮춤으로 직접교회로 발길을 옮길 수 있게 하는 것이다. 세 번째는 "이미지 전도"이다. 사회를 향한 교회의 다양한 섬김을 통하여 교회에 대해 좋은 이미지를 갖게 하는 장기적인 계획의 옥토 만들기이다.

## 1) 프로그램 매뉴얼

### a. 가는 전도: 직접 가서 접촉하는 전도

ⓐ 아파트 전도대 (매일 전도대)

요일별로 하는 전도대를 아파트에 집중하여 편성하여 새로 입주하게 되는 입주민들을 타깃으로 한 전도대이다.

| 전 도 대 | 방 법 |
|---|---|
| 방문 전도대 | 입주 아파트를 중심으로 한 방문전도, 방문 시 교회를 알릴 수 있는 전도지와 새롭게 제작한 전도용 각 티슈를 사용하고 기본적인 정보를 파악할 수 있는 설문지를 지참한다. |
| 지하철 전도대 | 아파트에서 지하철역으로 가는 길에 전도부스를 설치하여 전도신문(지역신문)과 함께 간단한 간식 제공. |
| 상가 전도대 | 아파트 입주 상가민을 대상으로 방문전도. 각 티슈와 종이컵을 제공하며 방문전도. |
| 교역자 전도대 | 단지 내 노인정을 돌아가면서 방문 노인들을 위한 안마, 말벗, 수발등을 통해 전도 |
| 섬김 전도대 | 토요일 점심시간을 이용, 교회 주변 지역 차(茶)전도. |

ⓑ 봉고차 전도대

특수한 상황(뉴타운 입주)을 고려한 맞춤식 전도대이다. 봉고차 전도는 전도에 필요한 모든 것을 봉고차에 비치하여 기동성 있게 방문하는 전도 방법이다. 봉고차전도는 새롭게 입주하는 세대를 대상으로 하는 전도로, 이사가 진행되면 적어도 3시간 이상은 항상 문이 열리는 상황이 된다. 이 시간을 이용해 세대를 방문함으로써 보다 손쉬운 방문전도가 가능하며 전도의 선점에 있어서도 유리한 방법이다. 또한 이사 시 필요한 생수(2L), 각티슈, 쓰레기 봉투(30L), 물티슈와 커피를 비롯한 각종 음료 등을 제공하여 거부감보다는 반갑고 고마운 마음으로 반기는 효과와 함께 좋은 교회 이미지를 얻을 수 있다. 실제로 이사 후 교회를 새로 찾게 되는 분들에게 상당한 효과를 얻었다.

ⓒ 부스 전도대

부스 전도대는 새롭게 조성된 아파트 단지 내에 전도부스를 설치하여 상주하며 하는 전도 방식으로, 이곳에서는 즉시 만들어 제공할 수 있는 부침개와 각종 차를 준비해 놓고, 아이들을 위한 과자와 사탕류를 제공하며 교회를 알릴 수 있는 팸플릿과 주보 등을 제공한다. 부스전도는 계절에 맞게 메뉴를 다양화할 수 있고, 아파트 주민과 소통의 자리를 마련할 수 있는 곳으로 유효하며, 주민들과 오랜 시간 접촉을 통하여 교회소개와 다양한 프로그램을 쉽게 설명할 수 있는 전도의 기회를 가질 수 있다.

## b. 오게 하는 전도

관계를 활용한 이벤트 전도 및 교회 내의 다양한 프로그램을 활용하여 지역주민들에게 교회를 개방하고, 특히 교회의 문턱을 낮춤으로써 직접 교회로 발길을 옮길 수 있게 하는 전도이다.

ⓐ 문화센터: 주중에 교회의 다양한 공간을 활용하는 전도 방법 중 가장 효과적이라 할 수 있는 것이 바로 문화센터이다. 문화센터는 지역민들을 위한 다양한 교육의 장을 마련함으로써 교회의 문턱을 낮추며 흥미와 필요를 제공함으로써 직접 찾아오게 하는 좋은 전도 방법이다. 우리 교회는 문화센터를 준비하면서 지역의 필요를 조사하였고, 문화교실 개설을 위해 교회자원에 국한시키지 않고 다방면으로 연구하여 관할구청에서 교사지원을 받고, 대한체육회와 기타 기관에서 우수 자원들을 공급받을 수 있었다. 따라서 수준 높은 교육환경을 만들었고 그로 인해 지역주민의 많은 참여를 이끌어냈을 뿐 아니라 교회의 좋은 이미지와 함께 지역 사회적 역할도 감당하게 됐다. 현재 개설된 문화센터 과목은 어린이 성장체육, 성인 스트레칭, 기타, 바이올린, 컴퓨터반 등 20여개 과목이 진행 중에 있다.

ⓑ 어머니 기도회: 지역 리서치 결과 뉴타운의 특징 중 하나인 취학 아동들을 둔 가정, 즉 비교적 젊은 부부들이 많이 이주하고 있었다. 이런 지역적 특징을 고려해 어머니 기도회를 시작하게 되었다. 현재 진관교회 어머니 기도회는 1년 넘게 진행되어 오면서 평균출석 70명 이상의 성장을 이루었으며, 참여하는 어머니들의 기대에

맞게 수준 높은 강의를 준비하기 위해 한 달에 한 번씩은 유명한 외부강사들을 초청해 특강을 하고 있으며, 특강 이외의 시간에도 수준 있는 강의를 위해 많은 투자를 하고 있다. 실제로 어머니 기도회를 통해서 처음 교회 방문한 사람들이 나중에 등록으로 이어지는 경우가 많고, 이 역시 자발적으로 교회를 찾게 함으로써 얻어지는 전도의 열매라 할 수 있다.

ⓒ 아기학교 : 뉴타운 특성상 젊은 부부들, 특히 만 4세 미만의 자녀를 가진 부부가 많으며 특히 주변에서 이 아이들을 위한 교육시설이 없음에 착안하여 아기학교를 시작하게 되었다. 고비용의 계획이었지만 지역을 섬기는 것을 목표로, 또한 불신자들을 위한 좋은 전도의 기회로 시작하게 되었다. 1년이 지난 지금은 많은 부모들이 차기 아기학교의 입학을 예약할 정도로 좋은 반응을 얻고 있고, 실제로 아기학교를 통하여 젊은 가정에 대한 전도가 이루어지고 있으며, 높은 정착율과 함께 좋은 전도의 방법으로 진행하고 있다. 아기학교의 장점은 지역에 필요한 교육환경을 제공함과 동시에 이것을 통해서 직접 전도의 계기가 된다는 데에 있다.

ⓓ 6주간의 만남 : 매해 지역사회와의 집중적인 소통의 장을 마련하고자 6주간 동안 토요일 오후시간에 특별한 게스트들을 초대하여 지역민들을 위한 초청행사를 한다. 2010년도에는 '개그맨 정종철', '김정택 장로', '온누리 사랑챔버' 등 일반인들에게도 많이 알려진 유명인들을 초청하여 부담 없이 즐기는 시간을 갖고 교회의 좋은 이미지를 심어주는 데 초점을 두고 행사를 진행하였다. 실제로 행사

이후에 교회를 통한 문화혜택에 대해 고마움의 표시가 많았다. 집중적으로 지역과 소통하는 시간을 가진 것은 우리 교회의 선교방향을 보여주는 좋은 시간이었다.

ⓔ 카페 선교 : 교회건축 당시 카페공간을 감안해 설계하였다. 지역민이면 누구나 쉽게 올 수 있는 휴식 공간을 제공한다. 그 목적을 이루기 위해서 카페분위기를 고급화하였고, 원두의 질 또한 최상급으로 하되 공급하는 가격은 일반 커피 전문점에 1/4 가격으로 저렴하게 제공한다. '하늘카페'로 이름 지어진 진관교회 카페는 지역주민들을 위한 쉼터로 자리매김하고 있으며, 교인뿐만 아니라 누구든지 이용할 수 있는 휴식공간이 되고 있다.

ⓕ 동아리 선교 : 스포츠 동아리(탁구, 축구, 배드민턴)를 통하여 불신자들이 교회와 쉽게 접촉할 수 있는 길을 열어 두고 있다.

ⓖ 행복축제 : 가을에 약 12주에 걸쳐 행복축제를 실시한다. 이 행복축제의 핵심은 전도대상자를 정하고 관계 형성을 통하여 교회로 인도하는 전도라는 점이다.

● "행복축제 "전체 세부 일정

| | 주일 | 주일 오후, 주중 | 금요모임 |
|---|---|---|---|
| 준비단계 | 시작 2주전, 9월 20일<br>1. 일정표 짜기(계획 수립)<br>2. 토양화 작업(주보광고)<br>3. 담임목사 기관별 면담 및 협력 독려 (기획위, 임원회 등)<br>4. 일정 및 조직에 대한 예고(주보) | 행복축제 교육(1) : 오후 | 9월18일: 1차 자료(행교1)<br>9월 25일 : 2차 자료(행교2) |
| | 시작 1주전 (9월 27일, 10월 4일)<br>1. 토양화 작업 계속<br>2. 현수막, 포스터 준비<br>3.태신자 작정예고(1인 3명)<br>4. 조직 발표 및 기획회의와 팀장 회의<br>5.구호 외치기(주제찬양 부르기) 시작 | 행복축제 교육(2): 오후<br>작정요령: 원심원 | 10월 2일: 추석<br>10월 9일: 3차 자료(선포식 전학1, 속공1) |
| | 행복 축제 1주차, 10월 11일<br>1. 선포식<br>2. 팀장 임명식-팀장1일 금식 예고<br>3. 태신자 작정 광고 및 교육<br>4. 영상보기<br>5. 삼행시짓기 대회 예고 (10월 25일) | 전도학교(1) : 오후<br>속회성경공부(1): 주중 | 10월 16일-4차 자료(전설1 작카. 전학2 속공2) |
| 작정단 | 행복축제 2주차, 10월 18일<br>1. 전도설교(1) 영상보기 | 팀장 1일 금식 기도(월-토)<br>전도학교(2): 오후 | 10월 23일: 5차 자료: 잉축, 삼행, 속공3 |

| | | | |
|---|---|---|---|
| 계 | 2. 태신자 1차 작정<br>3. 모든 모임에서 구호/ 노래부르기<br>4. 삼행시 광고 계속 | 속회 성경공부(2):<br>주중 | |
| | 행복축제 3주차, 10월 25일<br>1. 태신자 2차 작정<br>2. 영상보기<br>3. 잉태축하식/명단 봉헌식<br>4. 노가바(구호/찬양율동) 대회 광고<br>5. 태신자 마을 조성 | 삼행시 짓기 대회:<br>오후<br>노방 전도(1): 오후 예배후<br>속회성경공부(3): 주중 | 10월 30일: 6차<br>자료(전학3<br>속공4<br>: 목회자전도1 |
| 만<br>남<br>단<br>계 | 행복 축제 4주차, 11월 1일<br>1. 태신자 작정현황 주보 속지<br>: 태신자 수시 작정함 설치<br>2. 선물주기(1차) 3.영상보기<br>4. 24시간 릴레이 금식 기도 광고 : 11월 9일(월)~14일(토)<br>5. 노가바(구호/찬양율동)<br>대회 광고 10월 11일(주일 오후)<br>6. 태신자 명단 현수막 인쇄 게시 | 전도학교(3) - 오후<br>속회성경공부(4) - 주중<br>선물 전달하기 - 주중 | 11월 6일 - 7차<br>자료(전설2,<br>노가바<br>속공5<br>초청장 |
| | 행복 축제 5주차, 11월 8일<br>1. 전도 설교(2)<br>2. 영상보기 | 24시간 릴레이<br>금식 기도 진행 (월-토)<br>노가바(구호/찬양율동)<br>대회: 오후<br>노방 전도(2) : 오후예배 후<br>속회성경공부(5):<br>주중 | 11월 13일: 8차<br>자료: 전학4, 속공6,<br>목회자전도2 |

| | | | |
|---|---|---|---|
| | 행복 축제 6주차, 11월 15일<br>1. 태신자 섬김 상태 점검<br>2. 초청장 배포<br>3. 조기 등록 광고 | 전도학교(4) : 오후<br>속회성경공부(6):<br>주중<br>태신자와 식사하기: 주<br>중 | 11월 20일: 9차<br>자료: 전설3, 전<br>학5<br>속공7, 특새자료 |
| 만<br>남<br>단<br>계 | 행복 축제 7주차, 11월 22일<br>1. 선물 주기(2차)<br>2. 장기 결석자 찾아내어 선물<br>전달 (섬기기)<br>3. 환영 현수막 설치<br>4. 초청 대상자 파악(결신예정<br>자)<br>5. 교회 대청소 및 데코레이션<br>6. 영상보기<br>7. 전도설교(3) | 전도학교(5): 오후<br>노방 전도(3): 오후<br>속회성경공부(7):<br>주중<br>한 주간 특별 새벽 기도<br>회<br>(월~토) | 11월 27일:<br>10차<br>목회자전도3<br>자료: 당일설교<br>문,<br>예배Q: 감사편<br>자료 |
| 초<br>청<br>단<br>계 | 행복축제 당일(초청일) 11월 29<br>일<br>1. 등록 받기<br>2. 예배<br>3. 식사 | 태신자와 함께<br>(오후예배 없음)<br>심방 - 주중<br>감사편지(담임목사)<br>발송-주중<br>이슬비전도편지 발송-<br>주중 | 12월 4일 :<br>11차 (결산) |
| | 포스트 행복축제 1주차 12월 6일<br>1. 등록 계속 독려(한 영혼 더) | 등록자 심방 계속<br>이슬비 전도편지 발송<br>계속 | |

● 행복 축제 준비 위원회 조직

| 팀명 | 팀장 | 팀원 | 업무내용 |
|------|------|------|----------|
| 기획 팀 | | | - 행복 축제의 목적과 방향설정<br>- 각 팀별 계획 검토 및 진행상황 점검(팀장모임 소집)<br>- 전체적인 진행계획 수립 및 진행<br>- 특별초청 예배 시 외부강사 섭외<br>- 전교인 대상 및 속회 리더자 전도교육 예산 집행 |
| 예배 팀 | | | - 특별집회 진행위원, 예배위원<br>- 특별새벽기도회 예배위원 운영<br>- 초청일 당일 예배순서 점검 및 진행<br>- 진행 중 예배 시 특별순서 계획 및 점검, 진행<br>  (삼행시, 구호 노래 율동경연대회 등)<br>- 예배실 환경미화 담당<br>- 찬양단, 각 중창단 운영 - 태신자 노래 보급<br>- 각종 문서 및 서류 정리<br>- 태신자 선물/기념품/ 사후 양육계획 수립 |
| 홍보 팀 | | | - 매 단계별 현수막, 포스터 제작 및 게시<br>- 행복축제에 대한 안내책자(교인용) 제작 및 배포(버튼)<br>- 특별 전도지 제작<br>- 초청장, 순서지, 주보간지 제작<br>- 매주일 시각홍보 효과 극대화<br>- 태신자 작정 현황판(태신자마을) 제작<br>- 삼행시, 구호 및 노래 율동 경연대회, 표어 공모 및 게시<br>- 선물백화점 운영 |
| 기도 팀 | | | - 릴레이 기도 진행담당 및 점검, 릴레이표 제작<br>- 중보기도 모임 운영 |

| | | |
|---|---|---|
| | | - 각종 기도회 준비 및 홍보, 동원<br>- 중보기도실 관리<br>-릴레이기도 운영 |
| 안내<br>팀 | 남선<br>교회<br>여선<br>교회 | - 태신자 등록 본부 운영(당일 등록카드 접수 및 관리)<br>- 행복축제 당일 주차안내 위원<br>- 안내위원<br>- 당일 기념품 증정<br>- 등록 관리(등록창구 담당) |
| 봉사<br>팀 | | - 식사준비 – 배식에 대한 계획<br>- 차, 다과 등 준비<br>- 외부 강사 초청 시 접대 |
| 미디<br>어 | | - 매 단계별 예배 홍보영상물 상영 시 장비 점검 및<br>기술지원<br>- 교회 어디서나 태신자 노래 항시 듣도록 보급<br>- 행사 사진 및 비디오 촬영<br>- 자료수집 및 편집<br>- 축제 당일 예배실 음향, 조명장비 확인 |
| 전도<br>동원<br>팀 | | - 전도대 운영<br>- 매주 주일 혹은 각 선교회별 주간 노방전도 확인<br>점검<br>- 우수 전도자 시상품 준비<br>- 태신자 작정자 축하와 격려 메시지 발송<br>- 초청장 발송, 모든 편지발송 담당<br>- 초청자 이슬비전도엽서 발송 |

### c. 이미지 전도

교회 이미지 메이킹을 통해 직간접적으로 교회를 홍보함으로써
장, 단기적인 선교에 영향을 주는 전도이다. 우리 교회는 이미지

전도를 준비하면서 우선 고려한 것은 단지 허울뿐이 아닌 실질적인 선교적 실천의 움직임을 목표로 하고 진행하였다. 단지 교회의 좋은 이미지만을 위해서는 분명한 한계가 있을 것이고 교회의 진정한 모습을 지속적으로 보이는 것이 진정한 의미의 이미지 전도임을 생각하여 다음과 같은 전도프로그램을 개발하게 되었다.

ⓐ 클린전도 : 매주 주일 오후예배 후에 시행하는 전도방법으로, 이는 전도라기보다는 말 그대로 '청소'라 칭함이 맞다. 매주 오후예배 후에 남, 여선교회 별로 돌아가면서 실시하는데, 교회주변지역과 지하철역(구파발역)주변을 다니며 청소하고 돌아오는 것으로, 특별한 전도방법 없이 단지 교회조끼를 입고 청소하는 것이 전부이다. 클린전도를 통해 지역의 정화에 앞장서는 교회라는 좋은 이미지를 심고 있으며, 이 일에 참여하는 이들 역시 큰 자부심을 가지고 행하고 있다.

ⓑ 월의 크리스마스 : '8월의 크리스마스'라는 행사를 계획하고 있는데, 이것은 우리 지역에 거주하고 있는 외국인 노동자들을 위한 고향방문 프로젝트로서, 구청과 지역 이주 노동자 센터와 공동으로 진행할 예정으로 있다. 고향에 방문해야 하는 사연을 서면으로 접수받은 뒤 선정하여 온가족이 고향에 방문할 수 있도록 경비를 제공하는 프로그램으로, 교회의 사회적 역할에 초점을 두고 진행하는 전도방법이다.

ⓒ 지역음악회개최 : 은평 뉴타운에는 지역민들이 자발적으로 참여하는 인터넷카페 활동이 활발한데, 지역민들의 요구 가운데

함께 모여 음악회나 공연을 할 수 있는 공간이 필요하다는 것에 착안하여 '행복 바이러스'라는 은평 뉴타운의 지역민 활동 카페와 공동으로 시작해서 매년 지역음악회를 개최하고 있다. 이는 지역민들의 필요를 제공하는 의미로 시작했지만, 분명한 것은 지역에 좋은 교회 이미지를 주기에 충분한 좋은 전도의 방법이고, 이를 통해서 믿지 않는 사람들이 자연스럽게 교회를 방문하게 되는 효과를 주고 있다.

ⓓ 경로잔치 : 지역주민들 가운데 65세 이상 연로하신 분들을 초청하여 다양한 볼거리 공연과 함께 참여하실 수 있는 장기자랑대회를 한다. 경품과 기념품, 수준 높은 식사제공을 함으로써 섬김의 교회 이미지를 실현하고 있다.

ⓔ 소년소녀 가장 및 불우 이웃돕기 운동 실시 : 지역의 어려운 이들을 돕는 일에 최선을 다하고 있다.

ⓕ 장학사업 : 지역의 다음 세대를 키우는 일에 협력하고 있다.


## 2) 실시 결과

다양한 접근의 전도에 대한 결과는 직접적으로나 간접적으로, 때로는 바로 나타나기도 하고, 시간이 감에 따라 나타나는 결과도 있다. 우선 숫자적인 증가를 보면 작년 한 해 동안 등록 인원은 장년 297명이었고 교회학교 250여 명이 등록하였다. 2011년 3월 말 현재 장년 70명의 새 가족이 등록하였다.

## 3) 개교회에서 적용할 때 유의할 점

교회부흥에 있어서는 무엇보다도 패배주의를 버려야 한다. 아무리 힘든 상황이라 할지라도 목회자의 마음이 긍정적이고 확신에 차 있다면 그 교회는 반드시 부흥한다. 하지만 좋은 시설과 인재가 있다고 할지라도 전도에 대해서 도전적이지 못하다면 결과는 반대일 것이다. '전도하면 반드시 전도된다'는 마음을 버리지 말 것을 조언하고 싶다. 또한 개교회에 상황에 맞게 항상 전도에 대한 다양한 방법을 개발하고 적극적이고 능동적으로 대처하면 반드시 전도는 되게 되어 있다.

또 하나 아주 중요한 것은, '예배(말씀)에 승부를 걸어라'이다. 너무 원색적인 표현 같지만, 열심히 전도해서 교회에 앉혀놔도 설교의 은혜가 없으면 결코 정착은 기대할 수 없다. 상황이 열악하고 환경이 열악할지라도 사람들이 교회에 오는 이유는, 예배 가운데 하나님을 만나기 위함이지 교회의 건물을 이용하기 위함이 아니다. 그러니 담임목회자는 설교를 준비할 때 하나님의 임재가 예배 가운데 있기를 소원하는 마음으로 예배를 준비하고 설교를 준비해야 할 것이다.

마지막으로, 전도 이후의 정착 및 양육 프로그램을 갖추고 있어야 한다. 교회 크기와 상관없이 전도 이후의 정착과 양육에 필요한 시스템을 갖추고 있어야 한다. 지금 뉴타운 지역의 교회 중에는 좋은 시설을 갖추고 있음에도 불구하고 성장하지 않는 교회들이 많다. 그 이유는 여러 가지가 있을 수 있지만, '전도하면 전도된다'는 이 단순한 명제의 실천을 소홀히 하기 때문이 아닌가 조심스레 생각해 본다. 지금 교회의 환경이 열악하다 할지라도 앞에서 기술한 것처럼 전도로 준비된 교회는 반드시 성장하게 된다.

### 4) 앞으로의 비전

2010년 1월 첫 주, 새 성전 입당 이후 현재 우리 교회는 약 70주 동안 한 주도 빠짐없이 새가족이 등록하는 기쁨을 누리고 있다. 많게는 10명 이상에서부터 적게는 2명 이상이 한 주도 빠짐없이 새가족 등록이 이루어지고 있으며, 등록하시는 분들의 정착율은 90%에 달한다.

정착율이 높은 이유는 몇 가지가 있는데, 바나바 사역이 대표적이다. 새가족이 등록하게 되면 바나바와 곧바로 연결이 되고, 선정된 바나바는 4주 동안 새가족이 교회에 정착할 수 있도록 최선을 다한다. 예를 들어 함께 교회에 오고 가며, 식사를 같이하고, 주중에 만나 교회생활에 필요한 것들을 알려주며, 그 외에도 주일날 교인들을 5명 이상 소개시켜 줌으로써 자연스럽게 교회에 정착할 수 있게 도와주고 있다.

새가족 정착에 있어서 중요한 또 한 가지로는 알파코스가 있다. 알파코스는 12주 동안 진행되는 정착 프로그램으로, 알파코스에 참여하게 되면 거의 모두가 정착하는 안정적인 정착율을 보이고 있다.

현재 우리 교회의 전반적인 분위기는 매우 밝고 긍정적이다. 이러한 분위기는 여러 새가족 모임을 통해서 확인이 되고 있으며, 전교인들이 목회자의 비전을 잘 이해하고 순종하는 분위기가 조성되어 있으며, 목회자에 대한 신뢰도가 높다.

진관교회는 지금 3333프로젝트를 가슴에 품고 함께 기도하고 있다. 먼저, 3000명의 예배공동체를 목표로 하고 있다. 그러나 우리 교회는 혼자만의 성장이 아니라 다른 교회, 특히 미자립교회와 함께 성장하기 위해 올 4월부터 지역 내 미자립교회를 한 군데 선정하여 매주일 1개 지역(4개의 속회로 구성)의 교인들을 그 교회로 보내서 함께 예배하고, 예배 후 함께 식사한 후 그 지역을 전도하는 일에 헌신하고 있다. 1개 지역이 한 달씩 그 교회에 파송되어 그 교회의 교인처럼 살게 하는 이 이 일을 통해, 지금은 장년 6명이 모이는 그 교회가 2년 내에 출석교인 50명 이상으로 자립할 수 있도록 꿈을 가지고 도와주고 있다. 이는 하나님이 우리 교회를 세우신 목적이 혼자만의 성장이 아니라 함께 성장하는 것임을 믿고 있기에 기쁜 마음으로 실시하고 있다. 또한 지역교회 네트워크를 구성하여 지역의 교회들과 함께 전도에 필요한 자료와 노하우를 나누고 있으며, 앞으로 전도 매뉴얼이 필요한 교회들에게는 우리 교회가 실시하고 있는 성장에 관계된 모든 자료들을 제공하려고 하고 있다.

또한 선교적인 사명을 감당하기 위해 300명의 평신도 사역자를 세우는 일, 30개의 교회를 개척하는 일, 그리고 3개 대륙에 선교사를 파송하는 것도 추진하려고 한다.

　　아버지의 마음을 가지고 전도한 결과 하나님은 우리 교회에서 3년 만에 장년 출석 교인 300명에서 800명에 이르는 복을 주셨고, 성장에 대한 기대는 우리의 상상을 초월하여 지금도 계속되고 있다. 전도하면 먼저 교회가 복을 받고 교인들은 덤으로 복을 받게 된다는 이런 경험이 한국 교회에 부흥을 꿈꾸는 교회와 목회자들의 고백이 되기를 바란다.

# 세상과 접촉하라

**정연수** 목사

(인천, 효성중앙감리교회)

## 1. 나의 목회 첫 걸음

나는 신학교를 졸업하고 월드비전에서 5년 정도 사역을 했었다. 그곳에서 일하는 중에 성남의 대표적인 판자촌 '별나라'라는 동네에 매니저로 파견되어 판자촌의 실상을 보게 되었고, 특히 그곳 판자촌 아이들의 삶을 가까이에서 접하며 그들과 떨어질 수 없다는 마음을 갖게 되었다. 나는 "이 아이들과 헤어졌다가는 평생 후회하겠다"는 마음이 들어서 그곳에서 목회를 시작했다. 이렇게 성남 별나라 판자촌에서 7년 정도 목회를 하던 중에 계획 도시 분당이 생겨났고, 그곳에 세워진 영구 임대 아파트로 판자촌 지역주민들이 집단 이주하게 되면서 나의 목회환경도 판자촌에서 도시로, 담임전도사에서 부목사로 이동하게 되었다.

나는 제도권 목회로 들어오기 전까지 성남에서 목회를 할 때 '민중교회민중연합회'라는 단체에 가입했었다. 학교 다닐 때는 주로 음악만 하는 낭만적인 기질의 사람이었는데 판자촌에서 목회를 하다 보니 공부방 연합회, 탁아소 연합회, 지역주민연합회와 같은 단체들과 접촉하면서 과격한 단체 '한국교회민중연합회'에서 굉장히 전투적인 삶을 살게 되었다. 지금에 와서도 그때의 목회를 돌아보면 참 절실했고 힘들었지만 행복했다는 생각이 들고, 나의 자녀들에게 아버지로서 양심적으로 떳떳한 삶을 살아왔다고 말할 수 있는 축복의 시간이었다고 자부한다.

이렇듯 성남 생수교회에서 목회자로서의 삶은 나의 목회 여정에 많은 영향을 끼쳤다. 목회에 대한 모든 기본 틀과 철학을 갖게 하기 위하여 하나님께서 나를 그곳으로 보내주신 것을 참 감사하게 생각한다. 사실 성남에 오기 전 첫 목회를 부곡에 있는 모 교회에서 일주일 정도 목회를 했었다. 그 교회 전임 목사님이 나를 후임자로 세워놓아서, 나는 그 교회에 가서 부임인사를 하고 속회예배와 공동체(?) 예배까지 다 드렸다. 그리고 그 다음 돌아오는 수요일에 예배를 드리러 갔는데, 담임자가 내가 아닌 다른 사람으로 바뀌어 있었다. 알고 보니 전임자나 나나 교회 행정에 대해 아는 것이 하나도 없어서 생긴 일이었다. 지방회의 인사 구역회도 없이 전임자와 내가 주먹구구식으로 담임자 선정을 처리한 것이 지방회에서는 곱지 않았던 모양이었다. 그래서 지방의 감리사님이 그 사이 나 아닌 다른 전도사를 지방회의 결정에 따라 파송해 놓았던 것이다. 일종의 괘씸죄였는 지 아니면 학연과 관련된 것이었는지는 모르지만 하여튼 나는 이 일로 일주일 목회를 하고 그만두게 되었다. 그 교회에 가려고 월드비 전을 퇴사하고 나왔는데 첫 목회가 막혔기 때문에 다시 성남으로 가서 목회를 할 수 있었던 것이다. 하나님께서 나를 궁지로 몰아가신 것이 지금은 도리어 감사하다. 내게는 큰 축복이었다. 성남의 목회를 통해서 나는 내 목회의 기본 틀을 갖게 되었으니 말이다. 그때부터 내 목회의 주된 고민은 '접촉'이 주제였다. '접촉', 나는 이 말을 요즘 들어 더 많이 주장하고 외치고 다닌다.

## 2. 내 목회의 기본틀로서 "접촉"

### 1) 만나야 일이 된다

개척교회를 할 때는 특히 만남이 굉장히 중요하다. 노인이든, 아이들이든, 만나기 쉬운 사람부터 만나야 한다. 만남이 되어야 그 다음부터 식구들도 만나고, 노인의 손주도 만나고, 노인의 아들딸도 만날 수 있다. 처음부터 성인 남성, 성인 여성을 접촉하려고 하는 것은 어려움이 크다. 아이들을 통해서 부모와의 만남이 있게 되고, 할머니 할아버지를 통해서 자녀들과 접촉이 일어난다. 목회는 세상과 접촉하기 위해서 하나님께서 보내신 피부와 같은 존재다. 피부가 세상과 맞닿아야 온기도 전해지고 뭔가 살갑게 느껴질 수 있다.

세상 사람들은 교회를 향해서 "왜, 교회가 세상과 접촉하지 않느냐"고 묻곤 한다. 거기에 대해 교회는 "교회만큼 세상과 접촉을 많이 하는 단체가 어디 있느냐"고 말하겠지만, 현실을 잘 들여다보면 그리 할 말이 많지 않다는 것이 문제다. 내가 보기에는, 마치 동사해서 죽어가는 사람에게 손가락을 대고 "왜 따뜻해지지 않느냐"고 말하는 것과 같다. 얼어 죽어가고 있는 사람은 "따뜻하게 품어 달라!"고 하는데 교회는 손가락 하나 그 사람에게 갖다대고선 "내가 지금 접촉해 주고 있노라"라고 말하고 있는 것과 같다. 손가락보다는 손바닥을 대주어야 하고, 손바닥이 안 되면 가슴을 대주거나 등을 맞대어야 한다. 더 나아가, 엘리야가 사람을 살릴 때 그 상대와 자신의 손과 발(네 손과 네 발)을 서로 다 맞추고 온몸을 덮어 주어 아이가 살아난 것처럼, 생명의 모든 부분을 다 덮어주고 내 피부의 열과 내 모든 에너지를 다 거기에 쏟아부어 한 사람의 생명이 살아나는 접촉이 이루어져야 한다. 그런 의미에서 나는 목회 사역이라는 주제가 제기되면 접촉이라는 단어를 떠올리곤 한다.

나의 새순교회에서의 첫 목회도 접촉에 대한 고민과 투쟁이었고, 치열한 싸움이었다. 세상과 처음 맞닥뜨릴 때, 그곳이 워낙 판자촌이다 보니 교회가 세워질 수 없는 형편이었다. 세 번이나 교회가 들어왔지만 세 번 모두 동네 주민들한테 망신만 당하고 쫓겨 나간 험한 동네였다. 동네 형편을 보니 아주머니들은 대부분 송파에 세워진 아파트에 파출부로 노동을 나가고, 아저씨들은 분당 아파트단지 건설 노동자로 일하고 있었다. 그런 가정의 아이들은 부모들의 돌봄에서 방치되어 있는 상태였다. 그래서 나는 아이들과 먼저 접촉하기 시작했다.

방치된 아이들을 교회에 데려다 놓고 부모와 같은 마음으로 돌보아 주었는데, 부모로부터 방치되어 지저분한 아이들을 닦아주고 얼러주고 노래 불러서 같이 놀아주는 것이 사역이었다. 이 일로 아이들이 교회로 모이기 시작했고, 나의 교회는 이를 통해 공부방부터 시작하게 되었다. 그래서 처음에는 교회 간판을 걸 수 없어서 "새순공부방"이라는 간판을 달았다. 아이들과의 접촉이 일어나면서 그 아이들의 부모들이 나를 신뢰하게 되었다. 3년 정도 목회하고 나서 안수를 받았는데, 그 정도 시간이 지나자 사람들이 나를 믿어주었다. '아, 저 사람은 동네에 사는 사람이구나!' 하며 믿어준 것이다. 그 전까지는 "선생님"이라고 불렀지 나를 목회자로 인정해주지 않았던 것이다. 어느 날 교회 아이들에게 '선생님'이라고 하지 말고 '전도사님'이라고 부르라고 했더니, 아이들은 '전도사님'이 뭐냐고 물었다. 그래서 아이들에게 그냥 부르면 된다고 하면서 교회를 점차 알리게 되었다.

이렇게 목회에는 사람들과 "처음 접촉점을 만드는 것"이 중요하다. 나는 사람들과 술은 먹지 않았지만 술자리에는 늘 같이 있었다. 나중에 전도사라는 것이 알려질 것을 고려하여 모든 모임에 같이 동참은 하였지만 나중에라도 문제의 될 만한 행동은 하지 않으려고 조심했다. 개고기를 먹으러 갈 때도 같이 있어줬고, 여름에 비가 오면 일거리가 없는 노가다꾼들에게 다가가서 같이 고스톱을 쳐주면서 접촉을 가졌다.

접촉이 일어나면서 동네 주민들과 신뢰가 이루어지기 시작했다. 동네 주민들과 함께 그분들의 정당한 권리를 찾기 위해 싸우기도 했다. 철거민들 편에 서서 싸워주기도 했고, 불이 났을 때는 그 집안 사람들과 함께 꼬박 한 달간 노숙을 하기도 했다. 그렇게 하면서 판자촌 사람들과 깊은 신뢰가 구축되어 친밀한 접촉이 생겨났다. 그때부터 사람들은 나를 아주 친밀하게 대해주고 나도 동네 주민들에게 "형님" "동생" 하면서 친하게 지냈다. 그런 접촉이 일어났기 때문에 그곳에 교회가 자리를 잡을 수 있었다.

그렇게 나는 그곳의 방치된 아이들과의 접촉을 통해서 목회의 출발점을 확고히 할 수 있었다. 첫 목회가 굉장히 낯설고 특수하게 시작되었지만 접촉점 찾기에 성공하여 순탄한 목회의 여정을 갈 수 있었다. 나에게 있어 목회의 계속적인 화두는 지역주민과 나와의 연관성이었다. 이처럼 매우 독특한 나의 목회의 첫 경험이 지금에 와서는 하나님께 매우 감사한 부분이 되었음을 고백한다.

교회란 그 교회 외형적인 존재 자체만으로는 교회로서의 존재 가치가 없다고 할 수 있다. 그런 생각에서 민중교회 운동을 하게 되었다. 교회가 민중들에 대해서 배려해 주고 민중 속에서 살아있는 생기를 넣어주는 진원지 역할을 해야 한다고 보았다. 교회가 혼자 뚝 떨어져 있는 것은 아무 의미가 없다는 것이 나의 목회적 방향성이었다.

172

## 2) 우리 동네를 책임지는 지역교회가 되라

첫 목회에서 그렇게 접촉에 대한 확고한 신학적 바탕을 가지고 시작하니까, 교회에 출석만 하는 교회 교인들의 숫자가 중요한 것이 아니라는 깨달음이 있었다. 나의 교회에 교인은 아이들밖에 없었지만 나의 목회 대상은 지역 주민 전체라는 인식을 갖고 있었다. 그런 개념을 가지고 목회를 하니 개척교회로서 동네에 해야 할 일들이 너무 많았다.

판자촌에는 150세대 정도가 있었는데, 화장실은 세 칸밖에 없었다. 그것도 공중화장실이었다. 아침시간이면 공중화장실 앞에는 진풍경이 일어났다. 학교를 가야 하는 아이들에게 화장실을 사용할 수 있는 우선권이 주어졌고, 어른들은 그 다음에나 사용할 수 있었다. 그런 불편함이 있었다. 암묵적인 약속이었다. 그리고 전기가 들어오지 않아서 아랫동네에서 전기를 끌어다 쓰고 있었다. 그러다보니 아랫집 전기세를 윗집에서 다 부담했다. 그래서 아랫동네 사람들은 난방부터 시작하여 모든 일을 전기로 처리하였다. 돈이 없는 판자촌에서 20Kw을 쓰고 아랫동네 사람들이 50Kw를 쓰면 70Kw를 모두 판자촌 가정집에서 부담하였다. 수도세도 마찬가지였다. 수도 배관이 뱀들이 꼬여 올라가는 것처럼 호수가 올라가는데, 수도세도 판자촌에서 대주는 거였다. 억울하고 불합리한 일들을 판자촌에서 많이 겪었다.

부당함과 불편함 속에서 사는 판자촌 사람들을 위해 몇 가지

커다란 지역교회 사역을 추진했다. 그곳 사람들과 힘을 합쳐서 산 아래에 웅덩이를 크게 파고 산에서 맑은 물을 웅덩이에 받아 가라앉힌 다음 자연정화시켜 판자촌에 수돗물을 공급해주는 "자가수도" 같은 프로젝트였다. 동네 주민이 모두 마음을 모아야만 할 수 있는 일들을 하였다. 전기세도 자기들이 무허가 집에서 살고 있으니까 불합리한 대접을 받아도 아무 소리 못하였는데, 아랫동네 사람들에게 항의해서 전기세를 서로 50대 50으로 내든지 아니면 윗동네가 쓴 만큼만 내겠다는 식으로 서로 부딪쳐보고 싸워주는 일들을 함께 하면서, 동네 주민들에게 신뢰감을 얻었다. 그 당시 동네 사람들이 '이 교회는 우리 동네를 책임지는 교회'라는 생각을 갖게 되면서 교회가 좋은 이미지를 얻게 되었다고 본다.

그러나 이런 지역교회 사업을 요즘 같은 도시목회의 환경에 적용하는 것은 쉽지가 않다. 왜냐하면 한 교회가 담당해야 하는 구역이 도시에서는 불분명하고 서로 다른 여러 교단과 교파들이 함께 이러한 일을 연합하여 이루어가기에는 에큐메니칼적인 신학적 현실화가 준비되어 있지 않기 때문이다. 어디까지가 내 교구로 분할해야 하는지 모호하고, 도시 구획이 너무 크다 보니 구 단위로 구분해도 한 교회가 감당하기에는 너무 벅차 보일 때가 있다. 그러나 나의 경험담에 나타나 있듯이, 농촌교회나 작은 지역교회들은 내 품에 들어오는 동네를 자연스럽게 내 동네로 알고 목회를 할 수 있는 장점이 있다.

## 3) 청소년과의 접촉: 축구단을 만들어라

그 당시 공부방을 열고 무료 진료를 하면서 아이들이 많이 왔기 때문에 그 다음 단계로는 축구단을 만들어 청소년들과의 접촉점을 만들기로 했다. 아이들은 공부도 제대로 할 수 없는 데다가 동네에 마땅한 놀이 문화가 없어서 맨날 싸움만 하는 천덕꾸러기 취급을 받고 있었다. 그런 아이들을 모아서 축구단을 만들어서, 아침마다 뛰면서 조직을 세워 나갔다. 어느 정도 실력이 갖추어지자 아이들을 성남에 있는 큰교회의 이름 있는 축구단과 시합을 붙였다. 시합이 열리기 전에 나는 아이들에게 말했다.

"내가 보기에 니들은 돌대가리다. 너희들은 공부를 못하잖아. 성적은 꼴찌인 데다 너희 어머니 아버지도 막장 드라마에 나오는 분들 같다. 니들은 희망이 없는 애들이다. 그런데 축구까지 지면 너희들 어떻게 되겠냐? 내가 보기에 이것은 너희들 인생에 정말 끝이다."[35]

축구 하나만이라도 지지 말자는 뜻을 담아서 전투력에 불을 질러 주었다. 우스갯소리로 "상대 선수의 다리를 부러뜨려서라도 이기라!"고 부추겼다. 그런 식으로 한 교회, 두 교회 이겨나가기 시작하면서 아이들의 조직이 탄탄해졌다. 아이들 사이에 자신감이

---

35) 이 말은 지금 본인이 느끼기에도 적절치 못한 단어 사용과 어법으로 아이들에게 부적절했다는 생각이지만, 당시에는 어린아이들과 확고한 신뢰관계가 있었고, 또 그 당시에는 그러한 단어와 표현들이 그들의 언어적 표현 방법이라 여겨져 별 문제가 없었지 않았나 생각한다.

생겨나고, 그래서 그 아이들이 중심이 되어 교회에 학생회가 꾸려지기까지 했다.

아이들은 금방 자랐다. 학교에서 공부를 못하는 아이들은 대학에 진학을 하지 못한 채 바로 직장인이 되었기 때문에, 3년 정도 지나니 아이들 중에 직장인이 나왔다. 그들이 십일조를 하면서 교회는 재정적으로 부흥되었다. 그런 재미난 경험을 하게 되면서 "어떻게 하면 믿지 않는 사람들과 접촉을 용이하게 할 수 있는가?"에 관심이 더 생겨나게 되었다.

나는 어렸을 때 얼굴에 뾰루지가 많이 났다. 어머니께서는 이런 나의 뾰루지를 째게 짜시고, 거기에 환을 붙이신 다음, 덧나지 말라고 마이신을 먹이셨다. 그 당시 마이신은 빻아 가지고 만든 가루였는데, 정말 썼다. 얼마나 쓴지 먹다가 재수 없으면 입천장에 들러붙어서 그 날은 온종일 쓴맛 때문에 고생을 했다. 그때 어머니가 나에게 마이신을 먹이려고 취하신 방법이 지독하다고 할 정도였다. 나를 방바닥에 눕혀놓고 내 머리를 어머니의 가랑이에 집어넣은 후 주전자로 입에 물을 부어 억지로 마이신이 목으로 넘어가게 하셨다. 그런데도 너무 쓰면 토해내곤 했다. 그러면 십중팔구 어머니께 두들겨 맞았다. "너 잘 되라고 먹이는 거지 널 죽이려고 먹이는 거냐?"

나도 그 약을 먹어야 낫는다는 것을 알았지만 너무 써서 어떻게 할 수가 없었다. 얼마 후에는 녹는 셀로판지가 나와서 한결 편해졌다. 셀로판지에 가루약을 넣어서 환정 크기로 만들어 먹이니 그래도

176

먹을 만했다. 그 다음에는 캡슐형의 마이신이 나왔는데, 이것은 식은 죽 먹기였다.

교회도 사회를 향해 말한다. "너희들이 복음을 들어야 살지 않냐. 누가 너희를 죽이려고 하겠느냐? 너희들 잘 되라고 하는 게 아니냐?" 그러나 이런 정도는 안 믿는 사람들도 잘 안다. 교회 다니면 좋은 것은 안 믿는 사람들도 잘 안다. 내가 어렸을 때 아버지가 목회를 하셨는데, 내 친구인 무당집 아들이 우리 교회에 나왔다. 그 친구는 교회 가기 싫다고 맨날 울면서 교회에 왔다. 아버지가 박수무당이었는데도 불구하고 무당 아버지가 친구를 때리기까지 하면서 교회로 보냈다. 친구 아버지는 친구를 때리면서 "너는 나처럼 되면 안 된다. 너는 교회 다니면서 사람이 되어야 한다"며 교회에 다닐 것을 강요하다시피 했던 것이다. 그 당시 교회에 대한 이미지는, '사람 되게 해주는 곳'이었다.

### 4) 알아듣도록 말해주는 것이 중요하다.

요즘은 교회 가면 사람 된다는 말이 듣기 어려워졌다. 그만큼 교회 이미지가 좋지 않다는 뜻이다. 그럼에도 불구하고 아직은 사람들이 교회에 희망을 잃지 않고 있다. 사람들은 교회가 나쁜 일을 하지 않고 좋은 곳인 줄은 안다지만 그런데도 교회의 복음은 먹기가 힘들다는 생각들을 가지고 있는 것 같다. 그러니 복음을 어떻게 어떤 방식으로 먹일 것인가, 목회자는 고민을 많이 해야 한다.

'때를 얻든지 못 얻든지…'라는 말씀을 중요하게 생각하는 사람이 많다. 때를 얻든지 못 얻든지 복음을 계속해서 이야기해야 한다는 것이다. 그러니 지하철 같은 데서 사람들이 아무리 싫어해도 전도를 해야 한다고 생각하는 사람들이 있다. 그들의 노고를 폄하하는 것은 아니지만, 얼마 전에는 지하철에서 제일 싫어하는 것이 종교 활동이라는 설문조사 결과가 보도된 것을 보았다. 승객들은 그것 때문에 짜증이 나고 싫다고 하였다. 왜 사람들은 복음을 전하는 것을 싫어할까? 우리는 심각하게 고민해야 한다.

선교하기 어려운 중국의 천안문 앞에서 한 시간 동안 예수 그리스도의 복음과 이 세상을 향한 하나님의 마음에 대해서 피를 토하듯이 설교하고 왔다. 그런데 아무도 나를 제지하는 사람이 없었다. 왜냐하면 한국말로 했기 때문이다. 천안문 앞의 그 많은 사람들이 내 말을 하나도 못 알아들었던 것이다. 그러면 이것으로 내가 선교를 하고 왔다고 말할 수 있을까? 그렇지 않다. 그것은 나 혼자 난리를 친 것이지 선교라고 할 수 없다. 그 사람들의 언어로 알아듣게 복음을 전하고 왔어야 선교를 했다고 할 수 있다. 내가 스트레스 풀듯이 목회하는 것은 목회가 아니다. 결국 목회는 성도들이 어떻게 듣느냐 하는 것이 중요한 화두라고 생각한다.

교회 밖 사람들이 알아듣도록 말해주는 것이 중요하다. 이것이 접촉의 시작이라고 생각한다. 알아듣도록 말해주는 것은, 말씀이 육신이 되게 해주는 것과 마찬가지다. 예수님이 신적 존재로 나타나지 않고 사람들처럼 나타나야 사람들이 알아듣게 된다. 사람들이 알아듣도록 말하려면, 먼저 사람들에게 다가가서 그들과 같이 살아주어야 한다. 그것이 필요하다. 그러나 지금은 그런 목회의 정신들을 찾아보기 어려운 시대가 되었다.

사람들(교인들)의 삶 속으로 스며들어가야 한다. 그들과 눈높이를 맞춰주어야 한다. 그들과 삶의 희로애락을 같이 해야 한다. 내가 목회를 시작하던 당시에는 노동현장으로 들어가서 노동자들과 똑같이 살며, 그 사람들과 포장마차에서 술도 마시고 그 사람들과 같은 사람이라는 이미지를 심어주면서 전도하는 사람들이 많았다. 농촌목회를 하는 목회자는 목회자라는 티를 전혀 내지 않고 농사짓는 사람과 똑같이 농사를 짓는 경우가 있었다. 그런 목회자는 농부들이 알아들을 수 있도록 말해줄 수가 있다. 80년대까지는 그런 목회적 방법론이 대세였다.

그런데 요즘은 권위적인 목회상이나 깔끔한 목회자상이 더 추구되는 것 같다. 깔끔하게 입고 사람들이 범접할 수 없는 영역을 갖고 사람들과 거리를 두어 신비주의적이고 권위적으로 자신을 포장하는 것이 오히려 목회자답다고 말하는 세대인 것 같고 주변에서도 그런 사람들을 많이 보게 된다.

강릉의 어느 교회에 갔는데, '오직 예수'라는 표지판이 도로를 향해 세워져 있었다. 그것을 보면서 좀 아쉬웠다. 오히려 뒤편에 있는 '서로 사랑'을 도로 쪽으로 돌려놓았으면 좋겠다는 생각이 들었다. '오직 예수'라는 표지판은 믿는 사람들이 좋아하고, 믿는 사람의 입장에서는 양보할 수 없는 말이다. 그런데 세상을 향해

'오직 예수'를 들이대면 사람들은 그것을 보는 순간 '한 판 붙자, 한 번 해 볼까?'라고 맞장을 뜨자는 것 같은 느낌을 받게 된다.

'예수 천당, 불신 지옥'은 우리의 진리다. 예수 믿으면 천당 가고 안 믿으면 지옥 간다는 것을 안 믿는 사람에게 들이밀고 대놓고 얘기하면 전쟁이 시작된다. 그래서 오히려 적을 만들게 된다. 예수께서는 우리에게 뱀처럼 지혜로우라고 하셨다. '오직 예수'를 세상에 들이대는 것은 접촉을 포기하는 것과 같은 것이다. 네가 죽든지 내가 죽든지 식의 일방적인 선교 태도는 화해의 자세를 포기하고 전쟁을 선포하는 것과 마찬가지다. 오늘날 많은 교회의 선교 방법이 대부분 전쟁을 선포하는 식이다. 땅 밟기부터 시작해서, 절에 가서 손잡고 기도하고, 사찰 벽에 대고 방언 기도하는 태도는 접촉을 위한 소통이 아니다. 우리들만의 강압적이고 일방적인 말하기 방식이다.

## 5) 물고기를 잡으려면 물고기처럼 생각하라.

우리에게는 좋은 아이디어이고 성경적인 원리를 기반으로 한 내용들이라도 밖으로 노출되는 순간 거부반응을 일으키는 경우가 많다. 교회와 세상이 서로 어깃장이 난다. 어떻게 해야 더 좋은 반응을 끌어낼 수 있을까?

옛날 한창 유행이었던 새들백교회 이야기가 생각난다. '물고기를 잡으려면 물고기처럼 생각하라.'

낚시를 좋아하지 않지만 화천의 선배 목사에게 갔다가 함께 낚시를 간 적이 있었다. 선배는 여울물에서 하는 낚시는 찌를 막 흔들어주어야 한다고 말했다. 찌가 담긴 케이스를 열어보니 여러 모양의 찌가 들어 있었다. 실리콘 재료로 물에 넣으면 찰랑찰랑 흔들리는 것도 있고, 빛깔도 누리끼리한 것이 있는가 하면 반짝이는 것도 있었다. 가물치를 잡을 때는 요걸 쓰고, 메기를 잡으려면 이걸 쓰고, 고기마다 고기가 좋아하는 종류의 색깔과 움직임이 있다고 했다. 낚시꾼들은 물고기에 대해 엄청 연구를 많이 한다는 것을 알았다. 물고기가 무슨 고기를 좋아하는지부터 습성이나 버릇까지 나름대로 연구의 깊이와 넓이가 상당했다. 지렁이를 꽂아도 바늘에 한 번 꽂는 것이 아니라 등짝을 살짝 떠서 지렁이가 꼬물꼬물 움직여야 물고기들이 먹고 싶어 확 문다는 것이었다.

우리가 누구인가? 세상에서 사람을 낚는 어부들이 아닌가? 사람을 낚는 어부가 되려면 사람에 대해 연구를 해야 한다. 개척교회는 주변 지역의 상황을 조사해야 한다. 인구센서 조사 보고서를 보면 많은 정보가 나와 있다. 우리 동네는 기독교인이 얼마인지부터 시작해서 구성원들의 특징이 무엇인지, 통계자료에 대한 책들을 많이 사서 읽고 조사를 해야 한다.

내가 있는 곳은 인천 계양구다. 지난 총선에서 한나라당 광풍이 불던 시기인데도 계양구에서는 계양 갑과 을 모두에서 민주당 국회위원이 당선되었다. 그러면 적어도 하나의 정답은 나온 것이다. 계양구 분위기는 야권이 센 지역임을 알 수 있다. 민주당 분위기가 강력하다는 것이다. 그런데 교회에서는 장로님이 대표 기도를 하면서, 장로 대통령을 세워주셨으니 빨갱이를 물리쳐 달라는 식의 기도를 매일 한다. 노동쟁의가 일어나고 있는데, 그런 빨갱이 같은 짓들 그만두게 해달라고 기도한다. 우리 교인들 대다수가 이미 민주당 텃밭인데 대표 기도하는 장로는 그렇게 기도하면 안 된다. 눈치를 봐서 하라는 것이 아니다. 물고기의 마음을 헤아려 줄 마음이 필요하다는 것이다. 실제로 우리 교회에서는 그런 기도 때문에 교회를 떠난 젊은 부부가 있을 정도이다. 40대 초반 부부인데, 교회에서 장로님이 대표기도 시간에 어떻게 그런 기도를 할 수 있느냐며 공식적으로 담임목사에게 항의를 하고 교회를 떠났다. 결국 목회를 하는 것은 물고기를 잡는 것이고, 물고기를 이해해야 물고기를 잡을 수 있다.


## 6) 물고기의 언어도 세상의 언어와 다를 바가 없다.

우리는 우리가 사는 집의 어떤 점이 고쳐야 할 점인지 잘 알지 못한다. 나는 식당에 가면 그 식당에서 무엇을 고쳐야 할 것인지 보이는 경우가 많다. 수저통에 묻어있는 때, 문지방에 있는 먼지, 주변에 아무렇게나 놓인 시설물들, 이런 것들은 손님의 신경을 거스르게 한다. 그러나 그것을 유일하게 못 보는 사람이 그 식당의 주인인 경우가 많다. 주인은 일 년이 가도 이 년이 가도 손님의 신경에 거슬리는 것들에 대해 전혀 관심이 없다. 그러나 손님은 본다. 그것이 사람들의 날카로운 눈이다.

교회 밖의 사람들도 교회의 잘못된 점을 다 알아본다. 한번은 교회를 다니지 않는 한 외부 강사가 교회에서 강의를 한 적이 있었다. 그 사람이 강의한 내용을 모두 기억하지는 못하지만, 그가 교회 안에서 사용하는 용어에 대해 말한 것이 기억에 남는다. 그 강사의 말에 의하면, 자기는 교회에 오면 우선 사극을 보는 것 같다고 했다. '주님이 임재하였사오니, 오늘도 여기 같이 계시사'와 같은 말들은 사회에서는 전혀 들어볼 수 없는 말투라는 것이다. 또 어느 모임에서든 회비를 내거나 등록비를 내곤 하지만 강의 도중에 바구니를 돌리면서 그곳에 넣으라는 단체는 어디에도 없다는 것이었다. 장의자도 불편하다고 했다. 그에게 있어서 교회는 너무나 낯선 느낌이었던 것이다. 물론 장점도 있겠지만 밖의 사람들에게는 이상하게 보이는 것들이 더 쉽게 눈에 띄는 모양이다. 밖의 사람들이 어떤 생각을 하고 있는지도 모르고 우리가 물고기를 잡으려고 하면 물고기들은 미끼를 물려고 하지도 않고 다 도망가고 말 것이다.

　　교회 건축을 하면서 두 가지 선택사항을 놓고 고민한 적이 있다. 하나는 교회를 고전 양식으로 교회를 건축하는 것이었다. 서양 교회나 유럽 교회를 보면서 건축사진을 많이 찍어왔다. 그런 것들을 교회 건축에 녹여보고 싶었다. 기독교의 영성적인 분위기를 살리고 싶었다. 그런데 이렇게 짓는 것은 돈이 너무 들었다. 다른 하나는 완전히 교회 분위기가 나지 않는 교회를 짓는 것이었다. 두 가지 중 선택을 고민하다가 두 번째로 확정을 했다. 사람들이 교회에 부담 없이 들어오게 하고 싶어서였다.

우리 교회 1층에는 화장실이 있다. 여러 날 동안 드나들며 화장실을 이용하면서도 교회 화장실인 줄 모르고 들어오는 사람들이 많다. 그러다가 나중에 "여기가 교회였어?"라고 깜짝 놀라기도 한다. 물고기의 입에 맞는 미끼를 주는 것이 접촉이며 배려라고 생각한다.

## 7) 이 모든 것 위에 접촉을 더하라.

나의 목회의 화두는 '이 모든 것에 사랑을 더하라'는 말씀을 패러디한 말로, '이 모든 것에 접촉을 더하라'이다.

우리 교회가 마을과 갖는 접촉 시도는 절기 행사를 통해서이다. 추수감사절에는 교회 자체 축제를 마을 축제로 바꿨다. 동네 사람들과 같이 축제를 하자는 의미에서 성대하게 마을 축제를 행하고 있다. 성탄절에는 교인들이 그룹을 만들어 깡통으로 만든 자선냄비를 가지고 새벽 송과 같이 돌면서 캐럴을 부르면서 모금을 한다. 24일 크리스마스 잔치는 모금통을 들고 다시 모여서 교구 별로 그것을 계산한다. 그런 다음 그날 초대한 구제할 단체 대상자들에게 그 돈을 전달하고, 아이들 재롱을 몇 가지 본 뒤 헤어진다. 성탄절도 우리끼리 모여서 즐거워하는 것이 아니라 동네 사람들과 접촉을 한다.

사순절 행사는 우리 교인들끼리만 슬퍼하지 말고 이 고난을 지역에 알리는 기회로 삼는다. 성탄절은 사회 행사가 되어 버렸기 때문에 교회 이미지가 별로 없지만, 부활절과 사순절은 아직까지도

184

기독교만의 의미를 가지고 있다. 그래서 사순절 성금요일에는 교인들이 모여서 십자가 행진을 한다. 온 교인들이 십자가 하나, 촛불 하나를 들고. 사순절 전 주일날은 십자가 만드는 행사표를 만들어서 십자가가 없는 사람들은 아이들이랑 아빠가 함께 못질하면서 십자가를 만들어 행진하게 하고 시내를 돈다. 목사들은 가운입고 스톨을 두르고 십자가를 들고 행진한다.

언젠가는 독도 문제에 대해 민감했을 때 사순절 고난 행진을 하면서 플래카드에 '하나님은 민족의 아픔과 함께 하십니다. 하나님은 독도의 아픔과도 함께 하십니다.'는 문구를 새겨서 교회도 사회 사람들과 공감한다는 사실을 보여주고자 했다. 목사가 가운 입고 십자가를 들고 있는 모습과 수 백 명이 촛불을 들고 환락가나 번화가를 도는 모습은 분명 메시지가 있다고 생각한다.

이런 프로그램을 할 때마다 이것을 다른 사람들과 어떻게 같이 할까를 생각하라. 접촉에 대해 생각하라. 동네 사람들과 함께 할 것은 없는지, 동네 사람들과 나눌 수 있는 것이 무엇인지 계속 고민해야 한다.


## 3. 접촉 목회

새순교회에서 목회를 할 때에는 아이들과 잘 놀았다. 어느 해인가, 아이들이 내 생일을 알고 생일잔치를 해준다고 했다. 교회 안에 장식도 꾸며놓고 공연도 준비해 주었다. 공연을 하고 난 뒤 나에게 선물을 주었다. 네모나게 포장된 것을 주는데, 궁금해서 풀어봤더니 솔담배 한 갑이 들어 있었다. 교회에 대한 개념이 아직 없는 아이들이 자기 아빠가 좋아하는 것이 무엇일까? 남자들이 좋아하는 것이 무엇일까? 성인 남자가 좋아하는 것이 무엇일까? 생각하다가 자기들이 살 수 있는 물건 중에서 담배를 사서 선물로 준 것이었다. 지금도 그 생각을 하면 가슴이 찡하고 눈물이 많이 난다. 아이들이 나에게 무엇인가를 주기 시작한 것이다. 그렇게 내가 은혜를 받게 된 거였다. 그 당시의 아이들은 달라는 것이 너무 집요했다. 간식을 주면 얼마나 치열한지 속으로 얄미울 정도였다. 뺏어가려고 했고, 훔쳐서 집으로 가지고 가려고 했던 아이들이 나에게 처음으로 준 생일 선물이 솔담배였다. 이방인에서 친구로 나를 받아준 것이다. 그것은 내가 그들에게 다가섰기 때문이다. 예수님도 하늘에서 내려와서 우리들과 같이 지내주셨다. 삭개오에게 다가간 것이지 삭개오 보고 오라고 하지 않았다. "가 주는 목회"가 중요하다. 접촉하는 목회야말로 목회의 중요한 키워드가 되어야 한다.

우리 교회 마을 축제의 공동대표는 항상 스님과 목사인 나다. 접촉하는 것이다. 지역주민과 함께 일하는데 스님이라고 함께하지 못할 이유가 없다. 불교인들도 그 동네에 많다. 그 잔치에 그 사람들도 오게 하려면 그곳에 스님이 와 있어야 한다고 생각했다. 그런 마음으로 함께 하는 거다. 요즘 그렇게 했다가는 뭇매를 맞을지도 모른다. 그런 분위기가 된 것이 좀 아쉽다. 그러나 나는 접촉에 대한 부분에서는 가림이 없이 열심히 하려고 한다. 그래서 마을 축제를 한다. 자전거 타는 마을 만들기는 동네 주민들 다 함께 자전거를 타고 도는 것이다. 주민들이 같이 와 준다.

예배당 컨셉트도 마찬가지다. 우리 교회는 전통적 예배와 현대적 예배를 같이 드리는데, 날라리 신자라고 부르는 사람이 가장 많이 오는 시간대가 오전 11시다. 그래서 우리 교회 11시 예배는 "종합 버라이어티", "종합 비타민"이어야 한다고 생각한다. 예배 1시간 밖에 못 드리는 사람들에게 기도도 해야 하고, 사귐도 가져야 하고, 찬양도 해야 하고… 가급적 전통적 예배와 현대적 예배를 조화시켜서 사람들과 접촉면을 늘리는 그런 의미에서 고민을 해 보았다. 가급적 많은 사람들과 어울릴 수 있는 교회를 보여주고 우리 교회 장점들을 보여주는 예배를 드리고 싶었다.

성육신에 대해서도 많은 고민을 했다. 빌립보서 2장 7절의 말씀은 목회 사역에서 제일 기준으로 삼는 말씀 중의 하나다. 예수님은 근본적으로 하나님의 본체이시지만 동등됨을 취할 것을 포기한다. 우리 목회자들과 교회도 이것을 포기해야 한다. 목회자들은 하나님과 하나다. 목회자들은 하나님과 호형호제 하나님은 아버지!!할 정도로 가깝다. 그 정도로 목회자는 끗발 높은 존재들이다. 하지만 동등됨을 취할 것을 주장하지 않는다. 그것은 내 스스로 포기하는 것이지 하나님이 나를 버린 것이 아니다. 내 스스로가 동등됨을 취할 것을 사양한 것이다. 그럼에도 불구하고 포기의 마음이 좋다. 오늘날 많은 교회의 목회자들이 너무 권위적이고 거들먹거리는 것 때문에 선교가 안 된다고 본다. 물론 어떤 때는 목사가 챙길 것을 챙기는 것이 필요하다고 보지만, 결국 세상 사람들과의 접촉은 목회자가 자기를 조금 내려놓는 데서부터 시작될 수 있다.

마을 축제의 하이라이트는 노래자랑 대회이다. 노래자랑 대회를 교회 예배당에서 한다. 무대도 좋고, 조명도 좋은 예배당에서 하니까 환경이 너무 좋다. 노래자랑 대회를 교회 본당에서 한다고 하면 웬만한 목회자들로서는 쉽게 용납될 만한 사안이 아니다. 그러나 우리 교회는 그런 점에서는 고민이 없다. 사실 가관이다. 술 마시고 노래 부르고 젊은 사람들은 난리를 친다. 이것을 보수적인 교인들이 보면 말이 나올 만한 일이다. 우리 교회는 본당에서 노래자랑 하는 것을 아무도 이상하게 보는 사람이 없다. 그만큼 우리 교인들은 접촉에 대한 자랑스러운 생각을 가지고 있다.

여담이지만, 나는 예배당을 짓고 성전이라는 이름을 절대 붙이지 않았다. 대신 예배당 건축이라고 썼다. 완공 후에도 베들레헴 성전, 소성전 등으로 이름을 짓지 않았다. 교회를 성전으로 보면 성전이 된다. 본당이 성전이 되면 노래자랑을 못한다. 그래서 우리 교회는 회의를 거쳐 비전홀, 아트홀 등으로 이름을 지었다. 홀이나 방에서는 모든 것을 할 수 있다. 하나님의 임재가 있을 때는 예배당이 된다. 예배가 끝나면 예배당은 홀로 바뀐다. 초대교회도 그랬다고 본다. 집에서 예배를 드리면 예배소가 되고, 예배 후에 사람들이 흩어지면 자기가 사는 집이 됐다. 그런 개념을 교인들에게 은연중에 주입해 놓으니까 노래자랑 대회를 해도 거품 물고 반대하는 교인이 없었던 것이다.

"동등됨을 취할 것을 포기하고 자기를 비워서 종의 형체를 가지사 사람들과 같이 되시사…" 여기에서 "같이 되사"라는 말이 중요하다. 교회가 사람들을 만나 변화시킬 수 있는 힘은 사람들과 같이 되는 데에 있다. 이것이 오늘날의 교회들이 부족한 점이라고 본다. 특히 개척교회는 "같이 되사"라는 개념을 투철하게 가져야 한다. 전투적인 정신으로….

이제는 교회가 웬만큼 커졌기 때문에 사람들과 굳이 만나지 않아도 될 때가 왔다. 안 해도 된다. 그럼에도 불구하고 노력을 많이 한다. 노래자랑 대회가 끝날 때에는 나도 가서 가요를 부른다. 가발을 하고 선글라스를 끼고 나가서 "사람이 꽃보다 아름다워…"라는 노래를 열창한다. 복음적인 가사가 들어 있는 가요를 부를 때 열광하는 사람은 불신자들이다. "이 교회 목사님, 우와, 멋있어. 목사님이 완전 날라리구먼." 하면서 좋아했다.

이런 모습을 보고 찌푸리는 사람은 이웃교회 교인들이다. "이 교회 목사님은 채신머리없이 어떻게. 목사님이 점잖게 해줘야지." 이런 식으로 비난을 많이 한다.

그래서 요즘 생각하는 것이, 수평성장이 아닌 회심성장이다. 수평성장을 하려면 교인들에게 잘 보여야 한다. 내가 거품 물고 흥분하는 것이 있다. 교회 개척광고나 부흥회 광고를 왜 국민일보에 싣느냐 하는 것이다. 국민일보에 홍보지를 넣는 이유는, 교인을 뺏을 생각으로 하는 게 아닌가 하는 생각이 든다. 국민일보 보는 사람은 기독교인들이다. 모두 교인들이다. 그런 홍보는 교회를 나와야 할 대상들이 많이 보는 신문에 해야 할 것이라 생각한다. 교인인 우리가 생각을 조금 바꿔야 된다.

교회를 지을 때 고전 양식으로 짓지 않은 이유는, 고전적 양식의 교회는 교인들이 좋아하는 교회이기 때문이었다. 신자들은 교회가 거룩성이 느껴지고 종교적인 분위기가 나는 교회를 좋아한다. 일반인들이 다가가고 싶은 교회를 만들고 싶어서 고전 양식을 택하지 않았었다.

그러나 요즘은 생각이 많이 바뀌고 있다. 교인들이나 불신자들이 교회에서 보고 싶어 하는 것이 무엇일까? 우리 교회는 현대적 분위기의 열린 예배 형식으로 나가고 있지만, 고민은 많이 하고 있다. 왜냐하면 불신자들이 정말 컨테포럴한 예배를 좋아할까? 그것도 아닐 거라는 생각이 들기 때문이다. 컨테포럴한 교회는 교인들이 좋아하고, 불신자들은 클래식컬한 예배를 좋아할 것 같다. 가운 입은 목사, 성가대 찬양, 촛불, 종교적인 색채가 느껴지는 파이프 오르간 소리 등, 이런 것들을 느끼고 싶어 하지 않을까? 고민이 많다.

## 4. 무언가 해보려는 것, 그것이 중요하다.

나는 "그들과 같이 되려고 하는 일"에 애쓰려 했고, 그 동안의 목회 속에서 이것을 위해 끊임없이 노력해 왔다. 그리고 실제로 목회 속에서 이것들을 적용하고 변화시키는 노력을 지속적으로 해왔다. 그런 노력이 있었기에 하나님께서 나의 목회를 어여삐 보시지 않았나 생각한다. 개척교회를 할 때도 마찬가지였다. 교인 한 명도 없었지만 포스터를 동네방네 붙이고 다니고, 지역 청소년들을 위해 찬양집회를 열었다. 15평짜리 좁은 판자교회인지라 아무것도 하지 못하니까 그 대신 밑에 있는 큰 교회를 빌려서 목요일마다 찬양집회를 열었다. 무언가 해보려는 것, 그것이 참 중요하다고 생각한다. 때로는 실수도 많고 때로는 삽질도 많았다. 그런데 하나님께서 보시기에는 예뻐하실 것 같다는 생각이 들었다. 그런 마음은 지금도 변함이 없다. "그래 참 너 애쓴다. 네가 발악을 하는구나" 하시며 어여삐 보실 것 같다.

어떤 이는 전도를 해서는 안 된다고 한다. 그러나 전도는 해야한다. 왜냐하면 하나님께서는 전도하는 교회에 사람을 보내주시기 때문이다. 전도가 안 된다고 해서 안 하는 교회나 전도가 안 되기 때문에 전도하는 교회나 상황은 마찬가지다. 똑같이 전도가 안 되는 것이다. 그러나 하나님께서 사람을 보내주실 때에는 전도하는 교회에 사람을 보내주신다. 전도를 해서 그런 것이 아니라, 알아서 눈먼 고기라도 들어오면 전도하는 교회에 보내신다는 것이다.

하나님께서는 어떤 목회를 좋아하시고 어떤 교회를 축복해 주실까? 아무것도 안하는 교회가 아니라 그래도 뭔가를 하려고 발버둥치는 교회를 좋아하시고 축복해 주시지 않겠는가. 그래서 교회는 구별된 존재이지 외면하는 존재가 아니다. 구별됐다고 해서 외면하는 것은 아니기 때문이다. 세상을 등지는 교회가 아니라 세상 속에서 구별된 사람인 것이다.


## 5. 나가는 말

세계교회협의회가 상징하는 교회의 모습을 볼 때마다 배가 의미하는 가치가 크다고 본다. 배는 물을 절대 떠나면 안 된다. 그러면 존재 가치가 없어진다. 그러나 더불어 물과 친해지면 안 된다. 물이 배에 들어오는 순간 배는 타락하고 가라앉는다. 교회는 세상을 떠나서 살 수 없지만, 그렇다고 세상의 물을 벌컥벌컥 마시며 살 수도 없다. 교회는 늘 세상과 접촉하며 살아가야 한다. 물에서 노는 것이 하나님께서 우리에게 주신 우리의 한계이기도 하고 사명이라고 생각한다. 목회자들은 끊임없이 세상이라는 물에서 놀아야 한다. 그러나 물에 물들지 말고, 썩지 말아야 한다. 타락하지 말고, 세속적이지 말아야 한다.

이 그림을 보면서 하나님을 만날 날을 생각한다. 눈에서 눈물이 난다. 억울해서 눈물을 흘릴 때가 있다. 하나님이 나를 혹사시켜서 고생시키고, 성질 한 번 못 부리고 사람들에게 비위 맞추고, 자존심다 죽이고…. 내가 누려야 할 권리들을 누리지 못하는 박탈감, 억울함에 대한 하소연, 관두고 싶은 마음. 눈에서는 눈물이 나는데도 한편으로는 "그래서 하나님 행복했습니다", "목회해서 참 행복했습니다"라고 행복하게 웃을 수 있다.

억울해서 행복했고, 손해 봐서 늘 행복했고, 밑져서 행복했던 그런 '삶'…. 그런 두 가지 표정이 애매하게 겹치긴 하지만 결국 우리는 '눈물 짓는 승리자'의 표정으로 남게 되지 않을까? 나는 목회자가 많이 울기를 바란다.


## 개척교회, 작은 교회들이 정말 잘 살아야 한다.

개척교회 창립예배에 참석하게 될 때면, 나는 작은 교회가 갖는 소망을 말하곤 한다. 큰 교회들은 큰 소리 칠 것이 하나도 없다. 사실 개척교회의 덕을 보고 사는 거다. 나무가 사는 것은 둔치로 사는 것이 아니다. 뿌리로 사는데 그 뿌리도 굵은 뿌리는 소용이 없다. 잔뿌리가 중요하다. 맨 끝에 뻗어 발달해 있는 잔뿌리들이 뚫고 나가는 힘이다. 그것들이 나무로 하여금 땅에 뿌리박를 박게 한다. 굵은 뿌리는 땅을 뚫지 않는다. 손톱으로 자르면 잘릴 것 같은 연약한 실뿌리가 돌도 뚫고, 바위도 뚫고, 자갈밭을 뚫고 내려가면서 물을 빨아들인다.

큰 교회들이 큰 소리 칠 것이 없는 것은, 큰 교회는 회심할 교인들이 별로 없기 때문이다. 그리고 큰 교회에서는 새신자 양육이 잘 안 된다. 잘난 사람들만 양육을 받지, 무지렁이 같고 상처 많고 그렇게 쓰러져 있는 사람은 양육이 안 된다. 그런 사람이 양육되는 곳은 개척교회다. 개척교회는 그런 사람이 한 사람 들어오면 24시간 풀가동 양육된다. 목사 한 명이 전담으로 붙어서, 더 심하면 사모까지 달라붙어서, 오직 한 가정만 수십 번씩 심방해 준다.

큰 교회에서 담임목사의 심방은 딱 한 번이면 끝이다. 두 번도 못 간다. 형평성의 원칙에 의해서 못 간다. "목사님은 누구네 집엔 두 번 갔다"는 소리를 듣기 때문에 한 번 밖에 못 간다. 그러나 심방 한 번 가지고 어떻게 살겠는가? 안 된다. 그러니까 실패한 사람들, 상처받은 사람들, 교회에 삐쳐서 나간 사람들 다 긁어모으는 곳이 개척교회다. 다 붙잡고 눈물 흘리면서 하나를 살려낸다. 그리고 믿음 자라고 머리 커지면 큰물에서 놀아보겠다고 큰 교회로 가버린다. 또 한 사람 또 잡으면 또 똑같이 한다. 그런 얘기 하면서 빚진 마음을 갖고 미안한 마음을 갖고 있다고 했더니, 그 개척교회 하는 분이 많은 위로를 받았고 거기 오신 목사님들도 깨달음이 있었다고 했다.

박노해 시인의 시처럼, 큰 강이 말라갈 때는 샛강부터 살펴야 한다. 샛강이 마르니까 큰 강이 마르는 것이다. 결국 오늘 한국교회 위기는 개척교회의 위기다. 실뿌리가 죽어가고 있는 것이다. 개척교회, 작은 교회들이 정말 잘 살아야 한다.

# 매력있는 교회


**황대성** 목사

(충주, 대소원교회)


나이를 먹으면서 거울을 보는 횟수가 늘어간다. 젊었을 때는 아무래도 좋다고 생각했는데, 이제는 '추해지지는 말아야지' 하는 생각을 자주 하게 된다. 그래서 손도 자주 씻게 되고, 양치질도 더 하게 된다. 놓았던 책도 다시 찾아보고, 기도하는 시간도 늘리려고 노력해 본다. 그러면서 어느 날 문득 '내가 잃어버린 것이 너무 많구나!' 하는 것을 깨닫게 되었다. 가난하고 서툴고 미래에 대한 불안으로 가득했던 초년 목회자 시절이 한없이 그리워진다.

나의 첫 임지는 영월이었다. 친구 따라 갔다가 장릉을 품고 있는 소나기재의 낙락장송이 멋있어 눌러 앉았다. 당시만 해도 자동차가 귀해서 자전거를 사서 두 해 정도 타다가 오토바이로 바꿨다.

쌀쌀한 날씨에 삼십 리 길인 읍내를 다녀오면 귀가 떨어져 나가는 것 같아 마을 앞산모롱이 큰 기와집에 먼저 들르곤 했다. 곱게 늙은 도의원 부인이 혼자 집을 기키다가 반갑게 맞으며, 곡식과 쉽게 구할 수 있는 풀을 넣어 만든 차부터 내오신다. 마당가에 선 감나무에서 딴 홍시를 권하든지 뒷산에서 주어온 윤기 도는 밤을 화로에 넣으신다. 새삼스러울 것 없는 얘기를 나누고 돌아서도 부담이 없고 따뜻하다.

검은콩을 주재료로 밤, 대추, 은행 등 열 가지를 넣어 생각대로 만든 차가 먹을수록 좋아, 재료를 얻어다가 우리 집에 오는 손님들에게도 내놓았더니, 사람마다 무슨 차냐고 물어본다. 부르기 쉽게 '문곡차'라 이름을 붙였고, 겨울이면 크게 바쁘지 않은 시골이라 일부러 차를 마시러 들르는 사람들도 있었다.

가장 행복했던 시간은 자연과 가까이 하는 때였다. 흙냄새를 맡고, 나무의 열매를 먹으며, 땀을 흘리는 사람들, 노동의 즐거움을 아는 사람들이 그리워진다. 이런 이야기를 교역자회의에서 하고, 장로님들 모임에서 했더니, 모두가 그렇다는 것이다. 그러고 보면 우리 모두가 중요한 무엇인가를 잃어버리고 너무 멀리 달려온 것이 분명한 것 같다.


## 1. 나무를 심으면 새가 날아온다.

내가 지금의 교회에 부임해서 처음 한 일은 1,000여 평의 부지에

196

나무를 심는 것이었다. 그리고 큰 돌을 몇 개 가져다 놓았다. 100년 가까운 역사를 가진 교회였지만 점점 피폐해 가는 농촌의 현실적 고민을 그대로 안고 갈등하며 의욕을 상실해 가던 교인들은, '쓸데없는 짓을 한다'고 아우성이었다. 그래도 주변에 잔디를 심고, 새벽기도를 마치고는 주저앉아 풀을 뽑았다. 그렇게 몇 해를 지내고난 어느 봄날도 무심코 기도를 마치고 아침햇살을 받으며 2층 교회에서 내려오는데, 맑은 새소리가 들렸다. 잊고 있었던 고향 친구가 불쑥 나타난 듯 반갑고 기뻤다. 주위를 둘러보니 그 사이 많이 자란 단풍나무와 느티나무, 목련나무 가지에 작은 새들이 옹기종기 모여 있었다. 그 이야기를 교인들에게 했더니 모두들 자신들도 새소리를 들었다고 하며 얼굴이 환해지는 것을 보았다. 그것은 희망이었다.

그 후부터 종류도 많아지고 덩치가 큰 새까지 숫자가 해마다 늘어간다. 예배 끝나면 집으로 가기 바쁘던 교인들이 나무 그늘에 앉아 이야기꽃을 피우고, 차 한 잔을 마시며 정을 쌓아 간다. 냉랭하던 교회에 웃음소리가 들리기 시작했다. 교회 분위기가 밝아지고 따뜻해졌다. 이웃들도 관심을 가지고 찾아오고 부러워하기도 했다. 지역사회에서 교회의 존재감이 생기기 시작한 것이다.

## 2. 꽃을 심으면 아이들이 찾아온다.

요즈음 우리 교회의 토요일과 주일은 아침 일찍 아이들의 소리로 시작된다. 어린이집에 다니는 아이들부터 초등학교 저학년 아이들이 나무 탁자며, 정자 그네와 놀이터로 몰려다닌다. 좀 큰 남자아이들은 축구를 좋아한다. 여자아이들은 배드민턴과 노래하고 악기를 배우며 속닥거리기를 잘한다. 그래서 모든 교인들이 행복해 한다. 장로님의 손자와 권사님의 아들딸들이 함께 어울리는 것을 보며 고마워한다.

우리 교회는 청년도, 학생도 없는 전형적인 시골교회였다. 10여 년 전에 부임하니, 어린이들은 몇 명 있는데 그들을 지도할 교사도 없었다. 어른들보다 전도하기 더 힘든 것이 학생들이다. 집사님, 권사님의 아이들도 학원 가느라고 예배에 참석할 시간이 없는 현실이었다. 학원에 가려는 아이와 교회로 보내려고 하는 엄마 아빠의 싸움을 자주 볼 수 있었다.

이러한 답답한 마음을 가지고 아내와 둘이서 넓은 교회 마당에 꽃을 심기 시작했다. 지켜보던 교인들이 하나 둘 참여하고, 통나무 탁자와 의자를 만들고 예쁜 파라솔도 세웠다. 봉숭아 꽃밭을 가꾸기 시작한 것도 이때였다. 해마다 조금씩 변화를 주며 봉숭아 꽃동산을 꾸미기도 하고, 그 위에 초가 정자를 세우기도 했다. 그러자 한두 명씩 아기들 손을 잡고 놀러오는 엄마들이 생기고, 여름날 저녁에는 여학생들이 몰려와 정자에 앉아서 속삭이다가 가기도 했다. 그러기를 몇 년이 지나면서부터 학생부가 부흥하기 시작하고, 그들이 자라 청년이 되었다. 지금은 청년과 중고등부 학생들은 토요일부터 주일까지 종일 교회에 붙어 있다. 찬양이 살아나고 활력이 넘친다. 그때 그 아이들이 자라서 2011년 청년부 제자훈련을 처음으로 시작했다.

원로 장로님 생신에 고향을 찾아온 자녀들이 모두 주일날 예배에 참석했기에 꽃밭에서 가족사진을 찍어 주었더니 너무 좋아하며 좋은 나무 한그루를 기념식수를 하셨다. 며느리들의 얼굴이 환해지고 손자손녀들이 할아버지 교회가 아름답고 좋다고 자랑하고 다닌다.

### 3. 새벽종소리가 다시 울리면 온 세상이 깨어난다.

지난해에는 우리 교회 종소리를 듣고 항의하는 30대 이웃 주민이 있었다. 경찰지구대에 신고하고 시청에 항의하더니, 나중에는 민사소송을 한다고까지 했다. 걱정이 돼서 주변에 물어보니까 주민들과 갈등을 빚으면 안 된다고 이구동성이었다. 그런데 경찰과 시청 직원 등, 관계자들은 기계음이 아닌 자연 종소리는 규제를 하지 않는다고 했다. 오히려 교회 종소리가 주는 편안함과 문화적 가치를 인정하고 정서적으로 얼마나 좋은 일이냐며 지켜주려고 했다. 지역의 대표적 인권 변호사는 재판할 경우 직접 변론하겠다면서 반드시 지켜내자고 응원을 했다. 장로님들을 비롯한 교인들도 한마음으로 번거로운 싸움을 지켜보며 기도하고 응원했다. 20여 년 동안 종을 치신 팔순의 노 권사님은 몰래 숨겨두었던 거액의 통장을 가져와 헌금을 했다.

최근 통계와 보도를 보면, 직접 전도를 통해 교회를 찾는 경우는 거의 없다고 한다. 관계와 종교의 좋은 이미지가 결국 사람들의 발길을 돌리게 한다는 것이다. 새벽 종소리는 온갖 소음과 욕망, 그리고 환락에 찌든 영혼을 깨우는 교회의 부름이며, 기도이다.

때론 구원의 메시지가 되기도 한다. 나의 처형은 불면증에 오래 시달렸는데, 고향에 가면 새벽 종소리가 들릴 때마다 마음이 편해져서 스스로 교회를 찾게 되었다.

하나님은 아담을 창조하시기 전에 먼저 아름답고 풍성한 에덴동산을 만드셨다.

> "여호와 하나님이 동방의 에덴에 동산을 창설하시고 그 지으신 사람을 거기 두시니라"(창 2:8).

그곳은 온갖 나무와 풀과 꽃이 어우러지고, 새와 짐승들이 뛰놀며 과실이 풍성한 정원이었다. 그것은 하나님께서 인간에게 주신 최고의 선물이며, 인간이 누릴 수 있는 최선의 조건이다. 그리고 교회가 회복해야 할 고향이며 원형이다.

두껍고 단단한 콘크리트와 아스팔트를 걷어내고 나무를 심자. 교회 주변에 봉숭아와 채송화, 국화와 백일홍, 붓꽃을 심자. 고단하고 세속에 찌들어 쓰러져 밤을 새운 영혼이 새벽 종소리에 끌려 교회로 나와 엎드려 회개의 눈물을 흘리고 교회 문을 나서면 은총처럼 쏟아지는 아침 햇살을 타고 새소리가 들려올 것이다. 이슬을 머금은 온갖 꽃들이 환한 미소로 축복이 넘치는 에덴동산의 새가족을 맞이할 것이다.

> "여호와 하나님이 동방의 에덴에 동산을 창설하시고

그 지으신 사람을 거기 두시니라" (창 2:8).

# I. 교회의 위기에 대한 해법

나는 어려서부터 교회에서 자랐다. 학교와 교회밖에는 모른다고 하는 것이 옳을 것이다. 교회에서 하는 것은 무엇이든지 열심히 했고, 가르치는 것은 다 배우며 엘리트 코스를 밟아 목사가 되었다. 목회를 시작하고도 열정적으로 설교하고, 심방하고, 전도했다. 이웃들에게 관심을 가지고 섬기는 일도 게을리 하지 않았다. 일찍 컴퓨터를 배우고 인터넷이나 새로운 정보에 대해서도 뒤지지 않으려고 노력했다. 그러나 교회는 쉽게 부흥하지 않았다. 처음에 박수치던 사람들도 교회가 정체되고 일상이 되어 버린 예배와 전도, 심방과 부흥회 등이 반복되면서 식상해하고 싫증을 내기 시작했다.

교인들이 문제가 아니라 언제부터인가 스스로에게 실망하고 있는 자신을 발견하고는 충격을 받지 않을 수 없었다. 익숙해진 교회 생활과 목회의 답답함을 벗어나려고 여기저기 기웃거려 보았지만 다 비슷비슷할 뿐이었다. 벗어날 수 없는 감옥에 갇힌 그때의 느낌을 언제까지나 잊을 수 없을 것이다.

그 답답함의 원인을 찾기 위해 10여 년 동안의 힘든 여정에서 얻은 결론은, '변하지 않은 교회'였다. 세상은 어지러울 정도로 변하는데 교회는 50여 년 동안 하나도 변하지 않고 있었던 것이다. 등사기로 만들던 주보가 인쇄소에 맡겨질 뿐 내용이나 형식은 거의 변하지 않았다. 예배도 심방도 조금씩 옷을 갈아입었을 뿐 변한 것이 없었다. 그렇게 생각하고 나니까 어릴 때부터 자주 보아왔던 예수님의 모습이나 성경의 사건들을 그린 성화가 그렇게 진부해 보일 수가 없었다. 나는 평생을 그 그림 속에서 예수님을 찾을 것인가 하는 반문을 해보게 되었다.

빠르게 변하는 세상에서 교회는 여전히 옛 모습 그대로를 고집하고 있다. 외형이 바뀌고 대형교회들이 많아지면서 그들을 열심히 본받고 따라잡으려고만 했지, 시대에 맞게 체질을 변화시키고 새로운 환경에 도전하는 노력을 기울지 못했던 것이 사실이다. 교회 안에 있으면서 세상을 부러워하고 이유 없는 답답함 때문에 가슴앓이를 하는 것은, 비단 나 한 사람의 문제가 아니었다. 그것을 알게 된 것은 나의 목회에 전기를 마련해 주었다.


## Ⅱ. 이제는 문화다!


앞으로 목회의 화두는 '문화', 더 정확히 말하면 '기독교문화의 창출'에 있다고 단언한다. 문화란 삶의 양식이다. 한국사람이면 한국사람의 삶의 방식이 있다. 음식 문화, 잠자리 문화, 거리 문화, 여가 문화가 모두 한국식이다. 아프리카 사람들은 아프리카 식의 문화가 있다. 저마다 너무나 자연스럽고 편안한 자신들의 삶의 양식이 있는 것이다.

문화는 사람들의 마음을 사로잡는다. 문화적으로 앞서가는 사람을 매력 있다고 한다. 매력은 끌어들이는 힘이다. 연예인, 스포츠 스타는 그 분야에서 첨단을 달리는 사람들이다. 그러니까 팬들이 열광하고 따라간다. 그들의 몸짓, 패션, 취향까지 닮아가려 한다. 한 사람 때문에 그들만의 '마니아 문화'가 형성된다.

그런데 창조주 하나님, 가장 위대하신 능력의 하나님을 모신 교회가 왜 세상 사람들로부터 외면을 받고, 그리스도인들이 무기력하기만 한가? 우리가 믿는 하나님이 살아 계시다면, 예수 그리스도가 죽음을 이기고 부활하셨다면, 성령이 교회와 우리들 마음에 지금도 역사하신다면, 교회는 더 강해져야 한다. 더 당당하고 매력적이어야 한다. 세상 사람들의 마음을 빼앗을 만큼, 세상을 흔들어 놓을 만큼, 흡인력이 있어야 한다.


## 1. 목회자는 교회와 지역사회에서 최고의 지식인이며 문화인이다.

어느 곳에서나 목회자는 지도자로 인정을 받는다. 교인들은 물론 지역 사회에서도 목회자에게 기대하는 것이 많다. 세상이 교회와 목회자를 향해서 작은 잘못에도 엄청난 비난과 돌팔매질을 하는 것도 뒤집어 보면, 그만큼 큰 기대를 가지고 있었던 것에 대한 배신감에서 비롯된다고 볼 수 있다. 그렇기 때문에 목회자는 자기개발을 게을리 하지 말아야 하고, 문화적인 소양을 축적하는 일에 열심을 부려야 한다.

대소원교회는 90여 년의 역사를 가지고 있다. 위치도 면사무소 맞은편 요지에 자리 잡고 있다. 한때는 지역에서 큰 교회로 남부럽지 않은 교세를 자랑하기도 했다. 그런데 부임해 보니 면장님과 식사 자리 한번 마련할 사람이 교회 안에 없었다. 농협의 창구 직원에게 천덕꾸러기 취급을 받아야 했다. 목사와 교인들을 벌레 보듯 피하기에 바쁘고, 수군대기 일쑤였다.

이런 것을 극복하기 위해서는 목회자 자신의 피나는 노력이 필요하다. 목사 한 사람에 의해, 교회는 얼마든지 달라질 수 있다. 아직도 한국 교회는 목사에 대한 신뢰와 존경을 철회하지 않았다. 언제든지 목사의 말 한마디에 시간과 돈과 열정을 바칠 준비를 하고 있다. 이들을 동력화시키기 위해서는, 목회자가 자신감을 회복해야 한다. 영적인 권위를 회복해야 한다. 담대해져야 한다.

그래서 요즘 영성을 많이 이야기하고 많은 세미나가 열리고 새로운 바람이 불기도 한다. 바람직한 일이다. 그러나 그런 것들이 교회 안에서 그쳐서는 안 된다. 복음을 전하기 위해서는 세상을 향한 실력을 갖추어야 한다. 영성과 함께 지적 소양을 충분히 쌓아야 하고, 빈틈없는 문화인으로서의 실력을 갖추어야 한다.

요즘은 넥타이 하나를 살 때에도 색상과 디자인을 본다. 핸드폰을 고를 때에도 디자인이 우선이다. 성능은 다 비슷비슷하다. 기능을 다 알고 쓰는 사람은 없다. 그러나 디자인에 대해서는 누구나 관심을 갖고 자신의 마음에 꼭 드는 것을 고르려 한다. 그런 사람들이 교회를 고르려 할 때, 신앙을 선택할 때, 단순하게 판단할 것이라고 기대하는 것은 착각이다. 그들의 눈높이에 맞는 교회가 되어야 하고, 닮고 싶은 신앙인의 모습을 보여주어야 한다. 그러기 위해서는 목사가 적어도 지역 안에서는 최고의 문화인이 되어야 한다. 지역복음화를 이루려 한다면 이것은 필수과목이라고 할 수 있다.

책을 많이 보고, 신문을 정독하는 것도 많은 도움이 된다. 이것저 것 방법을 찾아 헤매는 것보다 자신의 특기를 살려 깊이를 가지는 것이 좋다. 한 가지 분야에 전문가가 되면 다른 분야에서도 인정을 받게 된다. 어느 분야든지 전문성을 갖추었다는 것은 목회에 큰 힘이 될 수 있다.


## 2. 지역사회에 대한 깊은 이해가 필수다.

목회는 일반적인 이론이나 경험의 적용 대상이 아니다. 내가 목회하는 그곳에서 무엇을 요구하고 있는지, 정확한 답을 내놓아야 한다. 그래서 언제나 새로운 길을 가게 되는 것이다. 아무리 훌륭한 사람들의 좋은 사례라 하더라도 참고사항일 뿐이다.

교회부흥을 바라는 목회자라면 지역에 대한 관심을 무제한으로 가져야 한다. 교회 안에, 교인들에게만 시선이 머물러서는 안 된다. 그리고 그들을 깊이 이해해야 한다. 모든 문제들을 내 것으로 받아들 여야 하고, 문제 속으로 뛰어 들어야 하며, 누구보다도 먼저 해답을 얻어내려고 노력해야 한다. 한발 앞서 정답을 찾아낸다면 교회는 부흥할 것이다. 그러기 위해서는 누구보다 지역사회와 이웃들을 깊이 알아야 한다.

교회가 있는 지역사회의 역사와 전통은 물론, 특수성에 대한 이해가 필요하다. 대소원교회는 충주의 변두리 면소재지다. 경제력이 약하고 요즘과 같은 고학력 시대에도 고등학교 이상의 학력자를 찾아보기 힘들었다. 지극히 배타적이고 교인과 교인, 교회와 주민, 주민과 주민 사이에 반목과 질시가 심했다. 최근 몇 년간의 교회 내 분열과 싸움으로 목회자와 교회에 대한 불신이 극에 달해 있었다. 심방이 불가능했고, 길에서 사람을 만나면 오히려 설교를 들어야 했다.

이런 현실에서 목사가 할 수 있는 일은 하나도 없었다. 교인들은 교인들대로 목사에 대한 상처가 깊어서 아무런 기대도 갖고 있지 않았다. 이런 상황에서 그들과 맞서지 않고 전혀 새로운 곳으로 시선을 돌려서 접근했던 것이 성공을 거둔 요인이라고 할 수 있다.


## 3. 섬겨야 마음이 열린다.

현대교회의 문제는 대개 세상과의 단절에서 비롯된다. 더 구체적으로 말하자면, 선교대상자들이 대문을 닫아걸고, 마음 문까지 걸어 놓고 있어서 접근하기조차 힘들다는 것이다. 다양한 전도 방법을 써보지만 결과가 시원치 않은 것도 일방적인 구애로 끝나기 때문이다. 만약, 교회가 부흥되고 신바람 나는 목회를 함으로써 재미있어 죽겠다는 교인들을 만들고, 세상 사람들이 부러워하는 그리스도인이 되고 싶다면, 가장 먼저 해야 할 일은 기다리는 것이다. 성급하게 이런저런 프로그램을 시작해서는 안 된다. 아주 작은 일, 할 수 있는 일을 찾아 묵묵히 일하고, 아주 작은 기회라도 생기면 섬겨야 한다. 그러면 언젠가는 꼭꼭 걸어 잠갔던 문을 스스로 열게 된다. 진심으로 섬기기를 실천한다면, 거기에 걸리는 시간이 생각했던 것보다 아주 짧다는 것에 놀라게 될 것이다.

우리 교회의 경우, 교제가 힘든 상황이라 봉숭아 꽃물들이기를 시작하기로 하고, 방치되어 잡초가 우거진 교회 마당에 꽃밭을 만들기로 했다. 집사람과 둘이서 매일 씨를 뿌리고 김을 매줬다. 주변에 잔디를 심고, 새벽마다 나가서 풀을 뽑아 주었다. 그렇게 1년을 하고 나니까 교인들보다 주민들이 먼저 '목사님은 매일 무슨 일을 그렇게 열심히 하느냐' '정성이 대단하다'며 소문을 내고 말을 걸어오기 시작했다.

'봉숭아 꽃잔치'가 시작되고 나서는 대로변과 고속도로 요금소 부근에 봉숭아를 심기로 하였다. 새벽기도회를 간단히 마친 다음, 열심을 내기 시작한 교인들과 함께 위험한 길로 나가 풀을 뽑아내고 봉숭아를 심기 시작했다. 어느 때는 아침을 굶고 점심때까지 땡볕에서 일하다 지쳐 쓰러지기도 하고, 장맛비를 맞으며 일하기도 했다. 그러려고 해서가 아니라 식물을 가꾸는 일이 그렇게 힘이 든다. 그걸 지켜본 주민들이 마음을 열고 협력자들이 되기 시작했다. 10년

걸려도 쉽지 않을 것 같았던 마음의 벽을 허는 일이 1-2년 사이에 일어났다.

## 4. 접촉점을 찾아라.

대소원교회에 처음 부임해서 가장 안타까웠던 것은, 목사가 할 수 있는 일이 없다는 것이었다. 공식적인 예배 인도를 제외하면 설교와 기도조차도 못하게 했다. 목사를 불러 놓고 권사와 집사가 설교하고 기도하고 예배 인도까지 다 해버리니 기가 막힐 뿐이었다. 90년의 역사를 가진 교회다 보니 모르는 것이 없고 안 해본 것이 없었다. 주민들도 거의 대부분 교회에 들락거려본 사람들이니 어설픈 설득은 먹히지도 않았다.

대개의 경우, 교회 부흥을 위해서 만나는 첫 번째 어려움이 이런 것들일 것이다. 목사가 마음껏 일하고, 온 교인이 하나가 되어 따라주면 안 될 일이 없을 것이다. 그렇지 못하기 때문에 힘든 것이다. 이런 상황을 타개할 수 있는 실마리를 찾아야 한다. 그것이 교회 부흥의 첫발자국이다.

### 1) 발상의 전환

### ① 봉숭아 꽃물들이기

대심방을 하면서 허름한 집 앞마당에서 옛 모습 그대로의 작은 꽃밭을 보게 되었다. 붓꽃, 맨드라미, 채송화, 봉숭아가 피어 있었다. 그 순간에 '봉숭아물을 들여 보면 어떨까?' 하는 생각이 스쳤다. 꽃을 심고 동심으로 돌아가 봉숭아물을 들이는 것을 못하게 하지는 않겠지 하는 마음이 든 것이다. 그때부터 교회 마당에 꽃밭을 만들기 시작하고 봉숭아씨를 뿌리며 잔디를 심고 열심히 가꾸었다.

여름이 되어 봉숭아 꽃물들이기 대회를 열었다. 20-30명 남은 교인들 중에 대여섯 명이 참가했다. 그 중에 어린 세 딸과 함께 손톱과 발톱에 모두 봉숭아물을 들이고 온 사람이 있었다. 거기서 부임 후 1년 만에 처음으로 웃음을 보았다. 용기를 얻어 이웃들과 함께 하면 어떨까 하는 생각을 하게 되어 '봉숭아 꽃잔치'라는 이름을 걸게 되었다. 그것이 놀라운 반향을 일으켜 우리 교회의 역사를 바꾸게 되었다.

② 자전거 동호회

사실 가난한 농촌 마을에 여자들이 대부분이고 남자들이라고 해야 고대인처럼 완고한 사람들 몇몇뿐인 교회에서 해볼 수 있는 일이 많지 않았다. 그러나 새로워져야 한다고 생각하면서 봉숭아 꽃물들이기를 시작했고, 그로 인해 조금의 여유가 생기자 '자전거 동호회'를 시작했다. 처음에는 마지못해 따라하던 사람들이 열심을 내어 자전거를 단체로 구입하고 옷을 맞춰 입고 논길을 달리게 되자 주위에서 부러워한다는 소문이 들리기 시작했다. 얼마 있으니까 시장사람들이 탁구동호회를 한다는 말이 들리고, 그동안 거의 방치되었던 마을회관에서는 주부들이 에어로빅을 시작했다. 지금은 생활체

육회가 조직되어 시의 지원까지 받아 배드민턴과 요가 등 다양한 취미 활동을 즐기고 있어, 시의 다른 읍면동까지 확산되고 있는 중이다. 물론 이런 모임이 전도의 중요한 매개체 역할을 하는 것은 말할 것도 없다. 작은 시작이 교회를 바꾸고, 지역사회를 바꾼다.

### ③ 디지털 카메라를 활용하라

현대인들에게 디지털카메라는 필수품이다. 핸드폰의 카메라 성능도 만만치 않다. 그러나 실제로 카메라를 활용하는 사람들은 많지 않다. 컴퓨터를 잘하는 젊은이들이나 아주 특별한 목적을 위해서 유용하게 쓰는 사람들에 비하면 안타깝게도 교회는 이 놀라운 기계를 방치하고 있다. 카메라를 들면 교회가 달라질 수 있다.

#### a. 주보에 활용하기

주보는 교회의 얼굴이고 가장 많은 정보를 담아내는 매체다. 하지만 50-60년 전에 등사기에서 현재의 인쇄기로 만든다는 것 외엔 거의 바뀐 것이 없다고 해도 과언이 아니다. 물론 칼럼도 싣고, 화려한 교회의 사진도 들어가기는 한다. 그러나 교인들에게 호소력이 있는 주보를 만드는 경우는 아주 드물다고 볼 수 있다.

교인들이 반드시 보고, 교회를 상징하는 주보가 모든 사람들에게 사랑받는 길은 없을까 고민하다가, 교회 행사에서 찍은 교인들의 사진을 주보 표지와 배경으로 사용했더니 반응이 놀라웠다. 담임목사의 사진이 아니라, 야외예배에서 뛰고 뒹굴며 활짝 웃는 교인들의 표정이 실린 주보를 보는 사람들이 처음에는 당황하고, 일부 나이든 교인은 '그래도 목사님 사진이 빠져서야 되느냐'고 말하기도 했다. 그러나 사진을 바꿔 실으면서 모두 즐거워하는 것을 볼 수 있었다. 칼럼도 설교나 유명한 사람들의 이야기가 아니라, 교회생활 속에서의 잔잔한 이야기들, 어린아이서부터 노인들까지 고루 등장시키며 현장성 있는 사진을 곁들이니까 금방 인기 있는 매체로 변했다.

사실 좋은 주보를 만들기 위해서 조금의 재정을 투입하는 것은 당연하고 웬만한 교회는 부담할 수 있는 정도라고 본다. 좀 무리가 되더라도 교회 부흥을 위해서 과감하게 투자해 보면 놀라운 효과가 있을 것이라 확신한다.

### b. 사진 전시회

교회생활이나 어린이집 아이들의 행사, 그리고 여행을 하면서 찍은 풍경 사진을 액자에 넣어 교회에서 전시회를 했더니 반응이 좋았다. 요즘은 액자나 이젤도 싸게 구입할 수 있어서 작은 전시회는 쉽게 열 수 있다. 용기를 내어 주민들이 많이 왕래하는 아파트 앞에서 길거리 전시회를 했더니 주민들도 너무 좋아했다. 대단한 작품이 아니라도 사람들은 주변의 일과 자신이나 가까운 이웃들이 작품의 주인공이 되었다는 것에 흥미를 가진다. 그리고 젊은이들 중에는 꽤 실력 있는 사진 기술을 가진 사람들이 많이 있다. 또 요즘 사람들은 자신을 표현하기를 좋아해서 즐거운 마음으로 모두 참여할 수 있을 것이다.

### c. 살아 있는 전도지

주보나 전시회에 사용한 사진 중에서 좋은 작품들을 골라서 전도지 그림으로 사용해 보니까 반응이 놀라울 정도였다. 시중에 나와 있는 전도지는 천편일률적이고 받는 사람도 한두 번 보았던 것을 다시 받는 경우가 많다. 그렇다보니 받자마자 길바닥에 버리거나 바로 쓰레기통으로 들어가기 십상이다. 하지만 처음 보는 사진을 받아들면 호기심이 생겨서 보게 되고 대화의 문이 열린다. 전도지의 내용도 친근감 있게 쓰면 더 효과적일 수 있다. 전도지를 구입하는 비용이면 충분히 자체 제작할 수도 있을 정도로 요즘 인쇄비용이 많이 싸졌다.

### d. 현수막

현수막에도 교인들을 찍은 디지털 사진을 사용하면 관심이 높아진다. 특히 어린이들 사진을 사용하면 부모들이 너무 좋아하며 소문을 내기 때문에 홍보효과가 만점이다.

### e. 각종 문서에 활용

생일카드라든가 안내장 등에도 활용할 수 있다. 그림엽서를 많이 만들어 놓고 뒷면을 활용하는 방법도 있다.

### ④ 어린이집 활용

어린이집이나 대사회 봉사기관을 가지고 있을 경우에는 자모교육이나 가족 운동회, 소풍과 견학, 발표회 등을 활용해서 다양한 문화행사를 만들어낼 수 있다. 그런 행사를 통해 자연스럽게 그리스도인의 사랑을 전하며 교회로 인도할 수 있다.

대소원교회는 어린이집이 교회 부흥에 어떤 역할을 할 수 있는지를 잘 보여주는 예라고 할 수 있다. 50대 이상 노인만 있던 교회, 싸움으로 문을 닫아야 할 처지에 이르렀던 교회가 부흥하며 지역사회를 리드하는 교회로 3-4년 만에 바뀌는 과정에서, 어린이집 자모인 20-30대 주부들이 교회의 주역으로 등장하게 된다. 그리고 주민들이 교회와 어린이집을 우리 교회, 우리 어린이집으로 애착을 갖게 되었다.

요즘 어린이집에 대해서는 정부와 시가 충분히 지원한다. 그것을 시의 지침대로 유아들에게 그대로 돌려주려면 최고로 먹이고(사골을 고아 주고, 사철 과일을 주고, 간식을 모두 주방에서 만들어 주며, 영양사가 짠 식단에 최고의 재료를 쓴다), 각종 공연은 빼놓지 않고 무료로 시켜주며, 7세 반은 졸업여행도 스키장을 경유해서 강릉, 설악산 코스로 다녀온다. 졸업 때는 행사 사진 CD를 제공한다. 매일 아침 예배를 통해서 자연스럽게 복음을 전할 수 있는 것은 너무 행복한 일이다.

어린이집이야말로 지역사회와 직접 연결된 통로라 할 수 있다. 교회가 이웃을 사랑하고 무엇인가를 줄 수 있다는 것을 증명해 보일 수 있고, 교회가 가지고 있는 생각과 계획을 가장 신속하고 정확하게 전달하는 역할을 한다. 그리고 어린이집 선생님들은 만능 재주꾼이다. 어린이집 선생님으로서 자부심을 갖게 한다면 그들의 재능을 충분히 활용할 수 있을 것이다.

a. 어린이들은 사진 모델로서 훌륭하다.

'봉숭아 꽃잔치'를 비롯해서 주보, 전도지, 달력, 그림엽서 등에 모델로 활용하며, 그 가족을 전도하면 반드시 교회에 나오게 되고 좋은 교인이 된다.

b. 사물놀이팀을 운영한다.

7세반을 중심으로 사물놀이 팀을 운영하여 봉숭아 꽃잔치의 메인 무대에 올려서 해마다 열광적인 반응을 얻는다. 그 부모들 가족들은 자부심이 대단하다. 해마다 사물놀이팀에 들어가기 위해서 로비를 벌이며, 사물놀이 팀에 들어가기 위해서 옮겨 오는 아이들도 있다. 대형 축제인 무술축제 등에 출연하며, 전도에 적절히 활용할 수 있다.

c. 부채춤

사물놀이와 함께 부채춤이 소문나 있다. 주민들과의 소통과 행사에 많은 도움을 주고, 자모들의 반응도 좋다. 아이들의 표현력이나 잠재력을 키워준다. 아이들이 큰 무대에 자주 서면서 자신감을 갖게 된다.

⑤ 기타

교회 마당을 주차장으로만 사용하지 말고, 화단을 가꾸고 나무를 심고, 사철 꽃이 피게 만들면 주민들이 찾아온다. 특히 아이를 키우는 엄마나 할머니 할아버지들은 마땅히 갈 곳이 없어 자주 들르게 된다. 지역 행사도 교회 마당에서 하도록 유도하면 더 좋다.

그러기 위해서는 목회자와 교인들의 마음이 열려 있어야 하고, 많은 수고를 해야 한다.

삼겹살 파티를 열어 주민들과 함께 어우러지는 시간을 갖는다. 이런 경우 부담을 주지 말고, 즐겁게 먹고 정을 나누는 것으로 만족해야 한다. 반복되다 보면 좋은 교회로 소문이 나고, 선교의 여건이 조성된다. 교회생활을 담은 달력을 만들어서 이웃에게 나눠 주는 것도 좋은 선교의 기회를 만들어 낸다.

## 5. 교육에 투자하라.

사실 교회만큼 인정받기 쉬운 곳도 없다. 시간이 지나면 집사가 되고 권사가 되고 장로가 된다. 법과 규정이 있기는 하지만 그 것이 제대로 지켜진다고 보기도 어렵다. 그러다 보니 교회에서는 안 되는 일도 없지만, 제대로 되는 일도 없다. 이것은 교회에 대한 불신을 가져오고 전도의 문을 막히게 한다.

좋은 교인을 키워내야 교회의 선한 일들을 감당할 수 있게 된다. 이제는 어설픈 흉내를 내서는 안 된다. 완성도 높은 고급문화를 교회가 가져야 세상을 정복하고 복음을 전할 수 있다. 그리기 위해서는 훈련받은 성도, 잘 교육된 일꾼이 필요하다. 그러려면 철저한 교육이 필수적이다.

대소원교회는 '봉숭아 꽃잔치'는 물론 충주세계무술축제와 호수축제 참가로 인해 잘 훈련된 공무원과 축제 요원들과 함께 일해야 한다. 때문에 그들과 같은 수준으로 훈련되어 있지 않으면 안 된다. 몇 년 일하면서 '공무원이 교인을 도저히 따라갈 수 없다'는 말을 들을 수 있게 된 것을 자랑스럽게 생각한다. 교인들은 언제든지 헌신할 수 있는 준비가 되어 있다. 그것을 이끌어내는 것이 목회자의 능력이요. 사명이다. 그것은 잘 준비된 교육을 통해서만 가능하고, 목회자의 땀과 눈물이 필수적이다.

대소원교회에서는 원칙적이고 철저한 제자훈련을 통해서 교인들을 '요원화' 한다. 신앙고백이 확실하다고 해도 성령에 사로잡히지 않은 사람은 힘든 일을 감당하지 못한다. 부실한 일꾼을 가지고 큰일을 할 수는 없다. 성령에 사로잡힌 사람을 만드는 것이 우선이다. 장로에서부터 초신자까지 책임 있는 일을 맡기려면 반드시 제자훈련을 받게 한다. 모든 일을 하기 전에, 반드시 충분한 훈련 기간을 두어 업무능력을 먼저 키워 주려고 한다.

전교인을 대상으로 미학강의 등을 하고, 행사 요원들에게는 기초 영어훈련까지 한다.


## 6. 복합적인 전도 프로그램

아무리 교회에 우호적이고 선교에 좋은 여건이 마련되어 있어도 그들이 교회에 발을 들여놓으려면 직접 전도가 있어야 하고, 여전히 거쳐야 하는 어려운 과정들이 있다. 그러나 기독교 문화를 가지고 지역사회를 움직이는 교회는 열매가 풍성하기 때문에 전도하는 일이

그렇게 즐거울 수가 없다. 추수하는 일꾼의 얼굴에는 힘들어도 기쁨
이 가득하게 마련이다.

1) 많은 것을 추수하기 위해서는 다양한 전도 프로그램을 복합적으
   로 활용하는 것이 좋다. 촘촘한 그물을 사용하면 물고기가 빠져
   나가지 못하는 것과 같은 이치다.

2) 연중 동시다발적인 전도 프로그램을 진행하면 효과적이다.

3) 교회에 들어온 초신자들에게 1-3년 동안은 무제한의 사랑과
   관심을 갖게 하는 것이 중요하다.

4) 교회와 교인들이 가지고 있는 자신감을 활용하는 전도법을
   사용한다.

5) 너무 조급해서 마음이 닫혀서는 안 된다.


## * 대소원 교회의 전도를 위한 기본원리

### a. 한국인의 종교성을 파고들라.

무속을 좋아하고, 교회 종소리만 들어도 마음이 편안해지는
기본적인 심성이 우리의 민족성이다. 이것을 인정하고 공략하면
주변에 있는 모든 사람들이 잠재적인 교인이다.

### b. 한국인은 논리적이기보다 감성적이다.

그래서 정에 약하다. 이것은 문화적인 가능성이 열려 있고,

관계를 쉽게 하는 요인이 되기도 한다. 이것이 새로운 전도 전략의 단초를 제공한다.

### c. 자부심을 가지고 나가라.

복음과 그리스도에 대해서, 교회와 목회자에 대해서, 그리고 교인에 대해서 자부심과 긍지를 가져라. 주위에 자랑하면 전도는 반을 이룩한 셈이다.

### d. 반복해서 동기부여를 하라.

목회자의 할 일은 분명한 목표를 제시하고(장군 깃발이 올라야 군사가 움직인다) 지속적으로 동기부여를 하는 것이다. 지휘자와 PD의 역할을 목회자가 감당할 때, 교회는 역동적이 되고 효과적인 전도와 부흥이 일어난다.

### e. 강력한 지도력이 필요하다.

권위적이어서는 안 되지만 목회자에게는 강력한 권위가 있어야 한다. 민주적인 교회, 회의를 잘하는 교회가 아니라, 힘 있는 교회, 강력한 흡인력을 가진 교회를 만들어야 세상을 변화시킬 수 있고 복음을 효과적으로 전할 수 있다.

# * 참고: 봉숭아 꽃잔치의 진행 과정과 소개

## 봉숭아 꽃잔치 : 축제 속으로 들어가라.

### 1. 마음을 움직여라.

지역사회에서 필요로 하는 곳에 언제든지 달려가라.

### 2. 목회를 이끌어가는 원동력(목회종합프로그램)

1) 교육

* 정규교육 프로그램 : 새신자교육 바나바/QT교육/임원훈련/
제자훈련/사역훈련(성경공부)

* 생활교육 : 봉숭아 꽃잔치를 통한 행사 요원화 교육
기초영어/ 인사예절/ 협력봉사/ 자원봉사자격/ 전문화(언
론담당, 진행, 봉숭아 꽃물들이기, 안내)

2) 친교, 취미 : 단체 여행과 동호회(자전거동호회, 조경동호회,
돌보미동호회, 사진동호회, 등산동호회, 배드민턴동호회, 에
어로빅동호회, 녹차동호회)

3) 선교 : 통합전도전략

중보기도팀/전도특공대/안드레전도/총동원전도/돌보미속
관계전도전략

* 태신자전도를 기본으로 속회와 전도회, 어린이집 등 2중
3중으로 공략한다.

* 행사를 활용하여 사진을 찍어 준다.
* 달력, 전도지, 방송 모델로 활용한다.
* 각종 행사 요원으로 참여 시킨다.
* 대외적인 중요한 직책을 맡긴다(봉숭아 꽃잔치 위원장)


4) 섬김의 리더십 :

* 목회자가 교회를 섬기고, 교인을 섬긴다.
  교인 누구보다 더 일을 많이 하고, 가장 어렵고 힘들고 더러운
  일을 할 수 있어야 한다.
* 장로와 중직자가 순종의 모범을 보인다.
  교회의 직분에 권세는 없다( 직분-용서의 훈장)
* 새신자는 1-3년 동안 갓난아이처럼 사랑해 준다.
* 교회는 세상을 섬긴다.
* 봉숭아 꽃잔치는 '대소원교회'가 이류면과 충주시와 대한민
  국을 섬기는 장이다. 충주무술축제, 호수축제를 통해서 우리
  들이 이웃들을 얼마나 사랑하고 지역사회를 얼마나 사랑하는
  지 보여주고 있다.
* 충주포럼을 통해서 전문가 그룹(충주대, 건국대, 건축사협회,
  상공회의소, 시의회, 변호사)과 연계하여 지역발전(생태도
  시)을 선도한다.

3. **땀을 흘려라.**

1) 씨뿌리기

2) 도로변 봉숭아심기

3) 김매기

4) 봉숭아 꽃물재로 채취


## 4. 교회 안에 언제나 축제가 있게 하라.

1) 부활절 가든파티

2) 온 교인 야외 축제

3) 교구별 여행(2006년)

4) 어린이집 행사(재롱잔치, 가족운동회, 사진 전시회, 성탄트리점등식)

5) 운동장의 군고구마 난로

6) 연말 삼겹살 파티

7) 무술축제 행사장에서의 예배


## 5. 언론을 활용하라.

보도를 통해서 지역을 움직이고 교인들의 자긍심을 높인다.

## 6. 공무원과 유관 기관들의 협력을 이끌어내라.

## 7. 조급한 마음을 버리고 때를 기다려라.

# 건강한 교회, 바른 목회를 향하여


김홍선 목사
(경기, 안산명성감리교회)


## 1. 나의 목회 이야기

1985년, 신학교를 졸업하고 그 해부터 목회를 시작했다. 첫 목회는 농촌지역(현 남부연회 세종지방 양화교회)에서 햇수로 6년 (1985~1990) 정도 사역을 감당했고, 그 다음으로는 지금 섬기고 있는 안산명성교회에서 부담임목사로 약 4년(1990~1993) 동안 사역을 하였다. 이후 삼남연회 부산 서지방의 영도 청학교회(현 선한이웃교회)에서 9년(1993~2001) 동안 목회를 하다가 지난 2001년 명성교회에 다시 부임을 해서 담임목사로 지금까지 사역을 하고 있다.

안산명성교회는 올해로 설립 60년이 된 교회이다. 내가 이 교회의 20대 담임목사이니 60년 동안 교회의 모습이 어떠했을지는 집작을 할 것이다. 교회 역사를 보면 어떤 분은 2년, 어떤 분은 1년, 어떤 분은 1년도 채 안 되어 떠나신 분들도 있었다. 내가 부목사로 있었을 때 모셨던 담임목사님은 10년을 사역한 후 은퇴하셨다. 그리고 나는 13년의 담임목사와 4년의 부목사 사역기간을 합치면 17년째 지금의 교회에서 목회를 하고 있으니까 역대 담임목사 중에서 제일 오래 재직을 하고 있는 셈이다.

부산에서 부임을 하고 보니 교회는 말할 수 없는 지경이었다. 교회 내부의 문제로 많은 교인이 교회를 떠났고, 남아 있는 교인들도 상처가 깊었다. 가장 가슴 아픈 것은 교회 분규로 인하여 교인들의 목회자에 대한 신뢰가 곤두박질된 상태였다는 점이다. 심지어 부임 초기에는 지역교회의 목사들로부터 명성교회 때문에 안산지역에 전도가 안 된다는 치욕스러운 이야기를 듣기까지도 했다.

안산명성교회는 안산 중심지에서는 두 번째로 오래된 교회다. 가까운 곳에 설립 100주년을 넘긴 성광교회가 있는데, 그 교회에서 살림난 교회가 우리 교회이다. 그 다음 8년 뒤에 장로교 통합측의 안산제일교회가 세워져서 세 교회가 안산 중심 지역에서 지금까지 역사와 전통을 자랑하고 있다. 그러나 부임 당시에는 우리 교회가 나잇값도 못하고 이름값도 못하고 지역의 골칫덩어리요 천덕꾸러기로, 지역 교회의 전도에 방해되는 교회로 전락해 있었다. 이런 와중에 부임하게 된 나는 교인들과 기도제목을 하나 나누었다. "하나님, '명성교회에 무슨 선한 것이 나리요' 라고 말하는 사람들이 깜짝 놀랄 만한 일들이 일어나게 하소서."

그 후로부터 교인들과 더불어 '명성교회가 어떤 교회가 되어야 할 것인가?'라는 고민을 하면서 흐트러진 교회 내부를 정리, 강화하고, 또 교회 외부로는 '지역 사회에 교회가 해야 할 일이 무엇인가?'를 고민하면서 지금까지 오게 되었다.

"건강한 교회, 바른 목회"는 초임 목회 시절부터의 화두였다. 신학교 다닐 때부터, 첫 목회를 시작하면서부터 "건강한 교회, 바른 목회"를 해야겠다고 늘 생각하고 있었다. 내 나름대로 목회 현장에서 교회 건강성을 잃어버리지 않으려고 애썼고, 목회를 바르게 해야 한다는 것을 놓치지 않으려고 한결같은 관심을 가지고 달려왔다. 목회 현장이 어디냐의 차이일 뿐 처음 목회를 했던 농촌 지역에서나 부산에서나 지금의 안산 현장에서나 "건강한 교회, 바른 목회"는 내가 일생 추구해야 하고 지향해야 할 사명의 길이라는 생각은 변치 않았다.

지금 뜻있는 목회자들과 평신도들은 "건강한 교회, 바른 목회"에 대한 선택의 갈림길에 서 있는 상황이다. 선택의 갈림길에 서 있는 상황에서 어디에 무게를 싣느냐에 차이가 있겠지만, 이런 고민은 거룩한 고민이라고 생각한다. 물론 '어떻게 하면 교회를 크게 키울 것이냐?', '어떻게 하면 나의 편안한 노후를 준비할 것이냐?' 하는 것이 고민이 되는 목회자도 있겠지만, 그런 고민은 지극히 일부일 뿐, 상식 있는 대부분의 목회자는 지금 한국교회의 현실을 보면서 '어떻게 하면 교회가 건강해질 수 있겠는가?', '어떻게 하면 목회자들이 바른 목회를 할 수 있겠는가?' 하는 고민들을 하고 있다.

건강한 목회자라면, '나는 어떤 목회자가 되어야 하나?', '어떤 목회를 해야 하나?', '어떤 교회를 만들어야 하나?', '내가 바른 소명의 길을 제대로 가고 있는가?' 하는 질문을 늘 품고 살아야 한다. 또 건강한 목회는 속도보다 중요한 것이 방향이다. 목회자는 늘 속도보다 방향을 물으며 점검하고 살아가야 한다.

## 2. 어떤 방향의 목회를 어떻게 해야 하는가?

### '유명한 목사'가 될 것인가, '유능한 교인'을 만들 것인가?

유능한 자기 교인들을 발판으로 삼아 목사가 유명해지면 되는 것일까? 주변을 보면 유명한 목사들은 참 많다. 그런데 목사는 유명한데 정작 그 교회와 교인들은 유능하지도 유명하지도 않은 경우가 적지 않다. 반면에 목사는 그리 유명하지 않지만, 그 교회 교인들이 사회 각계각층에서 활약하는 유능한 사람이 많은 교회도 있다. 큰 교회로 주목받고 있는 대부분의 교회는 담임목사가 누구인지를 알리는 일에 너무 몰두하는 경향이 있다.

이에 비해 역사와 전통을 자랑하는 천주교의 대표적인 성당의 주임신부나 불교의 대표적인 사찰의 주지스님은 잘 알려지지 않은 경우가 많다. 그들은 자신을 알리고자 요란한 집회광고를 내거나 각종 미디어 매체를 통해 자기 이름을 알리는 일에 관심을 갖지 않기 때문이다. 유독 개신교 목사들이 자기광고를 지나치게 한다. 그러다보니 믿지 않는 사람들도 아무개 하면 다 알 정도로 유명한 목사가 되곤 한다.

그런데 과연 목회자가 유명해지는 것이 맞는 건가? 목회는 유명해지는 것과는 상관이 없다. 목사가 되기 전 한때 유명했었을지라도 일단 목사가 되면 무명의 길을 가는 것이 참다운 목회자일 것이다. 목회자는 자기를 초야에 묻고 교인들을 유능하게 만드는 것이 오히려 정도일 것이다.

## '동경'의 대상이 될 것인가, '존경'의 대상이 될 것인가?

우리는 큰 교회 목사들을 동경한다. 나도 저런 교회의 목사가 되고 싶다고 부러워한다. 그러나 그렇다고 그분들을 존경까지 하는 것일까? 물론 존경도 하고 동경도 하는 사람도 있지만, 대개 동경은 하지만 존경은 잘 안 한다. 왜냐하면 교회의 크기와 인격의 크기가 정비례하지는 않기 때문이다. 대통령의 자리는 동경의 대상이다. 누구나 한 번쯤 오르고 싶은 자리일 뿐이다. 대통령의 자리는 누구나 동경하지만, 모두가 대통령을 존경하지는 않는다. 성직자인 목사들은 자신이 과연 동경의 대상이 되는 것이 맞는 것인지, 아니면 존경의 대상이 되어야 할지를 고민해야 한다.

## 아흔아홉 마리의 소 떼를 거느리는 '카우보이 같은 목사'가 될 것인가, 한 마리의 양을 돌보는 '목자 같은 목사'가 될 것인가?

교인이 적을 때는 손바닥 보듯 교인의 모든 것을 알 수 있다. 그러나 교인이 많아지면 그들의 형편을 알지 못한다. 나도 목회를 하면서 어떤 경우에는 화들짝 놀랄 때가 있다. 내가 혹시 소 떼를 몰고 다니는 카우보이식 목회를 하는 것은 아닌가? 대평원의 카우보이는 소떼나 양떼 수천 마리, 수백 마리 속에 개 몇 마리 집어넣고 말을 타고 다니면서 몰고 가는데, 그 양들이나 소떼 중에 한두 마리가 뛰다가 넘어지고 부러져도 신경을 쓰지 않는다. 워낙 많아서 그렇다. 그런데 목회도 그런 식으로 하고 있지는 않은가? 교인들의 사정과 형편을 부지런히 잘 살피는 것이 목회인데, 언제부턴가 그렇게 하지 못하고 있는 나 자신을 발견하여 놀랄 때가 많다. 나도 모르게 양을 '돌보는' 목자가 아니라 양들을 '관리'하는 카우보이가 된 것 아닌가? 하는 생각이 들 때가 있다.

## 교회 건물을 '건축할' 것인가, 교회 본질을 '세울' 것인가?

웅장한 교회건물을 건축하는 것이 과연 목회와 교회의 진정한 목표일까? 최소한의 집회장소로 쓰기 위한 건축물로서 예배의 공간을 확보하는 것은 어느 정도 필요한 일이지만 초대형 예배당을 짓는 것이 교회의 진정한 목표는 아닐진대 한국교회는 "예배당 교회" 건축에 상당히 많은 에너지를 쏟고 있다. 주님은 예배당 교회를 건축하라고 하시지 않았다(마 16:18). 그래서 우리 교회의 표어가 "교회(交會)를 세우는 교회(敎會)"이다. 명성교회는 더 이상 '명성 敎會'가 아니고 '명성 交會'이다. 교회는 목사가 가르치고 교인들은 배우기만 하는 모임만이 아니라 예배와 성찬을 통해 하나님과 교통하며, 친교와 봉사를 통해 성도와 교제하는 모임인 것이다. 그래서 교회는 交會(Communion & Communication Community)인 것이다. '교회를 세우는 교회'는 한마디로 부름 받은 사람들의 모임인 진정한 공동체를 지향한다. '건물 키우는 교회보다 인물 키우는 교회', '성장하는 교회보다 부흥하는 교회', '모으는 교회보다 나누는 교회', '성공한 교인보다 행복한 교인이 많은 교회'라는 표어를 만들어서 교인들과 지속적으로 기도하며 나아가고 있다. 목회를 하다 보면 '교회 건물을 건축할 것인가, 교회 본질을 세울 것인가?'의 고민을 하게 된다.

## '힘' 있는 교회를 만들 것인가, '영향력' 있는 교회를 만들 것인가?

교회는 되도록 힘을 빼야 하는 곳이다. 그런데 한국교회는 힘은 많이 들어가 있는 반면 영향력은 없다. 타종교들과 비교해 봐도 점점 존재감을 잃어가고, 기독교 반대 세력만 더 늘어가고 있으며,

교회가 사회로부터 비난과 돌을 받고 있으니 영향력 없는 교회로 전락하고 있는 것이다.

1920년대 삼일운동 당시 조선의 인구는 2,000만 명 정도였고 기독교인 수는 20만 명 정도였다고 한다. 교회 수와 교인 수는 적었지만, 그 당시 교회가 사회에 끼치는 영향력은 대단했다. 그러나 지금은 천만 명이라는 어마어마한 숫자로 힘은 꽤 커졌지만, 그만큼의 영향력은 발휘하지 못하고 있는 실정이다. 정치, 경제, 사회 등 각각의 분야마다 기독교인들이 얼마나 많은가? 그래서 목사나 기독 정치인들은 한 다리 두 다리만 건너면 힘을 만들 수 있다. 실제로 사회 각 분야에서 기득권을 주거니 받거니 하면서 서로 힘을 만들어 욕심에 빠지는 보기 민망한 모습을 보여주는 기독교인들도 많다. 이런 모습 때문에 개신교회가 오늘날 힘 있는 교회는 됐지만, 오히려 세상 속에서 영향력은 잃어가는 교회로 쇠락하고 있으니 그것이 또한 현장목회의 고민이다.

## 교회를 '성장'시킬 것인가, 교회를 '부흥'시킬 것인가?

'성장'이 인간적인 방법과 수단으로 외형을 키우고자 추진되는 인위적인 개념이라면, '부흥'은 성령께서 일으키시고 이끄시고 인도하시는 것을 믿고 순종하는 것이다. 우리는 교회를 성장시키는 것보다 부흥시키는 것에 초점을 맞춰야 하는데, 많은 목회자의 심리는 매우 조급하다. 개척을 했는데 성장은 빨리 안 되고, 교회를 맡은 지 오래됐지만 교회에 뭔가 변화가 일어나지 않으면 교회 성장에 대한 압박 내지는 욕구 때문에 조급해지고 인위적인 방법을 찾게 되고, 이 세미나 저 세미나 쫓아다니느라 바쁘다. 세미나 갔다 오면 배운 것 적용하기 바쁘고, 하다가 안 되면 다른 것으로 바꾸는 식으로 세월을 다 보낸다. 우리는 교회를 성장시키려고 하기보다는 부흥시키려고 해야 한다. 교회 부흥의 주체는 내가 아니라 성령이다. 내게 맡겨진 교회의 주인은 성령이신 것을 인정해야 한다. 하지만 목회의 현실을 보면 성령이 아닌 자신이 주체가 되어 교회를 성장시키려고 하는 경우가 많다.

## '큰' 교회를 만들 것인가, '건강한' 교회를 만들 것인가?

목회자들은 신학교 동기나 후배들이 큰 교회로 임지를 옮겨 갔거나 큰 예배당을 건축했다는 소리를 들으면 괜히 자신이 초라해 보이고 자신을 목회 실패자처럼 여기는 경우가 적지 않다. 크기가 모든 것을 말해준다는 현실적 평가 앞에 초조해지다 보면, 교인들을 어떻게든 독려하고 어떻게든 동원해서 교회를 크게 부풀려 보이게 하려는 유혹을 받기 쉽다. 그러나 과연 그렇게까지 하면서 목회를 해야 할까? 잘하는 목회는 교회의 크기가 아니라 교회의 건강함을 중심에 두는 목회가 아닐까?

## '규모'의 목회를 할 것인가, '가치'의 목회를 할 것인가?

규모(Volume) 지향적인 목회자가 있고, 가치(Value) 지향적인 목회자가 있다. 바야흐로 규모의 시대는 가고 가치의 시대가 도래하는바, 교회는 규모 공동체가 아니고 가치 공동체이거늘 과연 나의 목회는 어디로 가고 있는지 그것을 물어야 하고, 목회자라면 평생을 두고 고민해야 할 부분이다.

## '개혁'이 먼저인 목회를 할 것인가, '회복'이 먼저인 목회를 할 것인가?

교회 안팎에서 개혁의 목소리가 높아가지만, 현장에서는 실제로 개혁이 이루어지는 경우를 찾아보기 어렵다. 개혁을 추진하려고 많은 아이디어와 많은 이야기를 내놓지만 실제로 교회 현장에서 개혁은 쉽게 나타나지 않는다. 아이디어와 목소리가 없어서 개혁이 안 되는 것이 아니라 우리가 모두 상처투성이기 때문이다. 교인들도 그렇고 목회자들도 그렇다. 먼저 사랑으로 서로의 상처를 회복하는 것이 중요하다고 본다. 서로 날을 날카롭게 세워 학연으로 가르고, 보수와 진보로 나누고, 목회자와 평신도로 대립하여서 서로 찌르고 상처를 내고 상처를 주고 있으니, 아무리 좋은 아이디어를 내고 개혁적인 것을 제시해도 우리 편인가 아닌가를 먼저 따지게 되어 개혁이 안 되고 있는 것이다. 개혁의 아이디어가 실제로 많이 축적되어 있고 많은 방법론이 있지만, 지금은 서로 간에 불신의 골이 너무 깊어졌다. 이런 골들이 고스란히 교인들에게도 전수된다. 그래서 많은 교회가 경색되어 편안하지 않고 긴장이 고조되어 있다. 회복 없는 개혁, 개혁 없는 회복 이런 것이 우리의 고민 중의 하나인 것이다.

### '내가 없으면 안 되는 교회'를 만들 것인가, '내가 없어도 되는 교회'를 만들 것인가?

장기 목회를 하다 보면, '내가 아니면 교회가 안 된다'고 하는 의식에 빠질 때가 있다. 교회세습도 그런 의식의 연장이다. 그러나 진짜 잘하는 목회는 내가 임지를 떠나도, 내가 없어도, 교회는 흔들림 없이 계속 부흥을 이루어가는 교회 체질을 만드는 것이다.

### 목회를 할 것인가, '나누는' 목회를 할 것인가?

모아 축적하는 교회가 되어서 교회 재산을 많이 보유하는 교회가 될 것이냐, 아니면 흩어 나누는 교회가 되어서 보유할 재산이 없는 교회가 될 것이냐? 주님 앞에 설 때 교회의 '재산 목록'을 보여야 할 것인가, 아니면 교회의 '나눔장부'를 보여야 할 것인가? 어떤 것이 진정한 교회론에 맞는 목회인지를 고민해야 한다.

## '예루살렘'을 향할 것인가, '갈릴리'를 향할 것인가?

예루살렘은 화려함의 상징이다. 모든 것이 다 집중된 도시다. 사람들의 조명을 많이 받고, 사람들의 박수와 갈채를 많이 받을 수 있는 곳이다. 그러나 갈릴리는 낮은 곳, 어두운 곳, 사회적 약자들이 살아가는 힘든 곳이다. 예수님은 예루살렘보다 갈릴리에서 목회하실 때 더 행복해하지 않으셨을까? 우리도 예루살렘보다는 갈릴리를 향한 목회를 함으로써 성공한 목회보다 행복한 목회를 해야 하지 않겠는가?

## 사람을 감동시키는 '집회 인도자'가 될 것인가, 하나님을 영화롭게 하는 '예배 집례자'가 될 것인가?

이것도 고민이다. 우리는 목사로서 예배 집례자이다. 예배는 하나님을 영화롭게 해 드리는 것이다. 어떻게 하면 사람의 마음을 살 것인가? 어떻게 하면 사람에게 감동을 줄 것인가? 어떻게 하면 인간에게 좀 더 흥미를 줄 수 있을까? 이런 고민은 예배에 대한 고민이 아니라 집회에 대한 고민이다. 개신교회의 예배, 과연 이대로 좋은가? 한국교회의 관심이 사람에게 쏠리면서 예배도 많이 타락했다. 예배의 초점이 하나님이 아니고 사람에게 집중되어 있기 때문이다. 예배에서의 타락이란 초점이 흐트러지는 것이 타락이고, 예배의 본질을 망각하는 것이 타락이다. 목회자는 하나님을 영화롭게 해 드리는 예배 집례자로서 끝까지 예배를 지켜야 한다. 우리는 '열린 예배'라는 이름으로 각양각색의 예배를 꾸미고 있다. 그러나 그런 예배는 사람의 마음을 끌고자, 사람에게 관심을 주기 위해 사람이 좋아하는 내용으로, 그래야 사람이 모인다는 발상에서 비롯되기 쉽다. 전통예전예배, 성찬식 있는 예배를 고집하면 젊은이들이 고리타분하게 여긴다면서 이것도 떼고 저것도 떼고 현대적으로 깔끔하고 세련미 있게만 예배를 진행하려다 보니 예배가 아니라 집회가 되어 버렸다. 목사가 사람의 마음을 감동하게 하려는 '집회 인도자'가 되려고 하면, 하나님을 영화롭게 해야 하는 '예배 집례자'로서의 정체성은 잃게 되는 것이 아닐까?

## '변화'의 목회를 지향할 것인가, '수용'의 목회를 지향할 것인가?

둘 다 목회에 필요한 중요한 요소다. 변화도 물론 중요하다. 나도 초임 목회 시절에는 교인을 '변화시키는 것'이 목회인 줄 알았다. 버르장머리 없는 교인을 변화시켜야 되고, 대드는 교인을 변화시켜야 하고, 철 모르고 날뛰는 교인을 변화시켜야 한다고 생각했다. 그것이 하나님이 기뻐하시는 일이라고 여겼다. 목회자는 교회의 변화를 주도적으로 해낼 때 보람이 있고 하나님도 기뻐하실 것이라고 생각했다. 그러나 세월이 갈수록 목회는 '변화시키는 것'이 아니라 사랑으로 '수용하는 것'임을 깨달았다.

부목사 시절, 교회에 덕이 되지 않고 나를 힘들게 하는 교인이 있었다. 그런데 주님이 베드로에게 "내 양을 먹이라 내 양을 치라"며 목양위임명령을 주셨던 말씀을 묵상하는 중, 주님의 음성이 들리는 것 같았다. "김 목사야! 내가 언제 내 양의 버르장머리 고쳐달라고 그랬냐. 내 양을 제대로 먹이라 내 양을 제대로 치라."

'그래 그렇지! 주님은 얼마나 억울한 일을 당하고 불합리한 일을 당하셨던가? 그래도 그래도 주님은 참으시고 사랑으로 품으셨다. 그런데 나는 주님도 아니면서 이만한 일에 흥분하고 혈기를 부리고 있다.'

그런 생각이 들었다. 그때부터 인간적으로 보면 용납할 수 없어도 틀린 것을 지적하고 변화시키기보다는 주님의 사랑으로 수용하기로 했다. 그랬더니 그 후부터 지금까지 목회를 하면서 그러한 문제에서 자유하게 되었다. 지금도 교인 때문에 때로 스트레스를 받긴 하지만 그렇다고 교인 때문에 목회를 그만두어야겠다는 생각은 하지 않는다. '틀린 것'을 변화시키는 것보다 더 어려운 것이 '다른 것'을 수용하는 것이지만, 목회는 그렇게 해야 한다고 본다.

## '정치' 목회를 할 것인가, '정책' 목회를 할 것인가?

어떤 목사는 자기 마음에 맞는 몇 사람을 중심으로 정치 목회를 잘한다. 그런 목사들은 소수의 영향력 있는 장로를 만나 당을 짓는 것을 좋아하고, 당회나 구역회는 형식적으로 운영하면서 교인이나 교회를 위해 예측 가능한 목회를 하는 것이 아니라 예측 불가능한 목회를 한다. 교인들은 맹목적으로 따라가기만 하다가 그 목사가 다른 목회지로 갑자기 떠나게 되면, 그 교회는 방향을 완전히 놓치게 되어 주저앉게 되는 경우가 많다. 교회의 건강성에 전혀 도움이 되지 않는 목회방식이다. 정치목회가 아닌, 정책목회를 해야 한다.

'교인들과 우리 교회가 나아가야 할 방향, 비전, 미션은 무엇인가?', '우리 교회의 한계는 무엇인가?', '우리 교회의 가능성은 무엇인가?'를 진단하면서, 우리 교회의 역량에 맞게 단기 · 중기 · 장기 계획들을 세워가면서, 교인들의 참여도를 높이고 교인들에게 권한과 역할도 위임해 주면서 목회를 펼치는 것이 정책목회이고, 이는 교회 건강에 좋은 것이다. 하지만 그 과정은 힘들다. 목회를 쉽게 하려고 한다면 정치목회를 하면 될 것이다. 그러나 이런 목회는 결국, 나중에 가서는 좋은 결과를 맺는 경우를 보지 못했다. 정치목회는 바람직하지 않기에 권할 만한 목회가 아니다. 정책목회는 시간이 오래 걸리고 목사가 매우 힘든 목회이기 때문에 편한 길로 가고자 하는 유혹을 많이 받게 된다. 교인 중에 핵심적인 몇 사람, 말 많은 사람, 힘 있는 사람만 잘 구슬려서 목회를 쉽게 하려는 경우가 종종 있는 것이다. 그러나 목회자라면 그것이 과연 옳은 것인가를 생각하고 고민해야 한다.

## 지금은 골방의 목회를 해야 할 때

지금은 광장에서 공개적으로 개혁의 목소리를 내는 목회보다는 골방에서 기도하며 영성 회복의 목회를 해야 할 때라고 본다. 나는

"하나님의 마음을 상하게 하는 것들로 인하여 나의 마음도 상하게 하소서" 라고 기도했던 선명회 창시자인 밥 피어슨의 기도를 좋아한다.

내가 하나님 앞에서 속상해 하는 것이 실상은 내가 하고자 하는 것이 내 뜻대로 안 되어 그러는 것은 아닌가? 그것을 정직하게 살펴보아야 한다. 목사들의 마음은 주님과 함께 가야 한다. 주님의 마음을 상하게 하는 것 때문에 마음을 상해야 하는 것이지, 내 뜻대로 안 되어서 속상해 하면 안 된다. 주님이 오늘날 한국 교회를 보시거나 내 교회를 보실 때 주님의 마음을 상하게 하는 것들은 없는가? 그런 것 때문에 우리의 마음이 상해야 하는데, 우리는 지금 그런 것들을 너무 잃어버리고 있고 멀리 비껴가고 있다. 그래서 자기 속상하고 자기 억울하고 자기 안 돌아봐 주고 자기 알아주지 않는 것 때문에 싸우고 각을 세우고 분열과 투쟁을 그치지 않는 것이다.

나름대로 개혁을 한다고 명분을 내세우곤 하지만, 상처투성이의 마음으로는 개혁이 요원하다. 나도 개혁의 목회를 부르짖었던 사람이고 지금도 개혁을 주장하고 있지만, 그와 더불어 영성 회복의 목회도 병행되어야 한다고 생각한다. 그러므로 지금의 교회와 목회자는 '광장'으로 나가기보다는 '골방'으로 들어가야 할 때다. 투쟁과 논쟁으로 해결될 일이 아니다. 지금 한국교회, 특히 감리교회는 골방으로 들어가야 할 때다. 충분히 하나님과 교제하고 영성을 회복하고 난 뒤 다시 광장으로 나아가야 하지 않겠는가. 예루살렘에서 갈릴리로, 저 높은 곳에서 저 낮은 곳으로 향하여 가겠다는 자세가 한국 교회와 감리교회 안에 큰 흐름으로 나타나야 할 것이다. 그러나 지금은 오히려 예루살렘으로, 저 높은 곳을 향하여 가려는 경향이 더 강하기 때문에 한국교회가 세속화되고 돌을 맞는 상황에 처해 있는 것이다.

## 교회가 가져야 할 나눔의 영성

우리는 나눔의 영성으로 나누다가 부도나는 교회와 목회자가 되어야 한다. 교회가 얼마나 많이 모으고 쌓아두고 축적했느냐 하는 '소유의 정도'로 교회가 성장했다고 판단한다든지, 그렇게 이룩한 목회자를 동경하고 그 목회자는 자기 사례를 성공담인 양 늘어놓고 손뼉 치는 풍토는 없어져야 한다. 이제는 얼마나 나누었느냐는 '나눔의 정도', 이것만이 진정한 교회성장의 척도가 되어야 하겠다.

화려한 예배당교회 건물을 세우려고 거액의 빚을 지는 교회보다는 지역사회를 위하여 나누다가 부도나는 교회가 주님 보시기에 더 바람직한 교회라고 본다. 수백 억짜리 예배당교회를 짓고, 그 교회에 주님이 오신다면, 주님은 과연 그 교회를 칭찬할까?

작금의 사회적 현실을 볼 때 우리 개신교회가 이 시대에, 이 상황에 초대형 교회를 세워서 그것이 과연 주님 앞에 섰을 때 너희 교회는 시대적 역할을 다했다고 칭찬받을 수 있겠는가? 나눔의 영성이 교회가 가져야 할 최고의 영성이고, 이 나눔의 영성으로 교회와 목회자는 산화되어야 한다. 좀 과격한 표현이지만, 나누다가 부도가 나도 좋다. 그것은 부끄러운 것이 아니다. 예배당 짓다가 빚을 못

갚아 부도난 교회들이 참 많다. 그것이 부끄러운 것이다. 그러나 교회가 나누다가 부도났다면 그것은 부끄러운 일이 아니다. 그것은 주님을 닮는 일이기 때문이다.

## 균형 잡힌 목회자가 되어야

건강한 교회의 요체는 균형(Balance)이고, 바른 목회의 요체는 신전의식(Coram Deo)이다. 우리 목회자는 영성, 전문성, 도덕성 등이 균형 잡혀야 한다. 영성이 있다고 하는 목사 중에 사회적 문제가 되는 목사들이 참 많다. 이유는 도덕성 때문이다. 난다 뛴다 하면서 한국교회뿐만 아니라 세계교회를 다니면서 부흥회를 한다지만 그런 사람들이 어느 날 갑자기 추락하는 것을 보게 된다. 영성이 없어서 쓰러지는 것이 아니라 도덕성이 없어서 하루아침에 추락하고 마는 것이다. 목회자는 영성, 전문성, 도덕성을 균형 있게 골고루 겸비해야 한다. 나의 약한 쪽을 보강해서 균형을 잡아야 한다. 어느 한 부분이 탁월하고 빼어난 것이 좋기도 하지만 그것은 위험하다. WHO(세계보건기구)에서 정의하는 건강은 육체적, 정신적, 심리적, 사회적으로 균형 잡힌 상태를 의미한다. 단순히 몸만 건강하다고 해서 건강하다고 말하지 않는 것처럼 목회자는 영성, 전문성, 도덕성의 균형을 잘 갖추는 것이 중요하다.

교회도 내적으로는 기도와 말씀과 찬양으로 균형이 잡혀 있어야 한다. 어떤 교회는 기도만 강조하고 어떤 교회는 말씀만 강조하고 어떤 교회는 찬양만 강조하는데 기도, 말씀, 찬양이 성령 충만의 중요한 요소이므로 기도, 말씀, 찬양이 다 균형 잡혀야 한다. 목회자는 팔방미인이 아닌지라 다 잘할 수는 없기에 평신도나 다른 사역자에게 내가 못하는 부분을 고양할 수 있도록 위임해 주고 역할을 주어서 기도, 말씀, 찬양이 균형 잡히도록 해야 한다. 목회자는 교인들이 이런 것들을 충분히 경험할 수 있고 공급받을 수 있도록 균형을 추구해야 한다. 말씀은 좋은데 기도가 없다고 교회를 떠나는 경우도 있고, 기도는 뜨거운데 말씀이 빈약해서 교회는 떠나는 경우도 있다. 또 어떤 젊은이들은 기도와 말씀만 있지 찬양이 없어서 심심하다고 떠나는 사람이 있다. 편식하는 교인들도 문제이지만 그럴수록 교회는 기도, 말씀, 찬양의 균형이 잡히도록 힘써야 한다.

교회 외적으로는 전도, 봉사, 선교의 균형이 잡혀 있어야 한다. 우리 교회 표어는 "전도로 영혼구원, 봉사로 사회구원, 선교로 세계구원"이다. 전도, 봉사, 선교를 나름대로 그 교회 역량에 맞게 많이 하느냐 적게 하느냐의 차이가 있겠지만 이것을 골고루 균형 있게 하는 것이 중요하다.

이같이 균형(Balance)이 '건강한 교회'의 요체라면, '바른 목회'의 요체는 우리가 늘 하나님 앞에 서 있어야 한다(Coram Deo)는 것이다. 나는 홀로 있을 때도 과연 목사인가? 우리는 둘 이상이 있을 때는 분명히 목사다. 그러나 나 혼자 있을 때도 내가 목사가 맞나? 목사의 신분을 드러내지 않는 시장에 가서도, 여행을 가서도, 운전할 때도, 홀로 있을 때도 목사인지 생각해야 한다. 그래야 바른 목회가 된다.

## 하나님 사랑 이웃사랑을 위한 작은 씨앗

명성교회의 비전은 역사성, 전통성을 가지고 진정한 기독교회, 진정한 감리교회, 진정한 한국교회, 진정한 지역 교회를 위한 작은 씨앗이 되자는 것이다.

내적으로는 성령 충만하여 하나님 사랑을 예배로 표현하고, 외적으로는 사명 충만하여 이웃사랑을 나눔으로 실천하려고 한다. 내적으로는 예배가 살아있는 교회, 외적으로는 나눔을 잘 실천하는 교회가 하나님 사랑, 이웃 사랑을 실천하는 교회이다. 하나님 사랑은 '예배'로 표현되고, 이웃사랑은 나눔으로 표현된다. 이것이 핵심이다. 하나님의 명령인 '하나님을 사랑하고 이웃을 사랑하라'는 말씀을 구체적으로 인간 역사와 삶의 현장에서 수행해내는 기관이 교회이다. 우리는 그 교회의 책임자로 서 있다. 그래서 교회가 가지고 있는 가용 가능한 자원을 잘 동원하고 조합하고 활용하여 하나님 사랑, 이웃 사랑을 해야 하는 것이다.

## 하나님을 향한 사랑 표현, 예배

하나님 사랑의 구체적인 표현은 예배다. 아무리 시대가 변해도 교회의 존재이유는 예배이다. 아무리 프로그램이 많고 다양하여도

242

예배가 생명이므로, 예배가 사람에게 감동을 주는 '집회'로 가지 않도록, 하나님을 영화롭게 하는 '예배'의 불이 꺼지지 않도록 지켜내는 것이 중요하다. 하나님을 향한 사랑 표현의 극대화는 생동하는 예배다. 그러니 예배에 대해 고민을 많이 해야 한다. 예배가 늘 같은 시간에 늘 같은 순서에 따라서 늘 같은 모양으로 반복되다 보니 형식화되기 쉽다. 늘 같은 시간에 같은 순서를 가지고 하더라도 예배는 늘 새로워야 한다. 이런 예배를 드리기 위해 목회자는 예배 집례자로서 고민을 많이 해야 한다. 성령이 임재하시고 성령이 함께 하시는 예배가 될 수 있도록 목회자는 끊임없이 고민해야 한다.

## 이웃을 향한 사랑표현, 나눔

이웃사랑은 말로, 표어로, 구호로 하는 것이 아니다. 구체적으로 나누어야 한다. 교회는 부지런히 나누어야 한다. 교회의 자원은 최소한의 자기 유지를 위해서만 쓰고 나머지는 나누어야 한다. 교회가 모으고 축적하는 것은 죄다. 일시적이고 단계적인 목표를 위해 잠깐 저장해 놓는 것은 가능하지만, 목표도 없이 무조건 부동산을 쌓아놓고 금융자산을 늘리고 통장의 돈을 불려서 많은 것을 소유하고 있으면서 그것을 마치 목회의 성공이고 주님께 인정받는 것으로 착각해서는 안 된다. 교회의 이웃사랑 사명은 나눔으로 실천되어야 한다. 교회가 큰가, 작은가, 농촌에 있는가, 도시에 있는가는 중요한 것이 아니다. 교회가 조금이라도 나누고 있으면 그것이 교회 본질에 더 가까이 서 있는 것이다. 우리 교회는 작아서, 우리 교회는 아직 형편이 안 되어, 우리는 도움을 받고 있어서 나누지 못한다고 하면, 이것은 아직 교회의 본질에 가까이 가 닿지 않은 것이다. 교회가 크든 작든 교회는 나눠야 한다.

이를 위해 명성교회는 '언제나 정다운 이웃이 되는 교회'를 지향한다. 교회가 나눔의 실천을 지속적으로 펼치게 되면서, 지역사회와 이웃으로부터 '돌을 맞던 교회'가 지금은 '꽃을 받는 교회'로 변했다. 그것은 우리끼리 모여서 성령 충만한 집회를 열고 우리끼리 방언 충만하고 우리끼리 기쁨 충만하고 해서 된 것이 아니다. 교회 안의 이런 모습은 교회 밖 사람들은 알 수도 없고 또 그들과는 아무런 상관이 없다. 우리 교회가 지역사회를 위해 문을 열고 부지런히 진정성을 가지고 나누다 보니, 지역사회에서 돌을 맞던 교회가 어느새 꽃을 받는 교회가 되어 있었다. "명성교회에서 무슨 선한 것이 나겠는가?"라고 했던 사람들이 깜짝 놀랄 만한 일들이 실제로 일어난 것이다.

우리 교회는 연중 나눔이 있다. 이것을 "지역사회 봉사원"이라는 상설기관으로 만들어 지역사회복지수요에 부응하는 나눔을 늘 펼치고 있다. 그리고 일 년에 한 번씩 실시하는 나눔도 아래와 같이 여러 가지 있다.

- 통장 및 지역유지초청 신년하례식(1월 신정 후)
- 노인지도자 초청 신년하례식(2월 구정 후)

- 입양가족 초청 입양홍보 헌신예배(5월)
- 지역 어르신초청 경로대잔치(5월)
- 지역주민초청 웰빙콘서트(7월)
- 전교인 헌혈봉사주일(8월)
- 천천 솔로몬장학금 나누기(11월)
- 감사절 과일바구니 나누기(11월)
- 도농교회 유기농장터 개장 및 교류 방문예배(11월)
- 명절 이웃과 사랑나누기(신정, 추석, 성탄절, 부활절, 맥추절, 감사절)
- 매월 이웃과 사랑나누기(이웃사랑 나눔싼타 / 매월 24일)
- 이삭의 우물사업(캄보디아 한마을 한우물 파주기
- Killing field Cambodia, Healing field Cambodia (현재 242개 우물 시공완료)

이런 것들을 정리해서 보면 우리교회 이웃사랑(사회선교)의 구조는 3단계로 나눌 수 있다.

### 첫째 단계: 교회자체 내부자원으로 펼치는 선교

교회가 가지고 있는 인적 자원, 물적 자원, 영적자원을 가지고 사회를 향해 펼치는 나눔 기관이 "지역사회 봉사원"이다. '다솔도서관', '엘림카페', '샬롬효도원', '다니엘공부방'과 같은 것들이 순수 우리 교회 자원을 가지고 펼치는 선교다. 지역사회 봉사원이라는 기구를 만들어 관장을 하면서 우리 교회 자원으로 펼치고 있다.

### 둘째 단계, 교회가 공공기관의 자원으로 펼치는 선교

지방자치단체로부터 지원을 받아서 복지관, 어린이집, 지역아동센터를 운영하고 있다. 복지관 2개소, 어린이집 2개소, 지역아동센터 2개소 등 모두 여섯 개 기관을 안산시로부터 자금지원을 받아 운영하고 있다. 이 여섯 기관에는 급여를 받고 일하는 직원만도 89명이 있다. 이들 사회복지선교기관은 재정규모가 지자체로부터 해마다 지원받는 것을 포함하여 연간 약 40억 원 정도에 이른다. 이 선교 사업은 우리 교회 자원만으로는 할 수 없지만 지자체로부터 지원을 받고 우리 교회는 그것으로 노인선교, 탈북이주민선교, 사회적 약자 선교, 어린이선교 등 다양한 선교를 펼치고 있다.

### 셋째 단계, 교인과 주민이 함께 펼치는 사회선교

2012년 12월부터 시작한 "협동조합"이다. '굿 빌리지' 협동조합을 지역주민과 함께 설립하여 운영 중이다. 협동조합은 앞으로 이 시대에 필요한 사회복지 선교의 훌륭한 장(場)이 될 것이다. 2012년 12월부터 협동조합법이 발효되어 5명 이상의 구성원이면 누구나 협동조합을 설립할 수 있다. 사회적 협동조합은 기독교 가치관과 감리교회 신학과 웨슬리의 사회선교 전통과도 잘 맞아떨어진다고 본다. 앞으로는 교회가 사회복지 법인을 세우기 어려우면 사회적 협동조합을 설립할 수 있다. 교회가 크지 않아도 되고 자본이 많지 않아도 할 수 있다. 이것을 통해서 감리교 사회선교 신학을 담아 실현할 수 있으며 지역주민과 함께 마을 기업이나 사회적 기업 형태의 사회선교로도 다양한 이웃 사랑을 실천할 수 있다.

이러한 신학적 기반 위에 우리 교인들에게 늘 강조하며 실천하는 다음과 같은 상설 기도 제목들이 있다.


- 성 쌓는 교회보다 길 닦는 교회
- 건물 키우는 교회보다 인물 키우는 교회
- 성장하는 교회보다 부흥하는 교회
- 성공한 교인이 많은 교회보다 행복한 교인이 많은 교회
- 모아 축적하는 교회보다 흩어 나누는 교회
- 경건의 모양이 있는 교회보다 경건의 능력이 있는 교회
- 천사의 방언보다 사랑의 수고가 넘치는 교회
- 바르게 믿고 의롭게 살고자 하는 사람들의 교회


## 3. 건강한 목회의 회복을 위하여


건강한목회연구소(이하 건목연) 공동체도 한국교회와 사회의 회복을 위한 거룩한 씨앗이 되고 바알에게 무릎 꿇지 아니한 7천 명의 의인이 되었으면 좋겠다. 사역을 하다 보면 지치고 힘들고

낙심하고 좌절할 때가 많은데, 그럴 때 건목연에 와서 다시 힘을 얻고 우리가 지향하는 것이 틀린 것은 아님을 점검해보는 자리가 되었으면 한다. 우리가 현장에 흩어져서 혼자 각개전투식으로 목회를 하다 보면 내가 가고 있는 목회의 길이 제대로 가고 있는 길인지 의문이 들 때가 많다. 그럴 때 건목연 공동체에 와서 서로의 목회를 나누면서 내가 가는 방향이 틀리지 않음을 확인하고, 회복을 하고, 힘을 얻었으면 한다. 그래서 세상의 잘못된 시류와 풍조를 따르지 아니하는, 마치 바알에게 무릎 꿇지 않은 7천 명의 의인이 있었기 때문에 탈진했던 엘리야가 힘을 얻었던 것처럼, 건목연 공동체가 오늘날의 세속적인 가치관, 왜곡된 교회관, 병들어가는 신앙관의 현실 앞에 무릎 꿇지 않고 건강하게 목회를 지향하는 목회자들이 쉼과 힘을 얻는 곳이길 바란다.

## 네트워크 사역을 지향하라.

건강한 교회들끼리 서로 지지하고 격려가 되도록 네트워크 사역이 필요하다. 또 건강하게 균형 성장하는 교회를 직접 탐방하고 그런 교회들과 교류 사역하는 것이 필요하다. 혼자서 고민하지 말고, 보따리 싸들고 세미나만 찾아다니지 말고, 현장에 있는 건강한 목회자들과 자꾸 교류하고 탐방하여 자료를 얻는 것이 실질적으로 더 도움이 된다. 패러다임별로 특화되어 성장하는 교회를 물색하여 탐방 및 교류사역도 이뤄졌으면 한다. 특화되어 성장하는 교회를 탐방하여 집중적으로 아이디어를 얻으면 된다. 우리 교회가 사회복지 분야에 특화되어 있다고 볼 때, 이런 부분에 목회적 관심이 있다면 우리 교회를 탐방하여 교회 사역의 실제적 도움을 구하면 된다.

## 서두름과 게으름을 조심하라.

목회를 하면서 우리가 조심해야 할 부분은 '서두름'과 '게으름' 이다. 이 두 가지가 목회의 복병이다. 우리는 목회를 하면서 너무 조급하게 서두르고 있다. 너무 서두르면 정공법을 선택하지 않게 된다. 이상한 방법으로 가려고 한다. 이벤트 전문가인지, 프로그램 메이커인지, 목사인지 헷갈릴 때가 있다. 그렇다고 너무 게을러서도 안 된다. '주님이 알아서 해주겠지.'라며 엎드려 있기만 해서도 안 된다. 부지런히 건강하게 성장하는 교회를 탐방하면 건강한 교회 목회자들은 그런 것을 환영하고 얼마든지 열변을 토하면서 목회의 노하우나 자료들을 전달해 줄 것이다.

## 균형 잡힌 리더를 키우라.

이제는 목회자만이 아니라 평신도에게까지 영성계발, 전문성 계발, 도덕성 계발, 리더십 계발이라는 이 네 가지가 꼭 필요하다. 어떤 부분은 참 아쉽다. 영성은 있는데 도덕성이 없고, 성품이나 인격적으로는 나무랄 데 없는데 전문성이 떨어지고, 매우 똑똑하긴

한데 영성이 없어 참 아쉽다. 이런 것들을 다 균형 있게 갖추도록 애써야 한다. 이런 것이 하루아침에 이뤄지지 않는다. 꾸준히 훈련하고 노력해야 한다. 그래서 우리는 어느 한 분야에 빼어난 탁월한 리더가 되는 것보다 균형 잡힌 리더가 되도록 더욱 힘써야 한다.

끝으로 건강한 한국교회를 위한 새로운 대안을 제시할 수 있어야 한다. 지금의 시대는 개인구원과 사회구원도 중요하지만 그렇게 하려면 더욱 건강한 교회를 위해 힘써야 할 때이다. 교회가 타락하고 교회가 병들어 가고 있기 때문이다. 교회 개혁을 위한 대안 제시도 좋지만, 더 나아가 한국교회 치유와 회복을 위한 대안을 제시하는 것이 필요하다. 이런 것과 관련된 포럼을 개최하고, 회복을 위한 다양한 이슈들에 대해 페이퍼도 작성하고 자료도 축적하여 감리교회와 한국교회에 실현 가능한 대안을 제시하는 전문적 집단으로 우리 건목연이 성장될 것이라 기대해본다.

# 장애, 예술, 영성의 어울림

**장병용** 목사

(수원, 등불감리교회)

## 이상한 회의

건물 꼭대기 여기저기마다 십자가 첨탑이 서 있는 게 왠지 부끄러웠습니다. 어느 날, 나뭇가지를 입에 문 까치들이 넘나들며 종탑 위 십자가 밑에 소담스런 까치집을 지었을 때, 얼마나 위로가 되었는지 모릅니다. 까치가 찾아들면 '좋은 일'이 생긴다는 옛말까지 곁들여지면서 자못 묘한 흥분까지 일었습니다. 그러나 '좋은 일'은 '나쁜 일'이 되고 말았습니다. 봄비가 촉촉이 내리던 날, 십자가 첨탑으로 연결된 전깃줄이 합선되어 그만 까치집에 불이 붙었습니다. 소방차를 부르는 소동이 있은 후 다행히 불은 꺼졌지만 그 안에 있던 까치새끼들이 타 죽고만 것입니다. 죽어가던 까치들의 비명소리가 주위에 있던 사람들에게까지 들릴 정도로 처절했다는 말을 전해

듣고서 몹시 가슴이 아팠습니다. 사랑하는 새끼들을 잃어버리고 나서 십자가 주위를 횅하니 맴도는 어미까치를 보면서 더욱 안타까웠습니다. 그런데 그 까치들이 악몽도 잊은 듯 의연하게, 바보같이 다시 그 자리에 집을 지었습니다. 또 다시 십자가 불을 켜야 하는지, 아니면 뒤늦게라고 까치의 보금자리를 지켜주어야 하는지 고민이 됩니다.

예수를 가장 많이 닮은 사랑의 성자 프란체스코는 종달새를 무척 좋아해서 종달새가 지저귈 때마다 함께 노래하며 새를 향해 '새의 형제여'라고 불렀다고 합니다. 슈바이처 박사는 집을 지으려고 땅을 파다가 개미들이 우글우글 쏟아져 나오자 그 생명을 지키기 위해 공사를 포기했다지요. 이 세상에 존재하는 모든 생명들은 그 자체로 존엄할 뿐만 아니라 우리 인간과 하나로 연결된 생명체임을 느낀다면 우리의 선택은 분명해질 것입니다. 인간의 영혼만 구원하는 것이 아니라 까치의 생명도 보듬을 수 있는 교회가 되어야 하지 않을까요. 차라리 당분간 십자가에 불을 켜지 않는 게 어떻겠습니까? 십자가 밑에서의 까치의 죽음이 자꾸 어떤 깨우침으로 다가옵니다.

십자가는 보기 좋으라고 달려 있는 장식품이나 교회를 알리는 홍보물이 아니라 처절한 죽음 속에서 잉태된 아름다운 생명이라고. 오히려 내 가슴과 삶속에 십자가의 불을 밝히고 살라는…. "까치의 죽음"

위의 글을 주보에 실은 후, 교회 가족들과 '이상한 회의'를 했다. 물론 글을 통해서 십자가에 불을 켜지 않는 쪽으로 유도하려 했지만 그렇게 간단한 문제가 아니었다. 교인 하나라도 더 끌어들이기 위해 모든 홍보수단을 동원해야 할 소위 '지하 개척교회'에서 그나마도 안 하면 그만큼 불리할 수밖에 없으니까. 그러나 고맙게도 교인들은 까치의 생명을 지켜주자고 동의를 해주었다.

이 '까치 사건'은 개척교회 목사로서는 벗어나기 어려운 현실적인 유혹과 비굴한 마음으로부터 자유로울 수 있는 가능성을 열어주었다. 또한 '성장'과 '본질' 사이에서 끊임없이 서성이는 목회현실 속에서 서슴없이 '아름다운 생명'을 선택할 수 있게 했다.


### 외로움, 막막한 희망

―살아가다가 어느 순간 문득,
　내가 캄캄한 숲 속에 있는 듯한 느낌을 받는다.
　　　　　　　　　　　　(단테)
―산다는 것은 속으로 이렇게
　조용히 울고 있는 것이란 것을
　그는 몰랐다.

　　　　　　　(신경림의 시, '갈대' 중)


내게 있어서 목회는 '막막한 희망'이었다. 문득 돌아보니 캄캄한 숲 속에 있는 듯한 외로움과 막막함 속에서 온몸을 떨고 있는 나 자신을 보았다. 신학교를 졸업하자마자 아무것도 준비되지 않은 돌팔이 전도사가 거룩한 땅, 농촌에 첫발을 내딛었다. 숨 가쁘게 펼쳐지는 농촌의 아픔을 지켜보면서 아무것도 할 수 없다는 절망감과 내 삶에 대한 부끄러움 속에 허둥대다가 5년 만에 여러 가지 명분을 내세워 도망치듯 농촌을 떠났다. 그리고 한 신흥도시교회 부목사로 부임을 했다. 좀 편하게 살아 보자고 선택한 자리가 더 큰 갈등 속으로 날 몰고 갔다. 예수의 진실(본질)을 잃어버리고 어쩌면 예수가 가장 싫어하는 쪽으로 굳어져 가는 대형교회의 모습을 보면서, 구조악을 고착화시키는 일에 목사로서 공헌하고 있다는 양심의 가책이 끊임없이 나를 괴롭혔다.

2년 만에 또 다시 탈출을 시도했다. 이젠 고민만 하지 말고 제대로 된 목회를 해보자고 다짐하며, 평소에 꿈꾸어 오던 장애인교회를 개척했다. 허름한 창고 같은 막사를 빌려 장애인 몇 명과 함께 예배를 드리고 프로그램도 열심히 진행했다. 허나 허허벌판에 어떤 사랑을 불태우러 나갔던 건지, 외로운 광야의 목매인 울음이었는지, 깨질 수밖에 없는 환상 속의 자기놀음이었는지, 아니면 다른 무엇이었는지 정리하지도 못한 채, 일 년 남짓한 세월을 붉은 피(폐결핵)를 쏟으며 종지부를 찍었다.

'이젠 정말 목회를 그만두자.' 다시금 제자리로 돌아와 이 말을 자신에게 던진다는 것이 한없이 서글펐다.

'하나님의 뜻은 과연 어디 있는 것이고, 지금까지 믿고 살아온 진실, 아름다움은 과연 무슨 의미가 있단 말인가?'

모든 것이 뒤흔들렸고, 살 소망조차 잃어버렸다. 처절한 실패를 겪고 나서는 왜 그리 눈물이 나던지! 길을 가다가도 울고, 사람을 붙잡고도 울고, 산에 가서도 펑펑 울었다.

몇 달을 그렇게 보내다가 모질게도 다시 개척하기로 마음을 다잡았다. 평소에 가깝게 지내던 가난한 교우들이 가지고 온 헌금이 큰 용기가 되었다. 동네 근처에 방치되어 있는 상가 지하창고를 보증금 800만원에 월 15만원을 주고 임대했다. 중고 장의자를 몇 개 들여오고 강대상 대신 성가지휘용 보면대를 놓았다. 그리고 '등불'이라는 이름으로 창립예배를 드렸다. 이제는 누굴 위하고 어떤 이를 도와주겠다는 시건방진 생각을 버리고 상처투성이인 나부터 위로받으며 가슴 아픈 사람들끼리 서로 위로하며 살자는 생각을 가지고 '위로의 등불'을 켜 들었다.

몇 개월 동안 아내와 딸, 단 두 명을 앉혀 놓고 예배를 드렸다. 가끔 새로운 교인이 오면 너무 반가워서 설교하다 말고 달려 나가 와락 끌어안고 싶은 충동을 느꼈던 것이 한두 번이 아니었다. 시간이 지나면서 더욱 절박하게 부딪쳐 온 문제는 생존에 관한 것이었고, 사람에 대한 그리움과 외로움이었다. 냄새나는 지하에서 설교를 하고 나면 목이 착 가라앉았다. 습기 때문에 어디에나 곰팡이가 피었고, 장마철이면 으레 물을 퍼내기 위해 대기를 하고 있어야 했다.

어느 분은 노골적으로 "목사님 설교말씀도 좋고 해서 이 교회에 등록하고 싶은데 사람이 너무 없어 썰렁하고 냄새도 나고… 2층에만 있어도 다니겠는데…" 하면서 떠나가기도 했다. 등록하고 다니던 사람들도 교회에 별다른 전망이 보이지 않자 다시 큰 교회로 가버리고, 그나마 있던 교인들도 이사를 가버리기 일쑤였다. 뭔가 희망이 보인다 싶으면 곧 원상태가 되고 마는 썰렁한 교회를 바라보면서 참 외롭고 막막했다.

열악한 환경에서 오는 어려움보다도 더 힘들었던 것은 현실이라는 벽에 부딪혀 신앙의 본질을 등한시하며 비굴하게 무너져 내리는 나 자신과의 내적인 싸움이었다. 생존에 대한 중압감에 짓눌리면서 본질과 성장 사이에서 갈등이 심했다. 그렇게 한 해를 지내면서 내 목회의 여러 가지 허구성을 발견하게 되었다. 이제까지의 목회 형태와 교회 구조를 가지고는 현실 목회가 불가능하다고 판단을 내리고, 다양한 계층의 교인들을 폭 넓게 품을 수 있는 새로운 틀을 만들기로 했다. 우리 교회가 지향하는 정체성을 그대로 살려 나가면서 일반 기성교회의 조직이나 예배, 프로그램, 신앙 정서 등을 그대로 받아들이기로 했다. 성실하고 진실한 목회자상을 정립하려고 노력했고, 지역사회에 꼭 필요한 교회로서의 위상을 세워 나가기 위해 작은 자를 섬기는 사회선교와 예술을 통한 문화선교를 지속적으로 펼쳐 나갔다.

그 결과에 대해서는 늘어놓고 싶지 않다. 다만 그 외로움과 막막함 속으로 깊이 빠져들어 그 속에서 괴로워하며 발버둥 치다 보니 조금씩 어떤 희망이 보이기 시작했다는 것만 얘기하고 싶다. 바깥에 있는 그 어떤 것으로 외로움을 달래기보다는 차라리 그 외로움 속으로 깊숙이 들어가 온몸을 뒤흔들며 흐느끼기도 하고,

참되게 산다는 것의 의미도 되새겨 보면서 조용히 내면의 소리를 듣게 되었을 때, 바로 거기에 고요와 보람이 있었다. 두려움과 슬픔과 탐욕이 평화와 기쁨과 연민으로 바뀌는 것을 경험했다. 그리고 어떤 그리움이 몰려들기 시작했다.

## 그리움, 예수 그 아름다운 생명과 사랑을 위하여

이상하게도 외로울수록 그리운 게 많았다. 산이 그립고, 사람다운 사람이 애틋하게 그립고, 예수가 사무치도록 그리웠다. 우리는 결코 돈을 그리워한다거나 어떤 명예를 그리워한다는 말을 사용하지 않는다. 반면에 사람, 흙, 고향, 들꽃 등을 그리워한다고는 자주 말한다. 이런 점에서 볼 때, 그리움이란 인간의 어떤 욕망이나 눈에 보이는 무엇과는 본질적으로 다른, 그 자체로 순수하고 맑고 선한 아름다움일 것이다. 그런 까닭에 그리움을 지녔다는 것은 아직도 영혼이 맑고 순수하다는 뜻이고, 그의 가슴에 사랑의 불씨가 타오르고 있다는 증거이다.

시편기자는 하나님을 향한 그리움을 이렇게 노래했다.

"하나님, 당신은 나의 하나님, 물기 없이 메마른 땅덩이처럼 내 마음 당신 찾아 목이 마르고, 이 육신 당신 그려 지쳤사옵니다. …잠자리에 들면서도 당신 생각, 밤을 새워 가면서도 당신 생각뿐, 나를 도와주신 일 생각하면서 당신의 날개 그늘 아래서 즐겁습니다.

이 몸 당신에게 안기면 당신 오른 팔로 붙들어 주십니다." (시편 63:1-8)

모든 그리움은 종당에 가서 하나님을 향한 그리움으로 만난다. 이것은 어떤 고난도 이겨내게 하는 위대한 힘을 지니고 있다. 이 '그리움'이 나의 외로움을 견뎌내게 해 주었고, 척박한 목회현장에서 그나마 뿌리를 내릴 수 있는 큰 힘이 되었다.

외롭기 때문에 누군가가 더욱 그립고, 그리움과 마주치면 사랑이, 생명의 벅찬 숨결이 어느덧 나를 황홀하게 사로잡아 다시 이 길을 걷게 한다. 예수의 길, 생명과 사랑의 길을 생각할 때마다 소풍날 기다리는 어린이마냥 가슴이 설렌다. 목회란 이런 맛에 하는 것 아니겠는가?

아직도 내 목회는 불안하고 초라해 보이지만, 참 생명과 사랑에 대한 애절한 그리움으로 등불 하나 켜들고 이 어둑한 길을 묵묵히 걷고 싶을 따름이다.

> 잠들 수 없는 새벽
> 시린 가슴 끌어안고
> 여린 어깨 들먹일 때,
> 황량한 들판에 홀로 서서
> 마음 붙일 곳 없이 떠돌 때,
> 옳음이 꺾이고
> 양심의 비굴함만이 남아

진실이 눈물 흘릴 때,
그대 곁에 가만가만 있어
창호지 속 푸근한 등불이 될 수 있다면
너의 어둠 지키는 등불이 될 수 있다면
아아, 끝내 그럴 수만 있다면….

## 문화와 영성

### 첼로 이야기

나는 영혼이 맑은 한 첼리스트를 잘 알고 있습니다. 그에게서는 늘 모차르트 냄새가 납니다. 천진스럽게 음악을 사랑하고 사람을 사랑했던 모차르트처럼, 그도 여리고 순수한 마음으로 사랑과 평화를 갈망하고, 그것 때문에 고뇌하며 살아갑니다. 그가 추수감사주일 예배를 드리는 날, 우리 교회에서 연주를 하겠다고 자청해 왔습니다. 나는 기왕 할 바엔 막스 부르흐의 첼로 협주곡 '콜니드라이(神의 날)'를 연주해 달라고 부탁했습니다. 나는 부르흐의 바이올린 협주곡, 스코틀랜드 환상곡 등 그의 몇 안 되는 곡을 오래 들었습니다. 그의 음악은 꿈꾸는 듯한 낭만적 서정에 젖게 하면서도 여리게, 때로는 영혼 깊은 곳을 세차게 헤집고 들어와 내 영혼에 불을 질러놓습니다. 절제된 깊은 슬픔의 선율들이 흐르면 가슴에 저절로 눈물이 고여 옵니다. 사랑하는 사람의 연주라서 그랬는지 몰라도 강단의자에 앉아 음악을 듣는 동안 나도 모르게 눈시울이 뜨거워졌습니다. 나뿐만 아니라 예배당 전체가 숙연한 감동의 물결로 휩싸였습니다. 한 곡의 음악이 수십 편의 설교보다 힘 있고 은혜로웠습니다. 나는 그 날 설교를 하지 않았습니다.

'첼로 이야기'라는 내 글의 일부분이다. 이렇듯 내 목회에서 시, 음악, 그림 등의 예술매체는 설교, 신학, 목회의 내용을 가장 쉽고 진실하게 표현하는 소통의 방법이다. 그것은 마치 영혼의 물줄기와도 같다. 한 그루 나무가 살기 위해 땅 속의 뿌리를 통해 물을 빨아들이는 것처럼, 인간이라는 한 그루 나무도 영혼의 물길을 잃어버리면 생명이 죽고 만다.

하나님이 한 처음에 인간과 모든 피조물을 창조하시고 '보시기에 아름다웠다'고 거듭해서 말씀하셨다. 결국 죄란 '하나님의 아름다움(하나님의 형상)'을 잃어버린 것이요, 구원이란 잃어버린 아름다움을 회복하는 것이다. 목회자로서 할 일은 각자 제 속에 있는 영혼의 아름다움을 보게 하고, 아름다운 삶을 살아가도록 도와주는 역할이다. 이런 면에서 목회는 '예술 행위'가 되어야 하고, 신학은 '영혼의 미학'이어야 한다.

영성과 문화예술은 동전의 양면과 같다. 즉, 본질이 하나이다. 도대체 문화란 무엇인가? 일반적으로 통용되는 문화개념은 음악, 미술, 문학, 영화, 연극 등이라고만 생각되어 왔다. 하지만 이제는 사람이 의식적으로 하는 일을 모두 '문화'라고 보게 되었다. 음식, 의복, 스포츠, 관람, 여행 등 신체와 관련된 일이 모두 문화에 포함된다. 문화는 정신적인 것에만, 역사적 유물에만 있는 것이 아니라, 일상적인 삶 속에 다 들어 있는 것이다. 요컨대 문화는 총체적 삶의 양식으로, 살되 '어떻게 살 것인가?'의 문제이다. 쉽게 이야기하면 먹되 어떻게 먹을 것인가, 휴식을 취하되 어떻게 취하고, 사람을 대하되 어떻게 대할 것인가 등등, 먹고 마시는 일에서부터, 결혼, 성, 가정, 노동과 여가, 돈, 이웃과의 관계, 예배까지 우리의 일상생활 전체가 문화와 관련된 것이다.

문화가 '어떻게 살 것인가'의 문제라면, 이것은 곧 '영성'의 문제임을 깨닫게 된다. 기독교의 핵심적인 영성은 '생명과 사랑'이다. 십자가는 사랑이고, 부활은 생명이다. 그러므로 기독교문화는 어떻게 하면 참 생명(사람)으로 살 것인가, 어떻게 나누고 섬기면서 사랑을 실천하고, 생명을 살리는 평화의 삶을 살 것인가의 문제가 그 바탕이요 본질이다. 기독교 문화는 '생명문화'요 '나눔문화'이다. 그런데 과연 한국 교회 안에 이러한 문화가 제대로 있을까?

건강한 문화는 영혼의 물길과도 같은 것인데, 그것을 가로막고 생명을 마비시키는 병든 문화들이 한국 교회에 짙게 깔려 있다. 정복주의, 교회주의, 물량적 성장주의, 이원론적 분리주의 등이 기독교 문화를 뿌리내리지 못하게 하는 장애요인들이다. 영성과 문화예술의 관계를 본질적으로 조화롭게 이해하는 것은 건강한 목회를 열어가는 소중한 단초가 된다.

## 한 멋진 삶: 유동식의 풍류신학과 채희동의 예술목회

봄길 채희동 목사의 삶과 목회는 그 자체로 '아트'였다. 그는 교회와 교권과 교리에 갇힌 예수를, 사람과 자연과 하나님을 '한 생명'으로 이끄는 하나님의 아름다움(하나님의 형상)을 살려내려는 작업들을 끊임없이 해 나갔다. 그는 한국교회의 영적 큰 스승인 시무언 이용도 목사의 일기장에 쓰여 있는 "나는 가야금 소리를 타고 하나님 품에 안겼노라. …나는 그 소리를 타고 주의 품에까지 날아갈 수 있다. 오, 음악의 신비여! 나는 그 속에서 나의 하나님을 찾는다."라는 글을 보며, 한국의 전통악기로 연주하는 우리 선율, 우리 가락을 통해서 하나님을 만날 수 있도록 '우리 가락 찬송'을 만들었다. 귀천하고 나서 출판된 '뒷모습이 아름다운 사람'이란 책은 그가 평소에 시와 함께 묵상했던 주옥같은 글들이었다. 그가 생전에 발행했던 생명, 영성 잡지 「하나님, 사람, 자연이 숨 쉬는 샘」에도 그의 생명 예술혼이 그대로 담겨 있다.

봄길은 21세기를 여는 문화, 예술 목회론이란 부제가 붙은 '목회는 예술이다'란 글에서 자신의 목회철학을 이렇게 밝힌다.

"목회는 사업이 아니다. 목회는 예술이다. 아름다움을 추구하는 예술이다. 그때부터 예수는 빵을 구걸하는 추한 예수가 아니라, 하늘 아버지의 살아있는 소리, 바람, 햇빛, 꽃과 나무를 찾는 아름다운 예수가 될 것이다. 하나님은 예술가이시다. 태초에 세상을 창조하시고 '참으로 아름답다!' 라고 감탄하신 예술가이시다. …하나님은 창조자이시다. 당신의 영을 불어넣어 새로운 생명을 창조하시는 분이시다. 예술가는 자기의 몸과 영혼을 온전히 바쳐 살아있는 그 무엇을 만들어낸다. 그래서 예술가는 새로운 세상을 여는 창조자 이다. …21세기 한국 교회 목회 모델은 무엇인가? 예술가이신 하나 님의 뜻을 따르는 목회, 즉 예술목회이다. …목회는 하나님의 영을, 그리스도의 혼을 부르고, 그것으로 생기를 얻어 아름답게 살도록 도와주는 예술목회, 생명목회이다."

그가 추구했던 목회의 모델은 '예술목회'였다. 예술목회는 '생명 목회, 영성목회, 문화목회, 작은 교회목회, 지역 선교목회'라고 강조 하며, 21세기 새로운 문명을 열 수 있는 한국교회의 문화, 예술목회가 활발하게 살아나길 그는 소망했다. 이러한 봄길의 목회신학은 그의 스승 유동식의 '풍류신학(예술신학)'에 큰 영향을 받았다. 유동식은 예술과 종교에 대해 이렇게 정의한다.

"예술이란 미적 이념의 형상화를 통해 새로운 세계를 창조하는 작업이다. 이런 뜻에서 천지와 인간을 창조하신 하나님은 최초의 그리고 최대의 예술가이시다. 이것이 '하나님의 형상'이다. 이러한 하나님의 형상대로 창조된 것이 인간이다. 따라서 인간의 본질은 예술가라는 데 있다. 인간에게 있어서 종교와 예술은 둘이면서 하나이다."

그러면서 현대 문명의 위기를 종교, 예술적 존재로서의 본래적 인 인간의 왜곡과 상실에서 찾으며, 오늘의 신학적 과제는 본래적 인간 회복을 위한 예술 신학의 전개에 있다고 보았다. 그리고 그

뿌리를 한국의 민족적 영성이요 종교의 원형인 '풍류도'에서 찾았다. 그 구조를 유동식은 '한', '멋', '삶'이라는 용어로 설명한다. '멋'은 문화예술적 가치를 나타내는 것이고, '삶'은 사회 원리적 가치를 나타내는 것이며, '한'은 종교 형이상학적 가치를 나타내는 말이다. 다시 말해 '삶'은 사람으로 하여금 사람 되게 하는 것이고, '한'은 하나님과 하나 되는 것이고, '멋'은 한과 삶의 창조적 조화로서 그것을 구체화하면 시와 노래와 춤 등으로 드러나는 것이다. 그리고 이 세 가지는 서로 내재하는, 즉 셋이면서 하나인 구조를 이루고 있다.

결국 풍류도란 사람들로 하여금 사람답게 살게 하는 것이다. 사람다운 삶이란 곧 자유와 사랑과 평화로 구성된 '한 멋진 삶'을 뜻한다. 이러한 삶은 주어지는 것이 아니라 창조되는 것이다. 자연과 인생과 예술이 조화를 이룬 풍류도에서 풍류신학이 나왔고, 이것이 발전되어 예술신학을 낳고, 봄길의 '한 생명 신학', '예술목회'의 모태가 되었다.


## Able Art 사역: 장애, 예술, 영성

내가 장애인 문화예술에 관심을 갖게 된 아픈 사연이 있다. 시골에서 목회를 할 때 한 지체장애인을 만났다. 목회자와 교우 관계로 만났지만 우리는 금방 친구가 되었다. 그는 그림에 대한 전문 수업을 받지 않았지만 천재적인 예술 재능을 가지고 그림에 예술혼을 불태웠다. 허나, 자신의 삶을 지탱하기엔 이 세상의 벽은 너무 높았다. 그러던 어느 날, 그는 "그토록 노력해 왔지만, 세상은 내가 살아가기에 너무 힘든 곳인가 봅니다. 이제 그만 나의 지친 육체를 쉬게 해야겠습니다. 내 마음 한복판에 깊이 뚫린 상처를 메울 길이 없어 나는 이렇게 죽어갑니다. 나로서는 어쩔 수가 없습니다. 다 나의 잘못입니다. 나의 죄입니다. 그러나 하나님께서는 이 가엾은 영혼을 거두어 주시고 품에 안아주실 줄 믿습니다…"라는 장문의 유서를 내 앞으로 남기고, 1987년 6월 29일 여주 남한강 대교에서 뛰어내려 서른셋의 한 많은 인생을 마쳤다.

그는 예술과 예수를 사랑하며 아름다운 삶을 살려고 진정 노력했다. 허나 자신의 재능과 꿈을 펼치기에 너무 힘든 세상에 절망하고 죽음을 선택하고 말았다. 나는 그의 시신을 찾기 위해 일주일 동안 미친 듯 넋을 잃고 강가를 헤매면서 마음속으로 이렇게 다짐했다.

'그렇다, 내 인생은 네 죽음으로 다시 시작된다. 너처럼 죽어가는 생명을 살려내는 일이 내 사명이다. 네가 그토록 희망했던 아름다운 삶을 네 몫까지 살아주마.'

내 목회는 이렇게 한 장애인 예술가의 서러운 눈물과 한을 운명적으로 가슴에 끌어안고 시작되었다. 그 이후로 '장애', '예술', 이 두 단어가 내 삶에 깊이 각인되었다. 그래서 등불교회 개척 초기부터 '음악, 미술, 문학, 연극 등을 통한 기독교 문화 창조', '나눔과 섬김을 통한 예수공동체 건설'이란 두 가지 비전을 세웠다. 문화예술을 통해 작은 자를 섬기는 목회를 염두에 둔 것이다. 그러던 중에 일본 에이블아트 운동의 거점인 탄포포노이에(민들레의 집) '하나 아트센터'를 알게 되었다.

에이블 아트(Able Art)란 '가능성의 예술' 또는 '장애인의 예술' 이라는 뜻으로, 장애가 있는 사람이 무능력한, 불가능한(disabled) 존재가 아니라 예술을 통해서 그들만이 할 수 있는 또 다른 가능성(able)을 표현하고 있다는 것을 강조하는 용어이다. 에이블 아트 운동은 1970년대 일본에서 시작한 장애인 문화예술 운동으로, 세계적인 네트워크를 가지고 있다. 이 운동은 장애인의 차이를 적극적인 예술의 언어로 표현함으로써 사회와 소통하고자 한다. 여기서 장애의 차이는 차별의 근거가 되는 것이 아니라, 세상을 새롭게 바라보고 경험하는 원천이 된다. 그러므로 장애가 있는 사람들이 표현 활동을 통해 인간의 존엄을 획득하는 동시에, 그들만이 할 수 있는 독특한 영혼의 예술로 사회에 새로운 예술관과 가치관을 창조하고자 하는 운동이다.

나는 장애 예술가들이 가진 영혼의 힘을 굳게 신뢰한다. 그들만의 독특한 영혼의 예술은 분명 많은 이들의 삶을 정화시켜 주고 행복을 느끼게 만든다. 또한 병든 사회를 치유하고 선한 영향력을 줄 수 있는 원초적인 생명력과 무한한 상상력이 있다. 장애인 문화예술은 이 시대의 소통과 통합을 위한 가장 좋은 매체이자 사회변혁의 단초가 됨을 확신한다.

이러한 에이블아트 운동을 기독교 영성을 바탕으로 사회선교와 문화선교를 통합한 새로운 선교 형태로 토착화시킨 모델이 '에이블아

266

트센터'이다. 수원시 권선구 금곡동에 위치한 에이블아트센터는 국내 최초의 종합문화예술 공간이다. 장애인들이 문화예술을 매개로 자신의 삶과 꿈을 자유롭게 표현하고, 비장애인과 통합을 이루어나갈 뿐만 아니라, 일자리도 창출하는 행복한 터전이다. 음악, 미술, 영상, 문학, 연극, 무용 등 각 장르별로 장애인과 비장애인이 함께하는 통합 문화예술 활동을 펼쳐나가고 있고, 지역 주민을 위한 공연장, 문화카페, 하늘 공원, 아트숍 등을 운영하여 열린 문화 공간으로 복합적인 기능을 갖추고 있다. 지하 2층, 지상 7층의 에이블아트센터는 회화실, 도예실, 공예실, 영상실, 음악실, 전시실 등 다양한 예술 활동 공간과 시설을 갖추고 있다.

현재 '스튜디오 ABLE(회화, 도예, 영상)', '신진작가 지원 프로그램', '아트서포터즈 양성을 위한 교육과정' 등의 단계별 전문화된 예술교육 프로그램을 진행하고 있고, 뮤직아카데미(바이올린, 첼로, 플룻, 클라리넷, 피아노, 성악)와 에이블아트 오케스트라(장애인 10인, 비장애인 10인으로 구성)를 운영하고 있다. 또한 일반 장애인들과 지역주민들이 함께 참여할 수 있는 다양한 통합 문화프로그램도 개설되어 있다. 이 외에도 대한민국장애인음악제, 찾아가는 고양이 프로젝트, 지역주민과 함께하는 하우스 콘서트(매달 마지막 주) 등을 실시하고 있고, 장애예술가들의 예술컨텐츠를 상품화하고 매니지먼트 할 수 있는 사회적 기업 '옵트박스'를 만들어 자립을 돕고 있다. 이러한 장애인을 중심으로 한 문화예술 교육과 활동이 다양한 관계망을 형성(아트링크)하고 지역 공동체 예술축제로 이어져, 장애

와 예술과 영성이 어우러진 참 생명과 사랑의 공동체를 일구어
가는 것이 우리의 목표이다.


# 에이블아트 5대 사업 및 등불교회 5대 사역비전

## 에이블아트 5대 사업

### 1) 장애인 예술인 및 아트서포터즈 양성사업

에이블 아트 스튜디오 프로그램
장애인 시각예술 신진작가 양성 프로그램
시각예술 아트서포터즈 양성 프로그램
음악 아카데미 및 에이블 아트 오케스트라


### 2) 장애인 문화예술 지원사업

**시각예술 프로그램** / 도예, 회화, 영상, 공예
장애인 예술가를 위한 상주 작업실
장애인 예술가의 전시회 및 상영회
작가 아트웍을 이용한 아트상품 개발/ 사회적 기업 에이블아트팩토리

**공연 및 음악 프로그램**
에이블 아트 오케스트라 정기연주회
장애인 음악가의 연주회 및 공연

대한민국 장애인 음악제 개최

지역주민과 함께하는 하우스 콘서트

### 3) 장애인 문화예술 국제교류 및 협력사업

아시아 태평양 와타보시 음악제 참여 및 개최

해외 장애인 문화예술 단체와의 연대 및 교류

### 4) 장애인 문화예술 조사연구 사업

장애인 문화예술 현장 리서치

장애인 문화예술 관련서적, 번역물 출판

장애예술인 작품집 발간

### 5) 지역사회 문화예술공간 사업

가능한 갤러리 <토끼 Talki>

책만드는 도서관 <거북이 Gobooki>

문화카페 <아름다운 등불>


## 등불교회 5대 사역비전

1) 조화로운 영성을 훈련하는 제자공동체(Disciple)
2) 가정과 사회를 치유하는 회복공동체(Recovery)
3) 장애인(작은이)과 함께하는 섬김공동체(Servant)
4) 대안문화를 창조하는 예술공동체(Art)

# 아름다움이 세계를 구원할 것이다

"아름다움이 세계를 구원할 것이다"는 도스토예프스키의 소설 '백치'에서 마치 예수와 같은 인물인 미쉬킨 왕자가 한 말이다. 그는 죽을 때 막 십자가에서 내려지고 있는 한 사내의 모습을 그린 올바인 이라는 화가의 그림을 떠올린다. 구타에 의해 끔찍하게 부풀어 있고 핏자국의 멍으로 가득한, 눈은 가냘프게 열려 있고 동공의 흰 부분이 죽음의 빛으로 흐릿하게 빛나고 있는 얼굴이다. 도스토예프스키는 그 소설을 통해서 진정한 아름다움을 참혹한 십자가에서 찾고 있다. 모든 것을 내어준 고통의 자리에 핀 참 생명과 사랑의 꽃을 보았기 때문이다. 예술의 궁극적인 목적이 아름다움을 추구하는 것이라면, 십자가만큼 아름답고 위대한 예술작품은 없다. 그래서 우리는 십자가를 통해서 구원의 빛을, 참된 희망을 발견한다. 아름다움이 모든 인간을 구원하는 것이다.

예술은 하나님의 아름다움을 전해주는 영혼의 물길과도 같다. 그 아름다움이 시들고 메마른 영혼을 살려낸다. 한국교회의 쇠퇴 요인 중 하나는 보이지 않는 하나님의 아름다움을 드러낼 예술의 은유와 상징체계를 상실하고, 영성의 본질이 왜곡된 데 있다. '아름다운 등불'은 '한 멋진 삶', '한 생명'의 예술혼으로 예술과 영성을 목회현장에서, 어두운 장애인 현실 속에서 되살리고자 하는 작은 몸짓이다.


"21세기 새로운 문명을 열 수 있는 한국교회의 문화, 예술목회가 더욱 활발하게 살아나길 간절히 바란다. 한국 문화 속에 기독교 문화가 활짝 꽃을 피워 한국교회와 이 한반도 온 누리에 그리스도의 영이, 하나님의 숨결과 생기가 가득하여 생명의 충만함을 맛보았으면 좋겠다. 영성과 예술성이 살아나는 교회, 그 길만이 21세기를 헤치고 살아남을 수 있는 교회의 길, 하나님의 길인 것이다."

채희동의 &lt;목회는 예술이다&gt;에서


사람이 등불이다
아름다운 사람은
그 자체로 사람을 설레게 하고
사람을 성찰하게 하고
내 안의 아름다움을 밝히게 한다

아하 그렇구나
아름다운 세상을 이루어가려면
내가 먼저 아름다운 사람이어야겠구나
내가 있으므로 자기를 더 아름답게 가꾸고
자신을 망치는 것들과 치열히 싸워가게 하는
아름다운 등불로 걸어가야겠구나
나이 들수록 더 푸르고 향기나는
아름다운 사람의 등불로

박노해의 시, "아름다운 등불"

# 건강한 부담임 목회를 꿈꾸며!

**박종헌** 목사

(일산광림교회 선교구 담당목사)

## 서 론

요즈음 매스미디어의 가장 중요한 화두는 '건강'이다. 많은 대중매체들이 앞 다투어 건강에 관한 정보를 제공하거나 건강을 위한 다양한 변화와 도전을 소재로 하여 프로그램을 편성하고 있다. 이 시대에 있어 건강이란 어떤 의미가 있을까? '건강'의 사전적 정의는 '몸이나 정신에 아무 탈이 없이 튼튼함', 즉 신체나 정신 모두가 튼튼한 상태를 가리킨다.

그렇다면 부담임목회의 건강상태는 어떠할까?

부담임목회 사역은 담임목사의 손이 미치지 못하는 목회의 영역에서 교인들을 돌보고, 또 그리스도의 신실한 제자로 세워나가는 귀중한 사역이다. 그러나 여전히 목회현장에서는 부담임목회를 담임으로 가기 위한 징검다리로 여기거나 목회현장에서의 어쩔 수 없는 선택처럼 여기는 경우들이 많다. 이러한 인식 때문인지 담임목회의 길이 열리지 않아 오랜 기간 부담임목회를 지속하게 되면 상대적 박탈감과 현실에 대한 위기감으로 힘겨워하는 것이 현실이다.

이러한 상황에서 건강한 목회를 이루기 위해서 방법론적인 담론들을 나누는 것보다 더 중요한 것은 본질적인 의미들을 살펴보는 것이다. 즉, 더 이상 부담임목회가 담임으로 가기 위한 단순한 징검다리가 아니라 소명을 가지고 평생을 감당해야 하는 사역의 장으로 인식되고, 또 부담임목사로 사역하고 있는 것 자체가 더 이상 다른 이들에게 부끄러운 것이 아니라 오히려 자랑스러운 것으로 인식되는 획기적인 패러다임(paradigm)의 전환에 대한 논의가 가장 필요한 상황이다.

필자는 이러한 중요한 시기에 중요한 역할을 감당해 가는 부담임목회자들을 응원하는 마음으로, 필자가 지나온 부담임목회의 경험을 중심으로 건강한 부담임목회에 대하여 살펴보고자 한다.

# 본 론

## 1. 부담임목사의 정의

'부담임목사를 어떻게 정의할 수 있을까?' 이것은 매우 중요한 문제이다. 왜냐하면 부담임목사에 대한 정의가 바로 건강한 부담임목 회의 성격을 규정하는 중요한 초석이 되기 때문이다. 또한 이러한 정의가 부담임목회자의 정체성(Identity)과 소명(Calling)과도 연관 되기 때문에 반드시 살펴보아야 한다. 필자는 이 부담임목사의 정의 를 우선 성서를 토대로 살펴본 후에 필자가 소속되어 있는 기독교대한 감리회의 교리와 장정의 내용을 근거로 하여 살펴보고자 한다.

### 1) 부담임목회의 성서적 근거

부담임목회에 대한 성서적 근거는 신약성서의 여러 부분에 기록되어 있지만, 필자는 초대교회의 목회에 대하여 자세히 기록하고 있는 사도행전 속에서 살펴보려 한다.

첫째, 사도행전 6장의 기록이다.

사도행전 6장의 내용은 다음과 같다. 복음이 지속적으로 전파되 면서 제자의 수가 많아졌고 이에 따라 구제의 사역을 감당해야 하는 폭도 더 넓어지게 되었다. 이로 인해 사도들은 기도와 말씀의

사역에 집중할 수 없게 되었고(행 6:4) ,교회 공동체 안에서도 구제사
역에 있어 실제적인 문제들(행 6:1)이 발생하게 되었다. 이러한 상황
에서 사도들은 말씀과 기도에 집중하기 위해서 일정한 기준을 가진
집사들을 선택하여 그들에게 구제의 사역을 맡겨 감당토록 한다.

그런데 사도들이 집사들에게 위임한 구제의 사역이 사실 사도들
이 맡아 행하던 일들이었다. 그렇기 때문에 구제 사역을 담당하는
집사들은 사도들의 목회의 일부분을 위임받은 목회자들이라고 말할
수 있다. 이러한 사실이 증명하듯 사도들은 집사를 택할 때에 '너희
가운데서 성령과 지혜가 충만하여 칭찬받는 사람'이라는 분명한
기준을 제시하였고, 또 사도들은 선택된 일곱 명의 집사들을 회중
가운데서 기도하고 안수함으로 공식화하였던 것이다(행 6:6).


둘째, 사도행전 14장의 기록이다.

사도행전 14장 23절("각 교회에서 장로들을 택하여 금식 기도
하며 그들이 믿는 주께 그들을 위탁하고")을 보면 바울과 바나바는
'각 교회'에 장로들을 임명한다. 즉, 한 곳이 아니라 여러 교회들에
장로들을 택하여 세우고 있다.

그렇다면 이것은 어떤 의미일까? 초대교회의 12사도와 바울과
바나바는 전도의 사역을 열정적으로 감당하였고, 가는 곳곳마다
교회를 세웠다. 그러나 그들이 직접 그 모든 교회들의 목회를 감당할
수는 없었다. 그렇기 때문에 사도들은 각 교회에 사도들을 대신하여

목회사역을 감당할 장로들을 선택하여 세운 것이다. 이후, 사도직을 위임받은 장로들은 각 교회에서 사도들을 대신하여 설교와 성만찬, 전도와 교육 등을 감당하였다(행 20:17-28).

지금까지 부담임목회의 성서적인 근거로 제시한 사도행전에 기록된 두 부분을 정리해 본다면, 성서에 나타나는 사도와 집사, 사도와 장로들의 구별은 역할과 기능에 의한 구별이었고 본질적이고 계급적인 구별이 아니었다는 것을 알 수 있다. 목회의 직을 수행하는 사람들은 모두 하나님의 백성으로, 또 복음의 증인으로 사명을 감당하는 사람들이었다. 이러한 맥락에서 부담임목사를 정의할 때에는 부담임목사의 본질적인 모습과 사역의 역할과 기능에 따른 모습을 반드시 구별하여 이해해야 한다.


### 2) 부담임목사에 대한 교리와 장정의 정의

감리교의 교리와 장정 속에 부담임목사에 대하여 기록하고 있는 부분들을 살펴보도록 한다.

첫째, 부담임목사는 '안수 받은 목사'이다. 감리교의 교리와 장정에 기록된 부담임목사의 자격은 아래와 같다.

'부담임자의 자격: 부담임자는 목사안수를 받은 이어야 한다.'
(조직과 행정법 제2장 제9절 제 40조)[36]

---

36) 기독교대한감리회, 『교리와 장정』 (서울: KMC. 2007), 80

교리와 장정에서 '부담임자'는 '목사안수를 받은 이'라고 분명하게 규정하고 있다. 그렇기 때문에 부담임목사는 반드시 목사로서의 정체성, 더 나아가 목사로서의 '소명'을 분명히 간직하고 있어야 한다. 그렇다면 소명이란 무엇일까? 오스 기니스(Os Guinness)는 '소명'에 대해서 다음과 같이 정의한다.

"소명이란, 하나님이 우리를 그분께로 부르셨기에 , 우리의 존재 전체, 우리의 행위 전체, 우리의 소유 전체가 특별한 헌신과 역동성으로 그분의 소환에 응답하여 그분을 섬기는데 투자된다는 진리이다."37)

부담임목사는 목회 사역의 현장에서 어떤 직임을 감당하는지, 혹은 어떤 형편에 있든지를 무론하고 목사로서의 소명, 즉 우리를 향한 부르심 앞에 우리의 모든 존재와 모든 행위, 모든 소유를 통해 사역의 현장에서 응답하며 헌신하겠다는 분명한 결단을 간직하고 있어야 함을 의미한다.

둘째, 부담임목사는 '전문목회자' 이다. 감리교의 '교리와 장정' 에서는 부담임목사의 역할을 다음과 같이 정의하고 있다.

[142] 제41조(부담임자의 직무) 부담임자의 직무는 다음 각 항과

---

37) 오스 기니스, 홍병룡 옮김, 『소명』 (서울: IVP, 2001), 13

같다.38)

① 담임자를 보좌하며 담임자가 위임하는 선교, 교육, 행정, 전도, 기획, 음악, 사회복지, 미디어 등의 담당목사로 직무를 수행한다.

② 담임자의 유고시에는 담임자 또는 기획위원회에서 지명하는 부담임자가 담임자의 직무를 대행한다.

교리와 장정에서 부담임목사는 주님의 몸 된 교회 안에서 담임자가 위임하는 전문적인 분야—선교, 교육, 행정, 전도, 기획, 음악, 사회복지, 미디어 등—에서 사역을 감당하는 전문목회자이다. 즉 '담임자를 보좌하며', '담임자가 위임하는'이라는 표현에 나타난 것처럼 부담임목사는 교회 안 영적 권위의 질서의 토대 위에서 맡겨진 소임에 대한 전문가로서 사명을 감당하는 목사이다.

정리한다면, 부담임목사는 본질적으로 '안수 받은 목사'이다. 그렇기 때문에 목사로서의 정체성과 소명을 확고히 하는 사람이어야 한다. 그리고 역할과 기능으로 볼 때에는 담임자의 목회를 돕는 조력자로서 '전문 목회 사역을 담당하는 이'라고 말할 수 있을 것이다.


## 2. 부담임목회의 현실

현재 한국교회에서의 부담임목회의 현실은 어떠한가? 이를 살펴보기 위해서 현재 부담임목회의 현실을 보여주는 한 편의 논문과

---

38) 기독교대한감리회, 『교리와 장정』 (서울: KMC. 2007), 80

또 개인적인 담화를 소개하도록 한다.

첫 번째로 안승철의 "협력 목회자로서 부목사의 역할 연구"라는 제목의 논문에 수록된 내용을 소개한다.

오늘날 부목사의 역할과 기능을 단순히 담임목사를 보좌하는 것 정도로 여기는 경향이 있다. 부목사의 주된 임무가 교회를 이끄는 주역인 담임목사의 목회철학과 목회방침을 충실히 받들고 수행하는 것으로 간주되곤 한다. 그리고 교회에서는 담임목사를 하나님께서 세우신 목자로 인식하지만 부목사에 대해서는 교회에 의해, 혹은 담임목사에 의해 고용된 일꾼이라는 인식이 지배적이다. 이러한 인식으로부터 담임목사와 부목사 사이에는 커다란 질적인 차이를 보이게 되고 교회에는 계급적인 질서가 생기게 된다. 계급적인 질서 속에서 부목사는 담임목사 다음이 아니라 평신도, 특히 장로와 같은 유력한 평신도들 보다 낮은 위치를 차지하기도 한다. 심지어 장로와 같은 유력한 평신도들 중에는 부목사를 자기들이 고용한 일꾼 정도로 여기는 사람들도 있고 부목사를 성직을 담당하는 목회 자로 인정하지도 않는 사람들도 있는 실정이다. 이러한 상황 속에서 부목사는 사역을 하고 있는 교회에서 생존하는 일을 급선무로 여기 게 되었다. 생존하기 위해 부목사는 담임목사뿐 아니라 평신도의 눈치까지 살펴야 할 지경에 처하게 되었다.[39]

위에 소개한 글은 2004년 당시의 한국교회의 목회 상황을 기록 한 것이다. 그러나 그 내용을 자세히 살펴본다면 10년 전의 상황이라

---

39) 안승철, 『협력 목회자로서 부목사의 역할 연구』 (서울: 연세대학교 연합신학대학 원 2004), 1

는 것이 무색할 정도로 많은 부분 오늘의 목회 상황과 유사한 모습을 보여준다.

두 번째로 부담임목회의 현실에 대하여 필자가 경험한 내용을 소개한다. 필자는 얼마 전 현직 부목사로 사역하는 한 목사와 이야기를 나누었던 적이 있다. 그때 들었던 내용이다.

"'부목'이라는 말을 사전에서 찾아보았는데 몇 가지의 뜻이 있다. 하나는 팔다리의 외상이나 골절, 탈구, 염좌 등의 응급수단으로서 환부를 고정하여 대는 기구로서 '부목'(副木)이 있고, 또 다른 하나는 바다에 부표처럼 떠 있는 부목(浮木), 그리고 각 교회에서 사역하는 부목(副牧)이 있다는 것이다. 그런데 이들에게는 공통점이 있는데 그것은 필요 없어지면 곧바로 버려진다는 것이다."

이야기 자체가 충격이었다. 허구(虛構)로 만들어진 이야기이지만, 이 이야기 속에는 부담임목사들이 겪고 있는 삶의 곤고함과 미래에 대한 상실감, 그리고 사역에 대한 위기감이 고스란히 담겨 있음을 발견할 수 있다.

앞서 인용한 논문의 내용이나 함께 나누었던 일상의 대화 내용은 객관적인 근거가 될 수는 없을 뿐더러 한국교회 전체의 상황이라고 일반화시킬 수도 없을 것이다. 그러나 현재 한국교회의 부담임목회의 현실을 드러내는 심정적인 단면으로 주목해서 볼 필요는 있을 것이다.

## 3. 건강한 부담임목회 사역을 위한 제안

그렇다면 이러한 목회 현실 속에서 건강한 부담임목회의 사역은 가능한 것일까? 필자는 가능하다고 확신하며 건강한 부담임목회 사역을 위한 일곱 가지의 원칙을 제언하고자 한다.


### 1) 교회론을 분명하게 정립해야 한다.

앞서 '부담임 목사는 안수 받은 목사여야 한다'는 교리와 장정을 언급하며 부담임 목사의 정체성에 대하여 설명하였다. 부담임목사는 안수 받은 목사이기 때문에 분명한 교회론을 가지고 있어야만 한다. 왜냐하면 모든 목회 사역의 근간은 교회론이기 때문이다.

우리에게 있어 가장 익숙하고 대표적인 교회론은 바울의 그리스도의 몸으로서의 교회론이다. 바울은 고린도전서 12장 12-30절에서 그리스도를 '몸'으로 설명하고, 그리스도인들을 이 몸에 붙어 있는 '지체'로 설명하면서 자신의 교회론을 설명한다.

> "몸은 하나인데 많은 지체가 있고 몸의 지체가 많으나 한 몸임과
> 같이 그리스도도 그러하니라"(고전 12:12).

바울은 교회가 '그리스도의 몸'이기 때문에 지체들은 몸 되신 그리스도와 연합해야만 하고, 또 지체들도 서로 연결되어야 한다고 강조한다. 즉, 바울은 교회가 '한 몸 공동체'라는 사실을 천명한다.

282

그렇기 때문에 바울은 주님의 몸 된 교회에서는 분쟁과 분열을 지양하고 연합과 일치를 이루도록 고린도교회를 향하여 요청하고 있는 것이다.

목회에 있어 방향은 속도보다 중요하다. 왜냐하면 하나님께서 원하시는 방향을 잃어버린 교회의 열심만큼 위험한 것은 없기 때문이다. 건강한 목회를 위해서는 목회의 올바른 방향을 찾는 나침반과 목회의 건강상태를 체크하는 분명한 기준이 필요하다. 필자는 이러한 기준이 '교회론'이라고 생각한다. 이 교회론이 바로 서지 못하면 교회의 사명을 발견할 수도, 추진할 수도 없다. 특별히 부담임목회자들은 담임목사의 교회론에 깊은 관심을 가지고 있어야 한다. 왜냐하면 그것이 교회 공동체가 한 몸을 이루어 가는 가장 중요한 것이기 때문이다.

### 2) 부담임목회의 유익을 기억하라.

필자는 2005년부터 2012년까지 수표교교회에서 부담임목회를, 2012년 12월부터 현재까지 일산광림교회에서 부담임목회 사역을 하고 있다. 10여년 가까이 부담임목회의 길을 걷다보니 때때로 후배들이 필자에게 '부담임목회를 꼭 해야 하느냐?'고 묻곤 한다. 그럴 때면 필자는 주저하지 않고 '꼭 해보라'고 말한다. 그것은 필자에게 아무런 어려움이 없었기 때문이 아니라 그 현실적인 어려움보다 부담임목회 사역이 주는 여러 가지 유익들이 훨씬 크고 귀중했기 때문이다.

그렇다면 부담임목회의 중요한 유익이 무엇일까?

**첫째, 다양한 목회의 상황을 경험할 수 있다.** 필자는 지금까지 두 교회에서 부담임목회를 하였다. 첫 번째 교회는 서울남연회 서초지방 수표교교회이며, 두 번째 교회는 중부연회 일산동지방 일산광림교회이다. 두 교회는 각각 분명한 교회의 색깔이 있다.

수표교교회는 전통적이고 예전과 사회봉사를 중시하는 민족교회였다. 지난 역사 속에서 수표교교회는 민족대표 33인 중 3명(신석구, 정춘수, 오화영)을 배출하고, 민족의 암흑기인 일제치하에서 여성야학회 개최와 YMCA를 통한 민족 계몽 활동 등 민족의 회복을 위한 사명을 감당해 왔다. 오늘도 수표교교회는 이러한 역사적인 전통을 계승하면서 민족교회로서의 사명을 감당하려고 노력하고 있다.

일산광림교회는 '김선도 감독 기념교회'로서 통일 시대를 준비하며 북방선교의 전초기지로 세워진 교회이다. 2006년 광림교회의 지성전에서 독립한 이래로 지금까지 급속한 부흥과 성장을 경험하고 있는 교회이다. 지금도 열방선교와 성령사역, 다문화 선교 사역, 구제사역 등 지역과 나라, 열방을 향하여 역동적인 목회를 펼쳐가고 있다.

필자가 사역했던 수표교교회와 현재 사역지인 일산광림교회는 목회적 토양과 교회의 분위기, 사역의 여건, 지역적 특색, 성도들의 상황 등 많은 면에서 상이하다. 또 담임목사의 성향과 지향점, 목회의 스타일도 다르다. 이러한 다양한 경험들은 목회자 자신의 내면에

녹아져 앞으로의 목회 여정에 큰 유익을 얻게 될 것이다.

**둘째, 담임목사의 목회 리더십을 배울 수 있다.** 목회의 비전을 펼쳐나가는 데 있어 리더십은 필수불가결한 요소이다. 담임목사의 리더십은 카리스마적 리더십이나 상향식 리더십 등 다양한 형태를 띨 수 있다. 교회의 사명을 이루는 과정에서 담임목사의 리더십은 가장 중요한 역할을 하는 것이 사실이다.

뿐만 아니라 담임목사의 리더십은 교회 내의 다양한 문제 해결과 성도들의 신앙적, 현실적 문제들을 풀어 나가는 데에도 큰 영향력을 끼친다. 예를 들면 교회 내의 분열에 대한 상황해결, 외부적인 이단의 문제처리, 교회 내 각 부서간의 충돌 조정, 성도들의 영적 생활에 대한 권면, 성도들 간의 갈등 해결 등 그 범위가 매우 다양하다. 이처럼 목회에 있어서 영적 지도자의 리더십은 매우 중요하다.

그렇다면 이러한 리더십을 어떻게 경험할 수 있을까? 그것은 예수님의 교육방법을 통해서 체득할 수 있다. 예수님의 교육방법에 대하여 마가복음은 다음과 같이 소개한다.

> 또 산에 오르사 자기가 원하는 자들을 부르시니 나아온지라 이에 열둘을 세우셨으니 이는 자기와 함께 있게 하시고 또 보내사 전도도 하며 귀신을 내쫓는 권능도 가지게 하려 하심이러라 (막 3:13-15).

예수님께서는 '제자들을 부르시고'(선택), '자기와 함께 있게 하심'(동행)으로 제자들을 '사람을 낚는 어부'로 만들어 가셨다. 이러한 모습처럼 부담임목회는 목회현장에서 자연스럽게 담임목사의 리더십을 보고 경험하며 배울 수 있는 계기를 마련해 준다.

**셋째, 다양한 만남을 통한 간접적인 사회 경험이 가능하다.** 필자는 부담임목사로 사역하는 동안 다양한 계층의 사람들을 폭넓게 만날 수 있었다. 소외되고 힘겨운 삶을 살아가는 무허가 쪽방촌 사람들로부터 하루하루 자족하는 마음으로 살아가는 중산층, 그리고 사회의 지도층이라고 말할 수 있는 사람들까지 다양한 계층, 다양한 상황 속에서 살아가는 사람들을 만날 수 있었다. 필자는 이들과의 진솔한 대화와 상담의 과정을 통하여 그들이 각자의 삶 속에서 겪고 있는 여러 문제들과 신앙과 현실 사이에서 겪는 괴리감 등을 간접적으로나마 경험해 볼 수 있었다.

그리고 이러한 경험들은 지금도 일산광림교회에서도 계속적으로 이어지고 있다. 일산광림교회에서 필자가 맡고 있는 1선교구는 1,000명이 넘는 인원인데, 이들을 매일 매일 순차적으로 심방하면서 간접적인 삶의 경험을 지속하고 있다.

목회자들에게 있어 이러한 삶의 경험은 많으면 많을수록 좋다. 왜냐하면 이것은 성도를 이해하고 사회를 파악하는 귀한 기회가 되고 무엇보다도 목회자에게 있어 무형의 큰 자산이 되기 때문이다.

**넷째, 다양한 목회적 도전을 할 수 있는 여건이 조성되어 있다.** 필자는 농촌교회에서 4년여 담임목회를 한 경험이 있다. 성도들은 필자의 가정을 제외하고 15명 안팎이었다. 그리고 1년의 헌금이

2000만원 미만일 정도로 어려운 농촌교회였다. 농촌교회에 부푼 꿈과 기대를 가지고 부임한 이후, 여러 가지 목회적인 도전을 시도해 보았지만 번번이 환경적인 문제와 필자의 믿음 부족으로 인하여 포기하게 되는 경우들이 많았다. 그러나 부담임목회를 시작하면서는 담임목사와의 결정 아래에서 다양한 목회적인 시도가 가능 하였다. 왜냐하면 이러한 목회적인 도전들을 뒷받침할 수 있는 물적, 인적 자원이 갖추어져 있기 때문이다.

필자는 수표교교회에서 다양한 예배기획(성금요일예배, 새해 자정예배, 원로목사 추대 및 담임목사 취임예배 등)을 비롯해 청장년들을 위한 블루 수련회, 노년들의 대상으로 하는 실버 수련회 등 특정 연령대를 위한 프로그램 실행, 그리고 양육과정 성경공부, 예수님의 사람 양육훈련, 중보기도훈련 등 지도자를 세워가는 훈련의 과정들을 실제로 경험해 볼 수 있었다. 그리고 일산광림교회에서도 선교구 성도들을 중심으로 다모임데이(전도프로그램)와 속장공과교육과 양육과정, 중보기도세미나 인도 등 다양한 목회적인 시도들을 지속하고 있다.

우리 모두가 주지하는 바와 같이 '목회'란 분명 종합예술이다. 그렇기 때문에 한 분야만 잘해서는 안 된다. 그런 의미에서 부담임목회 사역은 예배, 설교, 상담, 행정, 심방과 같은 실천적인 분야에 깊은 조예를 배우고 다양한 도전을 통해 풍성한 경험을 할 수 있는 장이다. 필자는 이것들이 부담임목회의 큰 유익이라고 믿는다. 물론 부담임목회의 여러 관계적인 문제들이나 환경 때문에 이 유익이

가려지고 잊혀질 때가 있다. 그러나 건강한 부담임목회 사역을 위해 반드시 이 유익을 지속적으로 조명하고 활용해야만 한다.

### 3) 균형을 지켜야 한다.

목회사역은 단기간에 승패가 결정되는 것이 아니다. 마지막 때 주님 앞에 설 때까지 푯대를 향하여 걸어가야 하는 순례의 여정이다. 때문에 목회의 경주를 완주하기 위해서는 균형감을 잃지 말아야 한다. 물론 바쁜 부담임목사의 삶에서 이러한 균형을 지켜내기란 쉽지 않음을 필자 또한 경험적으로 알고 있다. 그렇다면 구체적으로 어떤 부분에서 균형을 잡아야 하는 것일까?

**첫째, 목회 사역과 가정사역의 균형을 잘 잡아야 한다.** 하나님께서 직접 만드신 공동체는 '교회'와 '가정'이다. 때문에 목회사역을 위해 가정이 상실되는 것은 분명 하나님의 뜻은 아닐 것이다. 가정을 소중히 여겨야 한다. 그러나 이때 반드시 기억해야 할 것은 교회 사역과 가정 사역에 있어서 우선순위를 정하는 지혜가 반드시 필요하다.

**둘째, 일과 쉼에 있어 균형을 잡고 있어야 한다.** 이것은 사역에 집중해야 할 때와 사역에서 잠시 벗어나 잊어야 할 때를 구분해야 한다는 의미이다. 반드시 일해야 할 때와 벗어나야 때를 구별해야 한다.

**셋째, 학업과 영성의 균형도 바로 잡아야 한다.** 부담임목사로

288

사역하면서 당면한 문제를 신속히 해결하려는 마음에 기도의 자리보다 컴퓨터 앞에 앉는 시간이 더 많고, 말씀을 읽는 자리보다 기획안을 만들거나 사역추진 현황을 점검하는 데 더 많은 시간을 쓰게 되곤 한다. 그러나 분명한 것은, 영성은 모든 것의 기초가 되고 또 그 누구도 대신해 주지 않는다는 사실이다. 영성은 목사의 본질적인 모습이고 사역의 원천임에 틀림없다. 그렇기 때문에 영성훈련에 대한 깊은 관심과 노력이 절실히 요청된다. 또한 영성생활과 마찬가지로 학업이나 각종 지식을 쌓아가는 일도 매우 중요하다. 과학기술의 발달과 인터넷의 보편화, 각종 기독교 방송과 다양한 기독교 출판물의 홍수 속에서 성도들의 수준은 지속적으로 향상되고 있다. 그래서 필자는 부담임목회를 하면서 웨슬리신학교(미국 워싱턴 DC 소재, Wesley Theological Seminary) 목회학 박사 과정 (D.Min)을 시작하게 되었다. 물론 부담임목회와 함께 학문을 병행한다는 것은 쉽지 않은 일이었다. 그럼에도 이러한 도전을 통해서 새로운 목회적인 비전과 학문을 통한 새로운 성찰을 할 수 있었다.

앞서 설명한 이러한 부분에 있어 균형감각을 유지하는 것이 건강한 부담임목회에 있어 중요한 요소이다.


### 4) 관계의 위치를 기억해야 한다.

건강한 부담임목회를 위해서는 관계의 위치를 분명하게 기억해야 한다. 목회현장에서 부담임목사로서 만나게 되는 관계의 지경은 크게 세 가지로 나눌 수 있다. 즉 담임목사와 부담임목사, 성도와 부담임목사, 부담임목사와 동역자와의 관계이다. 이것을 차례로 살펴보도록 하자.

**첫째, 담임목사와 부담임목사의 관계이다.** 이 둘 사이의 관계에는 공식적인 사역에 있어 분명한 영적 질서가 세워져 있어야 한다. 이는 하나님께서 공동체를 이끌어 가시는 방법이기 때문이다. 하나님께서는 먼저 공동체의 지도자를 세우시고 그에게 그 공동체를 조직하고 인도할 책임과 권한을 부여하신다. 이처럼 하나님께서는 자신이 세운 지도자를 통해서 공동체를 이끌어 가신다. 마찬가지로 담임목사는 하나님께서 공동체를 위해 부르시고 세운 영적 지도자이다. 그리고 하나님께서는 그를 통해 교회 공동체를 이끌어 가도록 하신다. 때문에 교회의 모든 일들은 담임목사의 동의하에 이루어져야 한다. 부목사는 교회 공동체 내에서 모든 권한이 담임목사에게 있음을 인정하고 받아들이며 사역해야 한다. 그래서 많은 이들은 부담임목사를 일컬어 '목회의 조력자'라고 표현한다. '조력(助力)'이란 담임목사가 자신의 목회비전을 펼쳐갈 수 있도록 돕는 것을 말한다. 만일 부목사의 목회철학과 담임목사의 목회비전이 충돌하는 경우가 생긴다면 부목사는 자신의 목회철학을 철회하거나 유보하고 담임목사를 따라야 한다. 그러나 분명한 것은, 담임목사에게 하는 조력은 교회의 머리 되시는 주님께 대한 충성의 바탕 위에서 이루어져야 한다는 점이다.

담임목사와 부담임목사와의 관계에서 기억해야 할 또 한 가지는, 담임목사와의 좋은 유대관계이다. 담임목사는 담임목사로서의 역할에 따르는 책임감과 영향력으로 인하여 부담임목회자나 일반 성도들에게 자신을 개방하는 것에는 현실적인 제약이 있다. 특히 교회가 대형화되고 목회의 사역이 복잡해질수록 그것은 더욱더 힘들어진다. 부담임목사는 바로 이러한 담임목사의 고충을 누구보다도 이해할 수 있어야 한다. 왜냐하면 담임목사와 부목사는 그의 위치와 역할 이전에 하나님의 뜻을 이루어가는 '목회의 동지'이기 때문이다. 따라서 부담임목사는 담임목사의 '목회의 정서적인 벗'이 되어야 한다. 이러한 마음을 이해하고 위로하는 것도 동역이다. 물론 부목사의 입장에서 이것은 쉽지 않다. 그러나 그 입장을 헤아리며 목회한다는 것은 중요한 동역의 태도임을 기억해야 한다.

**둘째, 부담임목사와 성도의 관계이다.** 교회 내에서 성도들이 부담임목사를 목회자로 인정하느냐 혹은 그렇지 않느냐 하는 것은 철저하게 교인들의 몫이다. 그러나 모든 교회가 그런 것은 아니겠지만 일반적으로 성도들은 부담임목사가 담임목사에 비해 연륜이나 경륜, 실력의 면에서 담임목사보다 못하다는 생각 때문에 부담임목사를 목회자로 인정치 않으려는 경향을 보이곤 한다. 예를 들면 담임목사가 부재시에 부담임목사가 주일 예배를 설교하게 되면 교인들 간에 불만을 토로하기도 한다. 왜일까? 그것은 부담임목사에 대한 인식의 차이일 것이다. 또한 부담임목사의 열 번의 심방보다 담임목사의 한 번의 심방을 더 선호하는 것도 같은 맥락에서 이해할 수 있을 것이다.

위의 상황과 반대의 경우도 있다. 실제로 교회 내 부담임목회자의 사역은 선교, 교육, 행정, 전도, 기획, 음악, 사회복지, 미디어 등 사회의 다변화에 맞추어 다양화되고 전문화되고 있다. 그러나 부담임목사의 사역의 대부분은 성도들에 대한 실제적인 상담과 직접적인 동역의 형태를 띠고 있다. 때문에 때로는 성도들이 부담임목사를 담임목사보다 편안하게 생각하기도 한다. 그래서 성도들은 때로 자신의 심정을 토로하기도 하고 다른 사람들에게 털어놓지 못하는 교회목회 사역에 대한 불만이나 목회자에 대한 불만을 털어놓기도 한다. 이러한 상황 속에서 부담임목사는 반드시 교회 중심적이어야 한다. 때문에 여러 가지 상황이나 상처에 대해서 공감은 하되 영적 질서를 부정하거나 교회의 분열이 야기하는 일들에 대해 절대로 동조해서는 안 된다.

**셋째, 함께 동역하는 부담임목사와의 관계이다.** 부담임목사를 청빙하여 사역을 맡기는 교회들은 대부분 중대형 교회들이고, 철저한 시스템 아래에서 사역이 이루어진다. 실제로 필자가 사역하고 있는 일산광림교회에도 부담임목사 7명이 사역하고 있는데 이들은 기획, 선교, 교육, 영어예배, 전도 등 각각의 목회 영역에서 주어진 사역들을 성실하게 감당하고 있다. 그러나 철저한 시스템 아래에서 사역이 이루어지는 중대형교회들에서도 부담임목사들 간의 갈등과 충돌이 생겨나기도 한다. 그런데 이러한 갈등과 충돌의 원인을 자세히 살펴보면 그 원인이 시스템의 문제보다도 목회 사역의 태도로부터 야기되는 경우가 많다. 특히 부담임목사간의 무한경쟁체제의 목회 풍토라면 그 횟수는 더 많을 것이다.

이러한 상황에서 필요한 목회 사역의 태도는 바로 '존중'과 '이해', 그리고 '배려'이다. 세상 어디에도 100% 내 마음을 이해해 주는 사람은 없고, 또 완벽하게 나와 호흡이 맞는 사람도 없다는 것을 우리는 경험적으로 알고 있다. 언제나 관계는 상대적인 것이다. 그리고 내가 느끼는 감정을 상대방도 느끼고 있다는 것을 기억해야 한다. 따라서 다른 사역자들과의 관계에서 가장 중요한 것은 서로 존중하고 이해하고 배려하는 것이다.


### 5) 소통의 다리가 되라.

혼인을 성사시키기 위하여 신랑집과 신부집 사이에서 다리를 놓는 사람을 일컬어 '매파'(媒婆)라 부른다. 좋은 매파의 조건을 갖추려면 신랑에 대해서도 잘 알아야 하고 신부에 대해서도 잘 알아야 한다. 부담임목회자는 목회현장의 매파다.

우선 부담임목사는 안수 받은 목사로서 '하나님'과 '성도들' 사이의 매파가 되어야 한다. 목사에게는 하나님께서 맡겨주신 성도들이 마지막 재림의 때에 심판대 앞에서 책망 받지 않도록 해야 하는 목회적 책임이 있다. 그래서 목사들은 하나님의 뜻을 잘 알아야 하고, 성도들의 상황을 잘 파악하고 있어야 한다. 그래서 그들에게 필요한 목회적인 노력들을 기울여야 하고, 믿음의 정도(正道)를 걸어갈 수 있도록 권면하고 이끌어 가야 한다.

그리고 부담임목사로서 '담임목사'와 '성도들' 사이의 매파,

즉 소통의 다리가 되어야 한다. 우리는 언어 속에 분명한 사실 외에 수많은 감정들을 담아 전할 수 있다.

목회현장에서 일어나는 많은 문제들이 바로 '언어'로부터 비롯된다. 왜냐하면 사람들은 사실을 강조하기 위해 악센트(accent)를 사용하기도 하지만, 때로는 정보와는 다른 자신의 내면의 소리를 뉘앙스(nuance)로 말하기도 하고, 더 나아가 애매한 단어를 사용하여 혼선을 야기하기도 하기 때문이다. 이러한 문제가 목회자와 성도들 사이에서도 빈번히 일어난다.

이러한 상황에서 부담임목사는 담임목사와 성도들 사이에서 매파의 역할을 잘해야 한다. 부담임목사는 언제나 감정적인 부분들을 이성적인 형태로, 서로의 입장을 헤아려 서로에게 전달해야 한다. 그리고 때로는 오히려 전체적인 교회의 건강성을 지켜내기 위해서 부담임목사의 직접적인 권면과 지도가 필요한 경우도 있음을 고려해야 한다. 그러나 분명한 것은, 이러한 모든 소통들은 서로에 대한 공감과 이해, 그리고 신뢰의 토대 위에서 이루어져야 한다는 것이다.


## 6) 기회를 적극적으로 활용하라.

부담임목회의 사역 태도는 '적극성'과 '창조성'을 띠어야 한다. 이러한 사역 태도는 주어진 기회를 통해 성장을 이끌어내는 원동력이 된다. 필자는 수표교교회에서 부담임목사로 사역하면서 많은 목회적 경험을 하였다. 그 중에서도 수표교교회 창립 백주년 기념행사의 경험은 잊을 수 없는 소중한 경험이다. 수표교교회는 교회 창립 100주년을 기념하는 다채로운 행사들을 기획하여 3년 동안 진행하였다. 당시에 했던 행사들을 소개한다면 다음과 같다.

수표교포럼, 백주년기념예배, 100주년 기념 화보집 제작, 100주년 기념우표 제작, 이웃돕기 행사, 타임캡슐 제작, 백주년기념 조형물 공모 및 제작, 수표교교회 100년사 발간 등등.

기본적인 목양의 사역에 덧붙여져 이러한 특별한 행사들을 추진해 나간다는 것이 힘에 벅찬 일이었다. 그러나 모든 백주년 행사들을 마친 후에는 이러한 사역들이 주는 성취감과 자긍심, 그리고 목회적인 경험의 소중함을 발견하게 되었다. 그러나 이런 결과를 얻게 된 배경에는 함께 사역했던 교역자들이 한마음으로 적극적으로, 그리고 창조적으로 임했기 때문이라고 생각된다.

필자도 여러 사람들에게 '부담임목회는 지시 내려오는 것만 감당하면 된다'는 이야기나 '너무 앞서지도 너무 뒤처지지도 말아야 한다'는 조언을 들었다. 그러나 부담임목회를 10여년 지속해 오면서 확신하게 되는 것은, 적극적이고 창조적인 태도가 성장으로 이어진다는 사실이다. 실패의 경험조차도 성장을 위해서는 값지고 소중한 것이었다.


## 7) 맡겨진 사명에 전문가가 되라.

건강한 부담임목회는 맡겨진 직임에 전문가로 서 있을 때 가능하다. 앞서 감리교회의 '교리와 장정'에 기록된 부담임목사의 역할을 살펴보았다. 그렇다, 부담임목사는 담임자를 도와 주님의 몸 된 교회를 위해 사명을 감당해 가는 전문목회자여야 한다. 그러니 전문가가 되기 위해서 끊임없이 노력해야 한다. 맡겨진 직임에 대한 탁월한 능력을 기르는 수고를 해야 한다.

그렇다면 우리에게 맡겨진 사명은 무엇일까? 우리는 목사로서 하나님을 예배하는 예배자로서 전문가가 되어야 한다. 하나님의 뜻을 전하는 탁월한 설교자가 되어야 한다. 세상 속에 복음을 전하는 담대한 전도자가 되고, 또 공의를 선포하는 예언자가 되어야 한다. 누구보다도 성도들을 잘 알고 있는 섬세한 상담가가 되어야 하며, 목회 사역에서 맡겨진 직임에 대한 전문가가 되어야 한다. 이것은 목사의 본질과 부담임목사로서의 역할에 대한 지속적인 노력을 의미한다. 그 외에도 목회적 상황에 따라 다양한 사명들이 주어지게 될 것이다. 그 어떤 목회적 사명이든 부담임목회자로서 소명을 가지고 전문사역자로 서야 하는 것에는 이론이 없을 것이다.

앞서 설명한 일곱 가지의 제언들은 철저하게 필자의 부담임목회 10년의 경험을 통해 제언된 것이다. 그렇기 때문에 일반적으로 누구에게나 적용되는 것은 아닐 수 있다. 그러나 이러한 필자의 제언들을 마음에 품고 부담임목회를 한다면 건강한 목회를 위해 한 걸음 더 가까이 갈 수 있을 것이라 생각한다.

# 결 론

많은 이들이 한국교회의 미래를 부정적으로 예단하고 있다. 실제로 한국교회의 목회현장은 시간이 지날수록 척박해지고 있다. 기독교에 대한 사회 인식도 갈수록 부정적으로 변화하고 있다. 세계에서 유례를 찾을 수 없는 놀라운 부흥과 성장을 경험했던 한국 개신교의 위상은 더 이상 기대할 수 없는 형편이다. 감리교단 내에서도 교역자 수급의 문제가 점점 더 심각해지고 있으며, 이로 인해 사역지의 부족으로 목회의 선순환도 기대할 수 없는 형편이다.

그럼에도 불구하고 우리는 건강한 교회공동체를 통한 회복의 기대를 포기해서는 안 된다. 맡겨진 목양의 현장에서 목사로서의 소명을 분명히 가슴 속에 깊이 새기고, 또 부담임목사로서 우리에게 맡겨진 사명을 책임 있게 감당해 나가게 될 때 건강한 목회는 이루어질 수 있을 것이다.

이러한 건강한 교회의 모습을 그리고 있는 에베소서의 말씀을 마음에 새겨보자.

> 우리의 몸은 각 부분이 자기 구실을 다함으로써 각 마디로 서로 연결되고 얽혀서 영양분을 받아 자라납니다. 그리스도를 머리로 하는 교회도 이와 같이 하여 사랑으로 자체를 완성해 나가는 것입니다. (엡 4:16, 공동번역)

건강한 교회는 위로는 모든 몸의 지체들이 교회의 머리이신 그리스도에 연합해야 한다. 그리고 아래로는 모든 지체들은 자기 역할을 감당하고 서로 연결되어 영양분을 주고받는 소통과 연합의 관계를 이루어야 한다. 한 몸 공동체로서 이러한 관계를 지속적으로 유지해 나갈 때에야 비로소 진정으로 성장이 이루어지는 것이다. 결국 교회공동체의 건강과 성장은 모든 지체에게 해당되는 것이다. 담임목사의 건강한 목회와 부담임목사의 건강한 목회, 그리고 성도들의 건강한 신앙생활 들이 하나가 되어 완벽한 조화를 이룰 때에야 건강한 교회 공동체가 될 수 있는 것이다. 이것이 바로 우리가 감당하고 있는 부담임목회가 건강해야만 하는 필연적인 이유가 되는 것이다.

앞서 설명한 건강한 부담임목회를 위한 일곱 가지 제언은 필자의 개인적인 경험을 토대로 나온 것이니만큼 일반적으로 적용할 수는 없을 것이다. 그러나 바라기는, 저마다 건강한 목회를 위한 부단한 자기점검과 실천적인 노력이 지속될 때 한국교회의 잃어버린 교회의 건강은 반드시 회복될 것이라 확신한다.

# 향기 가득한 우체통


**신미자** 사모

(서울, 진관감리교회)


고등학교 2학년 때의 일로 기억된다. 부흥회에 참석을 했다가 부흥강사 목사님이 예수님의 성육신에 대해서 설교를 하시는 것을 듣게 되었다. 설교의 주제는 "우리에게로 다가오시는 주님"이었다. 2천 년 전 예수님께서 하늘 보좌를 버리시고 낮고 천한 이 땅 우리에게로 다가오셨고, 이 세상에 사시는 33년 동안 끊임없이 사람들 가까이로 다가가셨고, 바로 그 다가오신 예수님을 통해 오늘 우리가 구원을 받게 되었다는 내용이었다. 그러면서 그 날 설교의 결론은, 이제 우리도 다가오신 예수님의 마음을 가슴에 품고, 저 세상 사람들에게 가까이 다가서야 한다는 것이었다.

그 날 말씀을 통해 큰 은혜를 받은 나는 하나님이 도와주시면 나도 복음을 들고 사람들 속으로 들어가는 삶을 살겠다고 결심했다.

그러다가 1987년 결혼을 함으로써 나는 목회자의 아내가 되었다. 목사의 아내로 살아가면서 늘 다짐한 것은, 예수님이 나의 삶 속으로 먼저 다가오셨듯이 나도 사람들에게로 먼저 다가가자는 것이었다. 사람들이 나에게로 오기를 기다리지 말고 내가 먼저 사람들에게로 다가가는 사람이 되어야겠다고 마음을 먹었다.

첫 목회지인 상천교회는 마을 전체 가구 수가 70호 정도밖에 안 되는 작은 마을 속에 위치해 있었다. 그때 나는 큰 아이를 임신한 산모임에도 불구하고 부지런히 사람들 속으로 찾아 다녔다. "아주머니, 저 마실 왔어요." 하며 이 집, 저 집을 찾아다니면서 나는 그들의 삶 속으로 들어가곤 하였다.

그 후 남편은 한 중소도시에 있는 교회의 부목사로 부임하게 되었다. 며칠 뒤, 그 교회의 담임목사님께서는 우리 부부를 앉혀 놓으시고 "부목사 사모도 사모니까 모든 교회 일에 열심을 내야 한다."고 말씀하시는 것이었다. 그때부터 나는 남편이 가는 곳에는 항상 함께 가는 것이 공식적으로 허락이 되었고, 그래서 대심방을 비롯하여 일반 심방, 그리고 전도 대열에 참여하면서, 수없이 많은 사람들을 찾아가서 만나게 되었다. 그때 30세가 채 되지 않은 나는 물 만난 물고기처럼 신나게 살았고, 몸은 좀 고달팠지만 사람에게 다가가는 것이 내게는 매우 행복한 일이었다.

세월이 많이 흘렀고, 지금 목회하고 있는 교회는 교인 숫자가 천 명이 넘는다. 얼마 전, 나의 스타일을 잘 알고 있는 어느 친구 사모님으로부터 "이젠 큰 교회 사모가 되었으니 좀 우아하게 품위를 지키며 자리에 앉아 있으라."고 권면을 받은 적이 있다. 하지만 언제나 누구에게든지 먼저 다가가서 인사하고, 먼저 말을 거는 그 습관은 어느새 내 체질이 되었는지 쉽게 고쳐지지 않는다.

지금 우리 교회는 새가족이 등록을 하면 담임목사님이 새가족과 연관이 있는 사람들, 예컨대 전도자, 바나바, 선교회장, 속장, 그리고 나와 심방 전도사를 데리고 새가족 심방을 한다. 예배를 드리기 전에 먼저 대화하는 시간을 가지면서 담임목사님이 심방에 동행한 사람들을 새가족에게 소개하는 시간을 가지는데, 어느 날 나에 대해서 소개하자, 한 새가족이 눈을 크게 뜨면서 이렇게 말하는 것이었다.

"아, 사모님이셨어요?! 저는 사모님이 심방전도사님이거나 아니면 친절한 권사님이시라고 생각을 했어요."

이런 경우가 종종 일어나게 되자 언젠가부터 남편은 나를 소개할 때면 "이 사람은 나랑 함께 사는 내 아내입니다."라고 말하곤 했다.

"아, 사모님이셨어요?!" 나는 그렇게 말하며 행복해 하는 새가족들의 표정을 보면서 39년 전 부흥회 설교 시간을 떠올리게 되었다. 나에게 먼저 사랑으로 다가오신 예수님을 만나 한없이 기뻐하고 감격스러워했던 내 모습을 떠올리고, 그런 기쁨을 계속해서 누군가에게 안겨주고 싶다고 생각했다.

목회자의 아내로서 23년을 살아온 나는, 하나님께서 우리 교회에 보내주신 새가족들에게 먼저 다가가고, 먼저 손을 내밀고, 먼저 밝게 웃어주려고 해왔다. 그렇게 하는 것이 편하고 좋다. 39년 전,

주님이 나에게 먼저 다가오셔서 나를 만나주시고, 나를 안아주시고, 나를 향해 환하게 웃어주셨듯이 말이다.

요즘 나는 우리 교회에서 '컴퓨터 머리'라고 소문이 나 있다. 우리 교회는 지난 2-3년 사이에 3배 이상 성장하였기 때문에 갑자기 늘어난 모든 교인들의 이름을 외우는 것은 쉬운 일이 아니다. 그런데 나는 어른 교인들뿐만 아니라 그 집 아이들의 이름도 일일이 다 기억하기 때문이다. 등록한 지 얼마 안 된 새가족의 이름을 불러주고, 그 집의 아이들의 이름까지 말하게 되면, 사람들이 감탄을 하면서 내게 묻는다. 혹시 머리가 천재가 아니냐고. 그러나 솔직히 나는 그렇게 머리가 좋은 편은 아니다.

그러면 어떻게 1,500명에 달하는 교인들의 이름을 다 외울 수 있을까? 그 비결은 이것이다. 나는 시간만 나면 교인들에게로 다가간다. 어디서든 눈에 보이면 내가 먼저 다가가고, 눈에 보이지 않으면 기도하는 중에 다가가고, 자투리 시간이 나면 카카오톡 등 스마트폰을 통해서 다가간다. 가까이 다가가면 그들의 삶이 보이고, 애환이 보이고, 기도의 제목들이 보인다. 그들의 아픔을 함께 아파하고, 함께 기도하다보면 나도 모르는 사이에 그들의 소중한 그 이름들이 내 마음에 아로 새겨지게 된다.

얼마 전, 어느 모임에 갔다가 21세기의 목회는 오기를 기다리는 '오는 구조'가 아니라 '가는 구조'가 되어야 한다고 역설하는 한 목회자의 이야기를 들었다. 목회나 교회에 대해서는 잘 모르겠지만 먼저 다가서는 것, 그것이 바로 목회자 아내가 해야 할 일이 아닌가 하는 생각을 했다.

오늘 나는 우리 교회 어르신들과 함께 효도관광을 다녀왔다. 출발하기 전에 남편은 "오늘 당신은 나를 대신해서 가는 것이니까 품위를 지키며 가만히 있으라."고 말했다. 하지만 나는 오늘도 80여명의 노인네들 속으로 들어가서, 그들과 함께 내 속이 다 보이도록 웃고, 힘껏 껴안고, 그리고 그들 앞에서 어린아이처럼 어리광 부리다가 돌아왔다. 아마 그런 내 행동을 남편이 알게 되면 한 소리 들을지도 모른다. 그러나 나는 누가 뭐라 해도 사람들이 좋고, 사람들 속으로 다가가서 그들과 함께 하는 것이 좋다.

낯선 교회에서 어색함 속에서 예배하는 자신에게 먼저 다가와서 함박웃음으로 맞아주고 먼저 손을 잡아 준 그 사람이 바로 담임목사의 아내였다는 사실을 알게 된 새 교인이 "아, 사모님이셨어요?!" 하며 몹시 기뻐하는 그 모습을, 남편의 목회가 끝나는 그 날까지 계속해서 보고 싶다.

# "건강한 목회 연구소"를 소개합니다

건강한목회연구소 소장 **박창현** 교수

## 연구소 설립의도

한국개신교회가 직면한 위기는 생각보다 심각합니다. 그 가운데 목회자들이 목회에 대한 신학적 기본 이해와 목회현장에 필요한 전문기술을 준비하지 못한 채 목회현장에 내몰리는 문제, 더 나아가 적절한 준비를 갖추고도 경제적인 문제로 목회의 길을 포기하거나 혹은 현실과 적당하게 타협하여 생겨나는 건강하지 못한 교회의 문제는 한국교회의 미래를 더욱 암울하게 합니다. 그러나 무엇보다도 위험한 현상은 이러한 위기를 애써 외면하려는 교단과 신학교의 책임 있는 당사자들의 태도입니다.

위기(危機)의 '위(危)'는 위험을 나타내지만, '기(機)'는 기회를 의미합니다. 만일 사람이 위기의 현상을 잘 포착하고 올바로 분석하여 대안을 마련한다면, 위기는 개혁과 발전을 위한 변화의 기회가 될 수 있습니다. 이런 이유에서 "건강한목회연구소"(이후 건목연)는 지금과 같은 한국개신교회의 위기를 직시하고 대안을 마련하기 위하여 2006년 마음을 같이한 건강하게 목회하시는 감신, 목원, 협성 출신 12명의

305

목회자들과 다음과 같은 사명을 인식하고 연구소를 열어 오늘까지 활동하고 있습니다.

교회의 건강은 목회자에게서 오고, 목회자의 건강은 소명을 받은 목회자가 목회의 길을 위해 전문성을 갖추는 데서 비롯됩니다. 소명은 목회를 위한 가장 중요한 전제이지만 그렇다고 그것이 목회자가 되게 하는 능력까지 만들어주지 않습니다.

그렇습니다. 건목연은 심각한 병이 들어 있으면서도 그 사실을 애써 외면하려는 한국개신교회의 건강성을 위하여 목회자들과 특별히 목회 지원자들에게 봉사하려는 사명을 가지고 있습니다. 우리는 교회의 건강은 무엇보다도 목회자의 건강을 통하여 이루어진다고 확신합니다. 그래서 건목연은 분명한 소명의식, 목회에 대한 전문지식과 기술을 갖춘 목회지원자들을 양성하여 이들이 구조적으로 건강한 환경 속에서 필요한 지원과 보호를 받으며 건강한 교회의 개척과 성장을 이루어가는 꿈을 위해 헌신하고자 합니다.

이를 위하여 건목연은 먼저 이미 목회 현장에서 건강하고 성공적으로 목회하는 목회자들의 적극적인 참여를 유도하여 차세대 목회지원자들에게 시간과 물질을 투자하여 소명과 실력을 갖춘 건강한 교역자 양성을 목표로 삼고 있습니다. 그리고 또 하나의 관심은, 이미 오랜 기간 목회를 하고 있는 목회자들에 대한 지원과 다른 목회자들과의 관계 형성입니다. 이는 한번 신학수업을 받은 후, 한 교회에서 수 십 년간 설교와 교육 등 여러 프로그램을 운영하면서도 검증된 지속적인 교육이나 재교육 없이 시행착오를 겪고 있는 상황에 적절한 도움을 주고자 하는 것입니다. 목회에 여러 프로그램을 실행하면서 느끼는 정보와 자료의 빈곤 문제를 함께 해결해 보려는 것입니다. 목회자들이 검증 받지 못한 교육이나 훈련프로그램에 동분서주하며 갖는 회의와 좌절에 이유 있는 대안을 제시하고자 합니다. 건강한 목회자들간의 만남의 장을 마련하여, 구체적인 문제에 대하여 스스로 충분한 연구와 토의를 거쳐 실제 적용가능한 모델, 신학과 전통과의 관계를 검토하여 창조적으로 또 토착적으로 현대인의 심성을 파고들 수 있는 모델을 제공하려는 것입니다.

### 건목연의 활동상황

건목연은 이 일을 위하여 다음과 같은 사항을 인식하고 실제적인 활동을 전개하고 있습니다.

1) 신학대학 등 전문신학기관에서 교육하는 이론적이고 기본적인 신학적 교육은 전문학자들의 도움을 받아야 함을 인정하고, 이러한 신학이 어떻게 현장에 적절하게 적용 가능한가(상황화)에 대하여 실천적 해결책에 관심을 갖습니다.

2) 교단에서 지원하는 목회에 대한 일반적인 교육과는 차별을 두되, 좀 더 소그룹으로 구체적이고 실질적인 사례를 통해 목회현장에 건강하고 효과적으로 적용 가능한 모델을 매뉴얼화하는 노력을 기울입니다. 그러므로 모든 이론과 상황에 대한 이해는 실제적인 현장의 모델 연구를 통한 구체적인 자료와 통계에 근거하여 건강한 교회를 위한 이론을 체계화하고 실제로 개 교회에 적용 가능한 프로그램을 개발하여 누구든지 시도해 볼만한 매뉴얼을 만드는 데 그 목적을 두기로 합니다.

즉, 교단 신학교에서 전문적인 신학을 배우고, 교단이 목회자로서 허락한 사람들에게 구체적인 목회의 현장을 전제로 전문적이고 책임적인 소수의 교육에 전념하여 그들이 현장목회에서 효과를 얻을 수 있는 교육을 하고자 합니다. 건목연은 이 땅에 한 사람의 목회 지망생, 목회자에게라도 그가 소명과 기술을 갖추고 개척을 하여 건강한 성장을 할 수 있도록 구체적으로 모든 도움과 지원을 하는 데 역점을 두기로 합니다.

이를 구체적으로 실천하는 방법은 다음과 같습니다.

첫째, 현장의 건강한 목회자들과 신학자의 토론을 거친 목회 전문 프로그램을 만드는 작업입니다. 건목연은 전문위원들을 구성(현재 감신, 목원, 협성 출신 11명의 전문이사들이 구성되어 이 일을 하고 있음)하여 위원들 스스로나 위원회가 결정하여 위탁한 전문가를 초청하여 목회에 필요한 사항에 대하여 지속적인 강연회나 심포지엄을 준비합니다. 위원들은 각 항목에 대한 위원들의 연구와 토론을 통하여 각자의 영역을 확보하고 매번 이를 가장 효과적으로 전달할 수 있는 강사를 찾아 강좌를 개최합니다. 이 일은 지금까지 40회 이상의 목회 전문강의를 진행해 왔고, 각 시간은 항상 프로토콜로 남겨서 중요한 자료로 만들어 가고 있습니다. 전문목회를 위하여 꼭 필요한 영역에서 모범을 보이는 건강한 교회와 사역을 하는 목회자들의 명단을 자료화합니다.

둘째, 감리교회의 목회 현황과 인력데이터베이스를 만들고 실력을 갖춘 목회자의 명단들을 만들어 관리합니다. 이를 위하여 우선은 수강을 마친 이들에게 강의자와 강의내용이 적힌 증명서를 발급하여 관리합니다. 차후 이러한 데이터베이스가 교회 목회자들의 사역지 중계와 사역지원을 할 수 있도록 준비합니다.

셋째, 감리교의 인력 데이터베이스화(국내, 국외 선교)를 통해 교회개척, 선교사파송, 미자립교회 지원 등을 지원합니다.

넷째, 신학생 자원의 경우 회원제를 운영, 주를 위하여 헌신을 약속하고 전문적인 기술을 갖춘 준비된 봉사자들이 개교회에서 봉사할 수 있도록 돕고자 있습니다.

다섯째, 필요한 출판사역을 통하여 모든 건강한 교회의 실천적 시도를 신학적으로 정리합니다. 모든 강의를 정리하고 자료집으로 출판하며, 동영상을 만들어 보관, 정기간행물을 출판, 홈페이지를 통하여 자료를 제공합니다.(www.ihcm.or.kr)

여섯째, 변화하는 상황에서 교회의 목회영역에 대한 준비를 통하여 새로운 미래 목회의 틀을 시도해 봅니다.

일곱째, 세계 선교와 건강한 교회의 체질개선은 건강한 교회개척에 있다고 여겨 개척교회에 대한 소명을 가진 목회지원생들의 적극적인 지원을 위하여 매년 1회 "목회전문학교"를 엽니다. 그리고 건강하게 목회하는 목회자들과 지원자들의 1:1 멘토제를 마련하여 개척 목회의 모든 여정을 함께 만드는 일에 심혈을 기울이고 있습니다.

부족하지만, 건목연의 이러한 의도와 목적이 이 시대에 한국교회에 요구하시는 성령의 음성에 민감하게 반응하는 것이기를 원하고, 또 우리의 노력이 건강한 교회가 건강한 목회자의 양산을 통하여 이루어 갈 수 있다는 하나의 길을 제시하는 기회가 되길 기도드립니다.

**건강한목회연구소**

## Institute of Holistic Church Ministry (IHCM)

서울 서대문구 냉천동 31 감리교신학대학교 교수회관 307 박창현교수연구실
후원계좌: 국민은행 295401-01-121725 이현식(건목연)
02) 361-9024, 313-8712(Fax겸용)
drcpak08@hanmail.net, drcpak@hanmail.net

- 이사장 : 류자형 목사 (강서제일교회)  010-5335-4667  johny510@empas.com
- 총무이사 : 이현식 목사 (진관교회)     010-6346-8840  hanmch@korea.com
- 전문이사 : 김광년 목사 (신내교회)     010-3744-9191  skch9191@hanmail.net
  김형석 목사 (안성제일교회) 010-6302-5010 teutbit@hanmail.net
  김홍선 목사 (안산명성교회) 010-9970-9191 chch97@hanmail.net
  박정훈 목사 (고촌교회)     010-4713-9101  kmcpark@korea.com
  손웅석 목사 (기쁜교회)     010-8984-3095  kipunpeter@hanmail.net
  장병용 목사 (등불교회)     010-2291-2667  solmisol58@naver.com
  정연수 목사 (효성중앙교회) 010-6552-5201 keepvision@naver.com
  최범선 목사 (용두동교회) 010-3781-5834  bumsunchoi@hanmail.net
  황대성 목사 (대소원교회)  010-5491-5110 hajopil@hanmail.net
- 소장 : 박창현 교수 (감신대 선교학)   010-4310-3266  drcpak@hanmail.net
- 간사 : 원창묵 목사  010-7356-2258  drcpak08@hanmail.net